入門 障害者政策

山村りつ
［編著］

ミネルヴァ書房

具体的には，第1に，「措置から契約へ」と障害者福祉サービスが変化したことである。この制度は，それまで行政決定の利益を受けると考えられてきた利用者像を変更させ，「利用者がサービスを選ぶ」という意識をもたらした。一方で意思決定能力に課題がある人の決定をいかに支援していくかという問題を社会福祉のさまざまな分野につきつけた。

　第2に，「措置から契約へ」という流れと併行して，入所施設中心の支援を改めて地域中心の支援を目指すことが主張されたことである。精神障害や知的障害をもつ人の中には何十年も入所施設や病院の中で生活をし，亡くなっていく人がいる。ようやくこの問題にいよいよ注目が集まってきた。それと同時に，支援の中心が地域に移るということは，さまざまな資源を組み合わせて利用する必要性が高まることを意味する。入所施設では，一カ所に集められていたさまざまなサービスが地域に分散するからだ。この点から相談支援（ケアマネジメント）の重要性が高まっていく。

　第3に，障害者権利条約が医学的損傷に着目した医学モデルから，社会的環境を考慮した社会モデルへと障害観の変容を促した。従来においては，個人の内側にあると考えられてきた障害は，個人と社会の間にあるものと考えられるようになってきた。たとえば，障害がある人が建物を利用できないとしたら，それは彼に障害があるだけでなくその建物にエレベーター等の設備がないからでもある。こうした考え方は，障害は個人的な努力によってのみ解決されるべきものではなく，社会的な努力によっても解決すべき課題であることがよりいっそう明確になった。

　第4に，障害者の権利擁護の重要性が再度認識され，障害者差別の解消や虐待の防止が重要な課題となっている。障害者差別解消に関連して，障害者が他の者と平等に社会参加をするうえで必要な調整を提供しないことが差別と位置づけられた。1990年代以降，報道されてきた障害者の虐待についても，児童・高齢者と同様の対策が始まった。

　これらの変化は歴史的に大きな変化ということができ，障害者の権利という面では大きな進歩と評価できる。ただし，これに関連したさまざまな諸課題もまた山積している。以上の諸変化の中で，従来のように障害種別を前提とした政策展

開やそれをそのまま対象とした研究の限界が指摘されるようになった。従来の研究には，福祉サービス，所得保障，就労支援といった分野別の区分けも存在しており，よくいえば，専門分化していたが，否定的に言及するならば，「タコツボ化」していたきらいがある。本書の執筆者全員に共通する問題意識は，こうした傾向を少しでも改善すべく，障害者にかかわる政策をできるだけ広く見渡すことはできないか，ということである。

このように，障害者政策はその横断的側面（現在の障害者政策の中にみられる関係性）と縦断的側面（障害者政策の発展と歴史の中にみられる関係性）の両者において，その中に含まれる多数の要素を理解し，それぞれの関係性の中で理解していく必要がある。本書はこの2つの側面からの障害者政策の包括的な理解のために編まれた。

②　本書の読み方

次に本書の効果的な「読み方」についてである。まず，この「はじめに」のすぐ後に，障害者の生活にかかわる法律で本書で登場する主要なものの関係図を示している。それが本書を読むうえでの助けとなるだろう。そして本文は，まずは第1章「障害者政策の構成」を読んでほしい。本書に登場する障害者政策の全体像を描くことができるからである。それに続く第2章以降は読者の関心に沿って，どの章から読んでもらってよい。すでに特定の領域に興味関心がある者はそこから始めればいいし，まずは障害者政策とはどんなものかを知りたい読者は順に読んでいけばいい。また，ある章を読んでいる際に他の章に興味が生じれば，ネットサーフィンのようにあちこち渡り歩いてもいいだろう。本書の中では，共通する話題が登場した場合には他の章やコラムの参照を促すようにしている。それにつられてみるのも1つだ。ただし次の点に留意してほしい。各章の中には，同じ事象を異なった視点から記述した部分がある。これは，障害者政策が相互に関係し合っているからこそ，必然的に起こることである。そうした部分に行き当たった場合には，どうしてそのような違いが生じているのかを考えながら読み進めていってほしい。それぞれの視点の違いを検討することで自分なりの考えをもつきっかけにしてほしい。場合によっては，それぞれに相反するようにとれる記述も

あるだろう。それは，どちらかが間違っているのではなく，視点や立場の違いであるはずだ。また気になるキーワードがあった場合には，索引を利用して他の章でどのように記述されているかを調べることも有効である。なお，本書の問題意識にもかかわらず，それぞれの執筆者の専門とする領域には限界があり，1つの章として記述できなかったテーマがある。これらの多くは，障害者政策の枠の中に収めることが難しい領域についてのものである。それは，障害者が障害者である以前にひとりの生活者であり，一市民（国民）として政策の対象となっているためである。それらの領域については，各章の最後にコラムを執筆し，読者に簡潔に紹介するようにしている。

③　本書で用いられる「障害」の語句について

　障害や障害者といったテーマを取り扱う際には「障害」「障碍」「障がい」といったさまざまな記載をどうするかが課題となる場合がある。その点について本書では，各章およびコラムについて，執筆者の意思に任せている。たとえば山村（はじめに・第1，3，4章・コラム⑤・おわりに担当）は，そういった言葉の表記やそれについての議論における含意を十分に理解したうえで，統一して「障害」の表記を用いている。その理由については，山村による他書籍（編著者紹介にあげた主著や各章の引用・参考文献）などでの説明を参照してほしい。また，正式名称や固有名詞の記載については，当然のことながらその原文・原題に従った記述を行っている。

　さらに，障害の定義についても，本書では特に詳しく触れていない。その理由は2つある。1つは，現在，法律の定義上では身体・知的・精神・発達の4つの障害種別が規定されているが，法律上の定義を詳しく記述することは本書の目的を鑑みてそれほど重要ではないと思われるからだ。本書は障害および障害者に関する制度や政策を包括的に取り上げることを目的としているし，それぞれの障害特性はむしろ実践において重要となるだろう。もちろん違いを認識することが重要な分野もあるが，それも含めて障害者政策という大枠の中で理解してもらいたい。もう1つの理由として，本書では障害とは何か，障害者とは誰なのかといった根本的な問いや，近接領域との不可分な関係性が扱われている。そこでは，個

別の障害種別よりも，障害者としての規定がむしろ重要となるためである。ただし，それでもそれぞれの障害種別について詳しい定義を知りたいと思った読者は，ぜひ本書の中で登場する定義が示された法律を直接当たってほしい。おそらく法文の比較的最初の部分に記述されているはずである。

④　本書の構成

　最後に本書の構成を紹介しておく。

　まず構成の成り立ちから説明しておこう。障害者政策の全体像をみるためにその生活にかかわる制度や法律を概観した際に，最初に登場したのが障害者に対する給付である。これは現金給付と現物給付に分けられ，前者が「所得保障」，後者が「社会サービス給付」とした。給付に対して規制というシステムもあるが，これらはそれほど多くなく，関連する各領域と並べて記述することができると考えた。ただし，障害者の権利保障に直結するような規制や取り組みについては，「福祉」という領域から一歩踏み出した新たな領域でもあり，個別の領域として扱うこととし「権利擁護」とした。また，障害者政策にみられる関係性の中でも縦断的な側面における関係性には，政策の変遷に大きな影響を与えた当事者の存在を見過ごすことはできない。そこで，「当事者運動」の項目が加わった。当初，この４つの項目で進められていた研究であるが，近年の状況を考慮し，障害者就労にかかわる領域についても分けて記述すべきという結論になり，「就労・雇用支援」が加わった。そして，これらの並列的に置かれる５つの章に対して，全体像を提供する必要があるということで，冒頭に全体の構成を述べる章が必要ということになった。

　このような流れを経て，本書は次のような構成をとる。

　第１章は先ほど述べたとおり，「障害者政策の構成」である。この章では，障害者政策の全体像を概観する。第２章は「所得保障」で年金や手当などの障害者に対する現金給付に焦点を当てて，その概要や課題について述べる。第３章は，「社会サービス給付」である。この章では介助や入所施設など障害者に対する現物給付に焦点を当てる。第４章は「就労・雇用支援」である。この章では，就労や雇用支援の現状と課題について議論する。第５章は，「権利擁護」である。障

害者に対する権利擁護の歴史や近年の動きについて議論する。権利擁護は聞きなれない用語かもしれないが，決定能力に課題がある人を支援することや虐待等の権利侵害から障害者を守る活動を指す。第6章は「障害者運動」である。障害者政策は国や省庁の力によってだけでなく当事者の意見によっても動いてきた。この点を取り上げているのも本書の特長の1つである。これらの6つの章に加えて関連した6つのコラムを設定している。すなわち，医療，住宅政策，スポーツ，教育，司法，家族である。コラムは1つ1つ独立して読むことができる。

　なお，各章は「意義と役割」「形成と展開」「概要」「課題」という共通した枠組みをもつ。これにより，個別の領域であっても相互の関係性がわかりやすくなることを意図している。また，各章の最後には「さらに詳しく学びたい人のために」という項目を設けている。前半がどちらかといえば事実や普遍的な理解の記述であるのに対し，最後のこの項目は，執筆の時点でトピックになっている事象や執筆者自身の問題意識において読者と共有したい視点などを紹介している。そのため執筆者自身の見解が前面に出ており，その分，読者によっては疑問を呈したり一言もの申したいと感じたりすることもあるかもしれない。しかし，だとしたらそれは障害者政策についての研究の始まりである。ぜひ，それについて読者自身の考えや意見を構築し，明らかにしていくきっかけにしてほしい。

　本書は，そのタイトルにもあるように，すでに障害者政策研究にどっぷり腰まで（あるいは頭まで）浸かった人よりも，これから障害者政策について学んでみよう，どんなものかをみてみようと思っているような人を対象として執筆されている。そういった読者が，ここから障害者政策を自らの研究領域・興味関心の対象としていくきっかけに本書がなれば幸いである。

2019年9月

山村　りつ・廣野　俊輔

はじめに

障害者の生活にかかわる法制度の一覧と関係

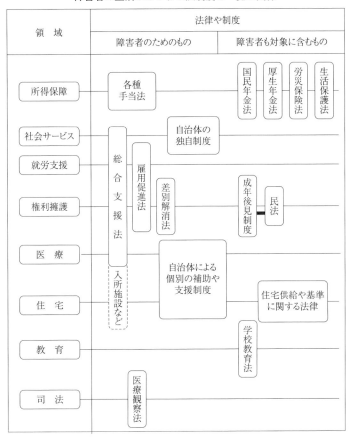

目　次

はじめに

第1章　障害者政策の構成 ……………………………………………………… 1

1　障害者政策の意義と役割 ………………………………………………… 1

2　形成と展開――理念の変化と政策の拡大 …………………………… 5

3　概要――障害者の生活からみる政策の理解 ……………………… 13

4　課題――変わり続ける障害者政策 ………………………………… 21

■障害者政策をさらに詳しく学びたい人のために ………………………… 24
　　――障害者とは誰であるのか

コラム①　医療　32

第2章　所得保障 ……………………………………………………………… 35

1　所得保障の意義と役割 ………………………………………………… 35

2　形成と展開――救貧制度から公的年金制度へ ………………… 38

3　概要――障害年金制度の概要と所得保障の全体像 ……………… 45

4　課題――防貧機能の揺らぎ …………………………………………… 53

■所得保障をさらに詳しく学びたい人のために …………………………… 57
　　――障害年金と障害者手当の給付水準はどのように決められてきたのか

コラム②　住宅　64

第3章　社会サービス給付 …………………………………………………… 67

1　社会サービス給付の意義と役割 …………………………………… 67

2　形成と展開――変化とその基盤にある障害者の生活 ………… 76

3　概要――中心的な制度と補足的な制度による多層化した体系 ……… 86

4　課題――ニーズの多様性と社会サービスの限界 ……………… 92

■社会サービス給付をさらに詳しく学びたい人のために …………………… 97
　　――「社会的役割」のための支援と社会サービス

コラム③　スポーツ　103

ix

第4章　就労・雇用支援 ……………………………………………… 105

1　就労・雇用支援の意義と役割 …………………………………… 105

2　形成と展開──2つの流れと目的の変化 …………………………… 110

3　概要──さまざまな就労と支援の存在 …………………………… 116

4　課題──就労への政策的関与の限界 ……………………………… 125

■就労・雇用支援をさらに詳しく学びたい人のために ……………… 130
　　──合理的配慮は日本で通用するのか

コラム④　教育　141

第5章　権利擁護 …………………………………………………… 143

1　権利擁護の意義と役割 …………………………………………… 143

2　形成と展開──保護の客体から権利の主体へ …………………… 146

3　概要──成年後見とそのオルタナティブ ………………………… 153

4　課題──意思決定支援との相克 ………………………………… 159

■権利擁護をさらに詳しく学びたい人のために ……………………… 162
　　──民法は権利擁護の盾となり得るか

コラム⑤　司法　176

第6章　障害者運動 ………………………………………………… 179

1　障害者運動の意義と役割──社会は変えることができる ……… 179

2　形成と展開──権利獲得のこれまで ……………………………… 179

3　概要──障害者運動の現在（2000年代の運動） ………………… 189

4　課題──権利獲得の課題 ………………………………………… 194

■障害者運動をさらに詳しく学びたい人のために …………………… 196
　　──障害者運動を知るための2つのトピックス

コラム⑥　家族　206

おわりに　209

索　　引　213

x

第1章

障害者政策の構成

1 | 障害者政策の意義と役割

（1）障害者政策の範囲

　「障害者政策」という言葉自体は，おそらく多くの人にとってそれほど耳馴染みのない言葉ではないだろう。「障害者」も「政策」も語句としては一般的に知られていて，「障害者政策」といったところで聞いたこともない，何を指すものなのか全くわからないという印象を受けることは少ないように思われる。

　一方で，それでは障害者政策とは何かといわれると，多くの人は具体的な制度や法律，あるいはイメージすらもたないのではないだろうか。実際，障害者政策と一言でいっても，その範囲は広く，そして線引きも曖昧で，明確にこれが障害者政策であるというものを示すことは難しい。

　最もわかりやすい定義として，障害者に何らかの給付を行う制度・政策と考えることができる。つまり，障害者がその政策の受給者や利用者であるような制度である。たとえば公的年金などの現金給付や，介護などのサービス給付などがそれにあたる。そのようにみると，障害者政策は社会保障や社会福祉の領域にあるものを指すようにみえるが，障害者が制度の対象になるという点でいえば教育や医療の領域にも該当する制度があることがわかる。このように，障害者政策といっても，障害者をそもそものターゲットとして用意された制度・政策の場合と，障害者以外にも広く社会全体を対象とする中に障害者の枠があるような場合があることがわかる。

　障害者が何らかの受益者となるという点でいうと，障害者政策の対象はさらに

I

拡大する。たとえば家族や障害者の周辺にいる人々を対象とした制度や政策も，それが結果的に障害者にとっての利益となるという点では障害者政策の一部と考えることができる。このタイプの制度やプログラムは決して多くはないが，障害者の家族が利用できるレスパイトケアや，障害者を雇用する雇用主や一緒に働く同僚などに向けた雇用支援などがそれにあたる。

　さらに拡大して，障害者の生活に係わる制度という点からみると，これらに加えて周辺的な制度も障害者政策の一環ととらえることもできる。これらは，障害者個人に直接的な利益をもたらすものではないが，社会的な環境を整えることで障害者の生活がより向上することを目指すものとなる。たとえばバリアフリー新法などがそれにあたる。

　このようにみてくると，障害者政策とは，障害者の生活に係わる制度や法律の総称と位置づけるのが最も妥当であるだろう。そして同時に，障害者政策でありつつ，それ以外の政策としての側面をもつものが多く存在することにも注意が必要である。障害者政策を障害者のための政策としてのみとらえるのではなく，さまざまな制度や政策体系の中の一部として理解することが，障害者政策を理解するうえで求められる視点の1つであるといえる。

（2）障害者政策の意義

　それでは障害者政策は何のためにあるのか。それはもちろん，障害者の生活をその尊厳の保障された豊かなものとし，憲法第25条で保障されている最低限度の生活を実現できるようにするためのものである。

　最低生活保障といった場合に2つの点に注意が必要である。1つ目は最低生活の意味に関するものである。一般に最低生活保障というと，生活保護にみられるような劣等処遇の原則のように，最低限の生活を保障すればいいというイメージがもたれがちであるが，ここでいう最低限度とは，その前半部分に述べられているような「健康で文化的な」に象徴されるような，その社会にあって妥当かつ人間として当然の権利と尊厳が保障されたものでなくてはならない。

　2つ目にその最低生活保障における障害者と障害のない者の違いについてである。障害者政策が最低生活を保障するものと考えた際，障害者だけにそのための

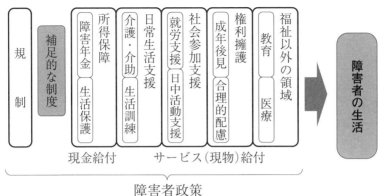

図1-1　障害者政策の全体像
出所：筆者作成。

特別な仕組みが整えられていると考える人もいる。しかし実際には、図1-1に示すような制度をみても、教育や医療、就労支援や所得保障といった制度は、障害のない者に対しても展開されている。こういった制度が設けられる理由は、障害者であるという理由のためではなく、障害者がその生活において障害のない者にはないさまざまな課題を抱え、そしてその課題の要因の一部もしくは全体が社会的な構造や環境によって引き起こされていると考えるためである。つまり、生活課題の背景に社会的要因があり、それが障害者の生活に対する社会的責任、そして障害者政策の根拠となるのである。そして、同様に社会的構造によって引き起こされる生活課題を抱える人々に対して、同様の制度や政策による生活保障の仕組みが整えられるのである。

障害者政策がなくなることが理想だといわれることがある。つまり、障害者のための特別な政策などなくても、障害者が障害のない者と同じように生活していくことができる社会になることが、本来最も理想的な社会のあり方だということである。しかし現実には、社会はそのような仕組みにはなっていない。そのため、社会的装置として障害者政策が障害者の生活を支えていくことが求められるのである。

（3）障害者政策の役割

　障害者政策の機能をもう少し具体的にみてみよう。障害者はその障害ゆえにさまざまな生活上の課題を抱える。その要因の1つは，障害者の生活する環境が社会的にも物理的にも障害者を想定して構築されていないことだといえる。障害者を想定していないとは，さらにいえば，障害者がその社会で生活する存在として認識されていないということであり，さまざまな物理的・社会的・文化的環境が障害者をそのユーザー（利用者）として認識していないということである。

　このような状況は，これまでの障害者の社会における位置づけに起因していると考えられる。簡単にいえば，実際的な意味として障害者が社会の中に存在しなかった（その理由は本当にいなかったということでもあるかもしれないし，家や施設などの中に閉じ込められて出てくることがなかったということでもある）ものが，社会が徐々に変化する中で障害者の「社会進出」が進み，それ以前に障害者不在の状態で構築された環境との間に歪みを生んでいるということである。

　障害者政策の機能の1つは，このような歪みを是正することである。つまり，政策的関与によって社会におけるさまざまな次元の環境を整え，障害者がその社会で生活できるように，言い換えれば社会環境を障害者の存在を前提とした仕様に作り替えていくのである。

　このような作り替えは，ただしすべての場合に有効なわけではない。その作り替えが，障害のない者にとっては不当に大きな課題や困難を生むようであれば実現は難しいし，技術的・経済的理由によって不可能な場合もある。あるいは，私的領域に介入することはそれ自体が認められない場合もある。さらに，人々の意識や文化的慣習なども簡単には変えることが難しい領域だといえる。

　歪みの解消が難しければ障害者が抱える生活課題は残されたままになってしまう。そこで，個別のケースに応じて障害者のニーズを充足するような補足的な政策が採られることになる。こういった政策は，現金・現物・サービスなどの給付を通じて一般的に行われる。

　このような給付の前提となるニーズは，障害のない者の生活が1つの基準となる。たとえば障害のない者が当たり前に有している機会や利益が障害のために損なわれている場合や，あるいは障害のない者にも共通する課題であっても，障害

のない者であれば自身やその資源を活用して克服できることが障害のためにできないような場合に，その損なわれたものや，あるいは障害のない者と同様に課題を克服していくための手段を提供するのである。

　経済的困窮の例をみるとわかりやすいかもしれない。障害者が経済的困窮に陥りやすい傾向があることはいくつかの研究から明らかにされている（百瀬 2015，田中 2018，中村 2017）が，その背景にはいくつかの要因があり，労働市場参加の困難はその1つである。障害があるために労働市場参加が阻まれ経済力を獲得できないことに対して障害年金などの所得保障制度があり，労働とより直接的に関係するものとしては労災保険による補償などもある。また，そもそもの労働が市場参加，つまり就労が障害のために阻まれる状況に対して障害者就労支援制度などがあると考えられる。

　このように，障害者政策は障害者の生活において生存権が保障された状態を実現するために，障害者のみならず，その周囲の人々や社会全体に働きかけを行うものだといえる。障害者自身への直接的な給付だけでなく，周囲の人々への給付を通じて障害者自身の実質的な利益の享受を実現したり，また物理的・文化的その他さまざまな側面から社会に働きかけ，障害者の生活の基盤となる社会環境を整えることでも，障害者の生活保障を行っていくのが障害者政策である。

2 ｜ 形成と展開──理念の変化と政策の拡大

　障害者政策について考える前提として，知っておくべきいくつかの理念がある。ここではそれらの理念について説明するとともに，その変遷と政策との関係についても述べていく。

（1）障害のモデル

　障害者とは誰なのか，という定義に関する問いは障害者政策の根幹をなす問いである。障害者の定義は実は制度や政策，それが実施される国や地域によっても異なる場合があり，確定した定義というものは存在しないともいえる。

　一方で，障害のとらえ方について，ある意味で対極的に位置づけられる特徴的

な2つの考え方がある。それが医学モデルと社会モデルである。

医学モデルはその名のとおり医学的基準に基づいて障害（者）であるかどうかを判断する考え方である。障害の要因となった病気や事故などの結果として、身体の機能がどの程度損傷しているかという医学的基準に基づき、障害（者）であるかどうかだけでなく障害の程度なども判断される。医学モデルによる障害の判断は現在でも用いられるものであり、客観性が高い点が特徴である。特に障害の程度を数値で測ることができるという点では、年金やサービス受給者の範囲などを決定する際にその客観性が有効になると考えられている。

また、医学モデルによる「診断」は、特に身体障害の程度の測定などに有効となる。そのため、身体障害者が（認識されている）障害者の大部分を占めていた時期には、信頼性のある基準ということもできただろう。しかしながら、実際にはこの医学モデルに基づく障害の程度と生活するうえでの障害が必ずしも一致しない状況が存在する。それが社会モデルという考え方を生んだ。

社会モデルとは、端的にいえば障害はその社会のありようによって決まる、つまりはその社会が障害を作る（生み出す）という考え方だといえる。ソーシャルワークの基本的な考え方として環境の中の人（person in environment）というものがあり、これは個人をその個人としてだけみるのではなく、その個人が生活する環境との相互関係の中でとらえるという視点のことである。障害の社会モデルも同様に、個人の機能的な損傷や不全が障害になるかどうかは、その人がどのような環境にいるかによって変わる、いってみればその人が障害者になるかどうかはその人の置かれた状況によって異なると考えるのである。

このような考え方の基本となったのが WHO による障害の分類における考え方であり、ICIDH（国際障害分類：International Classification of Impairments, Disabilities and Handicaps）と、それから発展した現在の ICF（国際生活機能分類：International Classification of Functioning）である。ICIDH の考え方はすでに ICF へと更新されているが、障害の社会モデルを理解するうえで有用と考えるためここで紹介しておこう。

図1-2に示すように、ICIDH は疾病や損傷、機能不全や形態の変化、行為障害や能力障害、そして社会的不利の関係性を示している。つまり原因となる病気

図 1-2　ICIDH（国際障害分類）の概念図
出所：WHO: International Classification of Functioning, Disability and Health より筆者作成。

や怪我などがあり，それによって心身の機能不全や形態の変形が起こる。その結果，特定の行為についての能力障害が起こるが，さらにそこに社会的要件が加わって社会的不利としての障害が形作られるというものである。

　具体的な例で説明してみよう。たとえば事故（原因）の結果として片足を失ったり，麻痺が残ったりする（機能障害・形態変化）。それによって，歩くという行為ができなくなる（能力障害）が，さらにバリアフリーが整っていないなどの理由で車椅子での活動が制限される（社会的不利）ことで最終的な障害の形ができあがるというものである。しかしこの場合，車椅子が必要な生活になっても，段差がなくエレベーターやスロープが完備された環境であれば生活で困ることはないかもしれない。

　これがまさしく障害の社会モデルの考え方である。原因疾患や怪我によって実際の心身の機能不全があったとしても，そしてその結果として特定の行動・行為において能力障害が起きたとしても，その個人の生活レベルにおいて障害が生じるかどうかはその人が置かれた環境（社会）によると考えるのである。

　この ICIDH については不十分な点もあり，ICF へと改善された。たとえばICIDH では矢印が一方を向き概ね段階的なものとして示されているが，実際にはそれぞれの要素は相互に関連しあっている。また，社会的な環境だけでなく，その個人の生活状況によっても障害になるかどうかは変わる。先ほどの例でいえば，たとえば移動に車椅子が必要な状態にあったとしても，普段の生活が家の中だけで完結するような生活を送っている人であれば（それはそれで問題かもしれないが），家の中のバリアフリーが整っていればさほど大きな障害は感じないかもしれない。しかし，毎日会社に出勤する生活を送っている人にとっては，会社までの経路が車椅子でも移動可能な状態にあるかどうかは大きな問題である。こういった点を考慮して，さまざまな要素の相互関係という視点と，社会環境や個人

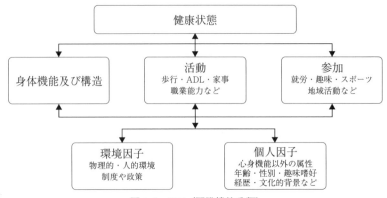

図 1-3　ICF（国際機能分類）

出所：図 1-2 に同じ。

の属性なども考慮したのが図 1-3 の ICF となっている。

　障害を社会モデルでとらえることは，障害者政策の観点からも重要な意味をもつ。社会モデルの視点に立つことにより，障害者の生活課題を障害者個人の問題に帰するのではなく，社会の問題としてとらえることになるからだ。それは障害者の生活課題に対する社会的責任へと発展し，政策的関与の必要性あるいは根拠ともなる。

　ただし，もちろん，実際の政策の運用においては，社会モデルがすべてというわけではない。時には医学モデルに基づく判断も必要となる。社会モデルは医学モデルに対する批判的反省から生まれた側面があるが，かといって両者は必ずしも対立的で二者択一的にとらえるものではない。特に障害者政策においては，この両者の視点を総合して障害とは何かを考えていくことが重要となる。

（2）ノーマライゼーションからインテグレーション

　障害者政策は，それ以外の福祉政策と同様に，その実践における発展と進歩とともに展開してきたといえる。現在の障害者の定義に当てはまるような人々の存在はかなり以前からみることができるが，現在の障害者と同様の位置づけになるまでには長い時間がかかった。

　障害者は長い間，保護の対象として位置づけられてきた。当初，その保護は家

第 1 章　障害者政策の構成

族や地縁にゆだねられ，彼らによって保護され社会からは隔離された。優生思想のような強制的な排除は必ずしも受けなかったとしても，社会的な存在となることはほとんどなく，さらにそういった保護が受けられない（あるいは受けられないおそれがある）場合には，その生末を悲観した保護者によって命を奪われるような場合もあっただろう。

　政策的には障害者政策が現在のような体系的かつ包括的なものとなった端緒は，概ね第二次世界大戦後にあると考えてよいだろう。それ以前については，いわゆる浮浪者と呼ばれた人たちや生活困窮者への対策や保護の中に，障害（と思われる状態にある）者が含められていて，彼らを保護する家族などがいない場合に限り住まいや食料提供の対象となってきた。

　障害者政策の理念における大きな変革がみられたのが，1950～1960年代におきたノーマライゼーションの考え方の出現と拡大である。ノーマライゼーション（normalization）とはその言葉が示すように障害者の生活がノーマル（normal）であることを目指した考え方や活動である。ここでいうノーマルとは障害のない者が送る生活のありようを示している。つまり，障害のない者が送るような当たり前の生活を障害者にも，というのがノーマライゼーションの基本的な考え方である。

　このような考え方や活動の発端は，入所型の障害者施設で暮らす知的障害児者の親が，決まったタイムスケジュールやルールで動かされ自分の意思もないような日常やそこで一生を終えるような施設での生活に意義を唱え，人間らしい生活を求めたことにあるとされる。この考えはその後世界各国に広まり，日本でも1970年代頃からよく知られる語句となった。

　このノーマライゼーションの潮流は，一方で脱施設化の流れへと世界を動かしていった。そもそも，施設という場所で恒常的に生活するということ自体がノーマルではないと考えれば，この動きはごく自然なことに思える。ただし日本では，1970年代はむしろ福祉サービスとしての施設が増えていた時代であり，この時期の脱施設化は必ずしも進まなかったといえる。ただ，施設の開放や小規模化などが一部で行われ，またずいぶん後になってから，地域生活移行という表現の下で進められたのも，ある種の脱施設化といえるかもしれない。

9

障害者の生活が施設から自分の家（地域）へ移っていくことは，ノーマライゼーションが目指したノーマルな生活の基本ではあったが，同時に，そこで生活するだけではノーマルな生活とは言い難い状況もあった。自分の家で自分の希望するペースで生活していても，社会とかかわることがなければ本来の意味でノーマルな生活とはいえないだろう。

　脱施設化と地域移行によって，地理的・物理的には障害のない者と同様の生活になっても，あるいはそうなったからこそ，社会的な隔絶と排除の構造へと目が向けられることになったといえるのかもしれない。いずれにしても，単なる物理的な統合を超えて，社会的な意味で統合されること（ソーシャル・インテグレーション）が，そして障害のない者と同じ社会の構成員としての生活を実現すること，それを阻む社会的な障壁を取り除くことが，障害者や彼らを支援する人々の目標となった。

　ここで忘れてはならないのは，日本の障害者政策は果たして上述のような理念の変化に帯同し，それに沿った変革をしてきたのかという問いである。知的障害者施設の脱施設化や精神病床数の減少が進まなかったことだけを考えても，日本においてノーマライゼーションが，少なくとも政策的に十分に促進されその実現に成功したとは言い難いだろう。障害者基本法において1993年に「社会参加」の文言が盛り込まれるなど，表面的にはその理念の修正が行われてきているが，実質的に効果が伴ってきているかは検証が必要なところである。

（3）社会参加とジリツ

　ノーマライゼーションなどの新しい考え方がもち込まれ，また国連による「障害者の十年」や日本国内における障害者運動などのいくつかの契機を経て，日本では障害者の社会的包摂が目指されるようになり，障害者政策においても「社会参加」や「自立」といった言葉がみられるようになった。

　このような言葉が法律の文言として示されるようになったことの意義は大きい。保護を名目に障害者の生活を家族や施設の中に押し込めてきたそれまでの障害者福祉が見直され，障害者の自立した生活が目指されるようになった。

　しかしながらその実現は簡単ではなかった。最もわかりやすい自立の形であっ

た経済的自立は，就労の促進という点からも十分な所得保障という点からも実現しなかった。そして，そもそも自立とは何かという問いが，障害者の家族や支援者，障害者自身からもあがるようになる。その結果として示されたのが，そこで目指す自立とは誰にも頼らずすべてを自分で行うことではなく，必要な助けを借りて自分の意志と選択を実現していくことであるとする考え方である。

　このような考え方は，ソーシャルワークの基本的原則でもある自己決定の尊重という考えと結びつき，障害者の制度においても「措置から契約へ」と呼ばれる変革として，障害者自身が選び，決定する形でのサービス利用として実現した。そしてそれまで掲げられてきた「自立」に対して「自律」という言葉を用いて表現されるようになっていく。こうして2つの「ジリツ」が，障害者の生活における重要な要素として認識され，障害者政策や支援の実践においても掲げられるようになっていった。

　この「措置から契約へ」の変革は，社会福祉基礎構造改革の一環として行われたものでもあり，必ずしも障害者政策における理念上の成熟だけがその実現の理由ではない。むしろ，その前にあった介護保険制度の影響や社会保障の財源に係る懸念なども指摘され，政府の意図が障害者の生活やその尊厳を保障していくことにあったかどうかは疑問がある。しかしながら，障害者が主体的に社会とかかわることのできる生活が，一部ではあるが実現することになったといえる。なお，この「措置から契約へ」の転換については，主に社会サービスに関することでもあるため，第3章「社会サービス給付」においても詳述している。

（4）差別解消と権利

　障害者政策にはさまざまな領域がある。給付はその代表的な領域であり，一般的にもイメージされやすいものだといえる。一方で，福祉政策において給付とともに重要な役割を果たす規制（武川 2007）は給付のように目にみえるものではないため，表面的には気づかれにくい。障害者の差別に対するさまざまな取り組みも，この規制の一部として位置づけることができ，障害者政策の一部としてはすぐさまイメージされにくいのではないだろうか。

　しかしながら，障害に基づく差別は障害者に関する社会的問題の最も重要な課

題の1つであり，その根絶のための取り組みは日本のみならず世界各国の政府や社会によって取り組まれなければならないものだといえる。

　障害者のみならずさまざまな要件を理由にして起こる差別に対する政策的な取り組みにはいくつかのタイプがある。たとえば差別の禁止である。差別を定義し，それを行うことを禁止する。それが犯罪として規定されるかどうかは別として，考え方としては同様に，禁止規定には必ず処罰規定が伴うことによって実際の効力を強める形をとる。それに対して，禁止によって起こる不利益や不公平を，被差別グループに対する特例の設定や利益供与によって穴埋めするという方法もある。日本における障害者雇用率制度はその1つであり，同様の制度はアファーマティブアクション（積極的差別是正政策）と呼ばれる（この点について，詳細は第4章「就労・雇用支援」を参照のこと）。

　さらに間接的な対策として，教育や広報を通じた啓発活動がある。これもさまざまな差別に対して共通して行われる対策の1つである。たとえば差別防止月間としてキャンペーンを行ったり，パンフレットなどの配布をしたり，学校などでそのテーマに沿った標語や絵などを募集してコンクールを行う取り組みも，このような間接的な差別対策にあたる。

　ただ，驚くことに日本では，つい最近まで明確に障害者の差別を禁止する法律はなかった。差別一般がいけないということが文言として書かれている例があったり，明らかなハラスメント行為に対する民事訴訟などの可能性はあったかもしれないが，差別行為を禁止する法律がなければ当然，それを取り締まることや処罰することもできない。

　この状況は2014年から施行が始まった差別解消法（障害を理由とした差別の解消の促進に関する法律）で，若干ではあるが改善された。名称こそ「禁止法」ではなくなったが，同法の第三章では「障害を理由とする差別の禁止」を掲げ，第七条，第八条において行政機関等および事業所における差別の禁止を謳っている。ただし，これらの禁止規定は処罰規定が事実上存在せず，その点が同法の問題点として当初から指摘される点でもあった（差別解消法については，第4章「就労・雇用支援」および第5章「権利擁護」でさらに詳しく記述）。

　障害者の差別の根絶に政策的関与が求められる理由はどこにあるのだろうか。

ごく当たり前のことであるようにも思えるが，確認しておきたい。

　差別は単なる嫌がらせや攻撃というだけでなく，人権の侵害にあたるということは改めて説明するまでもないだろう。差別されることによってその個人が本来享受すべき利益を損なわせるというだけでなく，すべての人にはそもそもいかなる差別も受けずにいる権利があることは，日本も署名した世界人権宣言にも謳われている。

　差別には大きく直接的差別と間接的差別があるとされるが，後者については文化的規範や社会構造の中に落とし込まれてしまっている場合もあり，差別をする側にとっても意図的ではない場合が存在する。こういった人々の生活様式の中に組み込まれてしまった差別は，同時に人々の認識の中にも埋め込まれる。社会システムとして構築された差別は，政策的関与によって強制的に矯正することが可能な場合もあるが，認識の中に埋め込まれた差別はそう簡単にはいかない。

　一方で，新たな差別の概念として「合理的配慮」に関する規定がある。これまで差別は，何かの行為をすること，つまり「作為」が差別として認識されてきたが，合理的配慮の規定では，この配慮を提供しないことが差別に当たるという「不作為」を差別として位置づけている。この合理的配慮の規定の詳細については，第4章「就労・雇用支援」を参照してほしい。

　このように，さまざまな形の差別は障害者の権利を侵害するものであり，それを防ぐ必要がある。そのために求められるのは，(1)何が差別であるかを示し（定義，啓発や教育），(2)それを禁止し，そして(3)差別が起きた場合の対処（罰則や補償）を規定することである。

　現在，日本のみならず多くの国々で障害者に対する差別を防止するための取り組みが展開されている。こういった取り組みは，一方で障害者の生活を支援し，その自律と尊厳ある生活を実現していくことにより，障害者の社会参加が進んでいくことによってさらに強化・促進されるといえる。

3 ｜ 概要──障害者の生活からみる政策の理解

　以降の章では，「所得保障」「社会サービス給付」「就労・雇用支援」「権利擁護」

と，それぞれの制度の目的別に障害者政策をみていき，最後に障害者運動との関連という点から障害者政策について述べる。それら各論的な記述の前段である本章の最後として，障害者政策の全体的なイメージをつかむための試みをしてみたい。

障害者の生活に係わる制度や法律にはさまざまなものがあり，それらを包括的にとらえた制度や法律の集合体が障害者政策であることは間違いない。それら障害者政策のうちの個別の制度や法律は，それぞれの目的をもって設けられているが，その中心にあるのはいうまでもなく障害者の生活である。そこで，ここでは障害者の生活を短期的（１日の生活）および長期的（ライフステージ）視点の両方の視点に基づいて，それぞれに障害者政策がどのように関係しているのかを確認していく。

（1）１日の生活からみる制度・政策

ノーマライゼーションの理念を示した言葉の中に，「１日の当たり前のリズムの実現」というものがある。私たちの日常的な１日の生活は，自分の家で朝目覚めることから始まる。そして洗顔をして髪をとかし，食事を作って食べ，掃除や洗濯などのいわゆる家事を行って生活を整えていく。そして身なりを整えて外出することもあれば，家でゆっくり好きなことをして過ごすこともある。外出の理由はさまざまである。仕事や学校に行く人，友人と会って楽しい時間を過ごす人もいれば，生活に必要な買い物をしたり役所や銀行などに用がある人もいるだろう。そして必要に応じてまた食事をとり，最終的には家に戻って残りの家事を済ませて眠りにつく。

このようにみてみると，私たちの１日の中には清潔の保持や家事のように生活を維持するために居宅内で行う活動と，居宅から外に出て行う活動があり，後者については娯楽や余暇活動のような個人的な活動と，何らかの責任を伴って行う社会的活動がある。

障害者がこのような日常生活を送るうえで，どのような制度や法律を利用しているのかをみてみよう。

まず朝起きてからの整容や家事の部分については，いわゆる介護や介助を提供するホームヘルプサービスを利用することができる。ただし，起きてから寝るま

で，常時そのようなサービスを利用することは難しく，障害の程度によって利用できるサービス量が限られるため，その範囲でたとえば1日数時間，あるいは週2日といった具合に，その限られた時間で必要な支援が提供されるように調整を図る。

ホームヘルプサービスでカバーできない範囲の家事や居宅内の活動は，基本的に自分で行うか，家族がその部分を支援する。ただし，家族にも自分の生活があり，家族が何らかの理由で短期間，その支援を行えない場合には，やはり障害者総合支援法による短期入所（ショートステイ）などのサービスを利用することも考えられる。

そういった居宅生活そのものをサービス給付として行うのが入所型ケアで，その形態はさまざまであるが，いわゆる施設において住まいの提供から行うものである。この場合，施設利用自体に介護や介助のサービスが含まれている場合もあれば，別途ホームヘルプサービスとして利用する場合もある。

ここまでの生活のための支援は，現在，基本的に総合支援法（障害者の日常生活及び社会生活を総合的に支援するための法律）を通じて提供される。総合支援法は，障害者の生活に対する包括的な支援を提供するための総合法で，さらに家から出る際の外出支援（ガイドヘルパー）なども同法の中に位置づけられる。

総合支援法以外で日々の生活の中において提供される支援の例としては配食サービスなどもある。配食サービスはすべての地域で実施されている基本的サービスではないが，調理や健康管理に課題のある障害者にとってはニーズの高いサービスであるといえる。

移動という点でいえば，障害者手帳[1]の制度による公共交通機関の割引などのサービスもある。日本には身体障害者手帳，療育手帳（呼び名は地域によってさまざま），精神保健福祉手帳などの障害者手帳があり，その保持者に対する公共機関や施設の割引や優遇などのサービスがあるのである。また，外出先での物理的環境については，公共の建物の仕様について定めたバリアフリー新法などが，間接的に障害者の外出や外での活動を支援していることにもなる。

また，医療面では訪問看護サービスもある。これは概ね定期的に看護師などの専門職が自宅を訪問し，簡単な医療的ケアを提供するもので，継続的な医療を必

要とする精神障害者などに利用される。根本的な治療行為ではなく，配薬や経過観察などを行い，必要な場合には病院での本格的治療につなげていく。

　必要な買い物をしたり銀行で手続きをしたりということになると，もちろん簡単な範囲であればホームヘルプサービスや外出支援の延長として行われる場合もあるが，特に金銭の管理に係わる範囲になると責任が問われる問題ともなりかねない。そこで利用されるのが日常生活自立支援事業である。この事業は利用申し込みをした障害者の金銭管理を助けるための事業で，そこから派生して公共料金の手続きや通帳の管理なども行うものである（同事業については，第5章「権利擁護」でも言及）。

　最後に，こういった日常生活の基盤となる経済力についてである。日本は資本主義経済社会であり，基本的に生活に必要なものは貨幣によって購入するしかない。しかし，障害者はその障害ゆえに十分な経済力をもたない場合も少なくなく，そのままでは生活が立ちゆかなくなってしまう。

　その場合に考えられるのが現物給付と現金給付による補償である。ここまで述べてきたさまざまなサービス給付も，サービス自体が商品化されている現代においては現物給付の1つとしてとらえることもできるが，かつては米や衣類を給付していた時代もあり，現代でも福祉用具などが現物で給付されることもある。

　それに対して現金給付はいわゆる所得保障に位置づけられ，さまざまな形で実施されている。障害者に対する現金給付の中心は障害年金といって差し支えないだろう。障害年金は日本の公的年金制度の機能の1つに位置づけられ，国民年金法や厚生年金保険法に依拠する。さらに，障害の原因が業務上のものであった場合には労働災害保険が適用され，障害の程度にもよるが，一時金もしくは年金の形で補償金が支給される。そのほか，いくつかの社会手当などもあるが，それ以上に障害者の生活を支える資金源となっているのが生活保護費である。

　生活保護は生活保護法に基づく最低生活保障のための普遍的な制度であり，決して障害者を特定の対象として用意された制度ではない。しかしながら，生活保護受給世帯の一定割合を傷病世帯が占め，またそれ以外の世帯にも一定数の障害者がいることがわかっている（山村 2018）。実際，いくつかの調査から，生活保護は障害者の主な収入源の1つとなっていることがわかっている（山村 2018）。

第1章　障害者政策の構成

　このように，障害者の日々の生活は総合支援法を通じた直接的な人的サービスを中心に，それ以外の細々としたサービスと，生活の基盤を支える所得保障などで成り立っている。しかし，そのすべてが十分に提供されるとは限らず，経済面や日常的な介護・介助の面を家族に頼っている障害者も少なくない。

（2）ライフステージからみる制度・政策

　次にライフステージという長期的な視点から障害者の生活（人生）をみてみよう。ライフステージとは生まれてから死ぬまでの年代ごとに分けられる各段階とその全体像を示す言葉で，幼年期・児童期・青年期・壮年期・老年期などのステージに分けられる。そして，人々にはそれぞれのステージに応じた社会的役割や達成課題があるとされ，それがいわゆる人生の「節目」といわれるような出来事（ライフイベント）に象徴される。

　たとえば児童期の重要なライフイベントは就学である。さらにそれは，それぞれの社会の規範に基づいて発生する進学というイベントにつながっていく。青年期の大きなイベントは就職である。これは，社会的な地位の確立とともに親からの経済的な自立も示唆され，やがては自分の家族をつくっていく基盤を獲得するものとなる。さらに青年期から壮年期にかけては結婚・出産・子育てと，親になり自分の家族をつくっていくというライフイベントが続く。その後，老年期に向けて子の自立，自身の退職などがある。

　児童期の就学や進学においては，教育制度が鍵となる。わが国の現在の教育制度では，障害のある児童に対して特別支援教育が用意されている。特別支援教育はいわゆるインクルーシブ教育の一環として通常学級と同じ学校内に併設され，時機に応じて相互の交流がある場合もあれば，特別支援学校として独立して設置されている場合もあり，障害のある児童の多くはそれらの間で個々のニーズや状況に応じて就学・進学をしていく（詳細はコラム⑥「家族」参照）。この学校教育は子どもにとっての社会的活動にあたり，障害の有る無しにかかわらず児童の社会化のための重要な機会を提供する。さらにもちろん，学校教育はその後の就職とひいては将来の生活のありようを左右する重要な役割をもっている。

　就学は青年期まで継続される場合もあるが，いずれ次の段階，すなわち就職と

17

（経済的）自立をむかえることになる。障害児を対象とする特別支援教育においても，児童の卒業にあたり就職のための支援を行うことが求められる。このような進路指導の一環として学校から提供される就労支援とは別に，障害のために失った（就けなかった）仕事を獲得するための就労支援もあり，こちらは総合支援法を通じた就労支援事業や雇用促進法による事業を通じて社会サービスとして提供される。

　就労は障害者の生活にとって2つの側面をもつ。すなわち経済力の獲得という側面（経済的側面）と，社会参加や役割獲得という社会的意義の獲得という側面（社会的側面）である。ライフイベントという点では，就職という一点を指してその支援を行っていく就労支援が考えられるが，一方でプロセスとしての就労生活の維持・継続においても支援が必要な場合があり，上記の法律・制度を通じてさまざまな形で提供される（詳細は，第4章「就労・雇用支援」を参照）。

　非常に重要なライフイベントでありながら支援が難しいのが，結婚・出産・育児といったイベントである。特に結婚は，そもそも非常に個人的なことであり，政策的な関与が難しい。また，出産や育児については医療や保育サービス，手当や出産・育児休暇などの，障害のない人も利用する普遍的なサービスに限られる。こういった領域については，障害者のためのサービスや支援がほとんどみられない。その活動の場の公共性によって，バリアフリー新法などに規定された範囲での物理的対策が採られていたり，アクセシビリティの確保がされたりといった程度になる。ここで重要なのは，果たしてこれらの領域において障害者のための支援やサービスが必要なのかという点である。これらの点については，第3章「社会サービス給付」の「社会サービス給付をさらに詳しく学びたい人のために」も参照していただきたい。

　青年期から壮年期にかけての期間は，障害のない人にとってもそうであるように，時間的にも長く，またその間のライフイベントは人によってさまざまである。障害という点でいえば，この時期になって傷害を負い，いわゆる中途障害者となる人もいる。就労や育児の支援も，いつ，どのような段階でどのような障害をもつのかによって異なるが，それぞれの状況・時機に応じて必要かつ利用可能な支援を活用しながら生活を組み立てていくことになる。

やがて老年期に入っても，生活の支える基本的な制度は変わらない。ただし，老年期に入るとニーズが増大する場合がある。1つは退職などによって経済的ニーズが高まる場合である。ここで，一般的には老齢年金がそのニーズ充足に一役買うことになるが，障害者の場合にはそれまでに障害年金を受給している場合が考えられ，老齢年金と障害年金，また厚生年金と基礎年金など，いくつかの年金支給の間で調整が図られることになる（年金に関する詳細は，第2章「所得保障」を参照）。

老年期に入って増大するニーズのもう1つが，心身の機能的な低下に伴う介護ニーズである。介護ニーズも，障害者にとっては年齢に関係なく発生することの多いニーズであり，この場合は障害者総合支援法と介護保険法の間でのサービス利用の調整などが重要となる。経済的ニーズについても介護ニーズについても，障害者と高齢者の両方のサービスを二重取りできるというわけではないのである。

このように，さまざまなライフステージとそれに応じたライフイベントを通じて，障害者のためのさまざまな制度や法律が必要な支援やサービスを提供していく。それと同時に，バリアフリーや雇用促進法による障害者雇用の義務化や雇用率制度などの規制やルールづくりがなされている。これらの制度は直接的な現物給付を行うものではないが，社会的環境を整えることによって障害者の生活の基盤を支える役割を担っているといえる。

（3）権利擁護

権利擁護という概念は，障害者政策およびその支援実践においては比較的最近になって登場した概念だといえる。その具体的な制度の概要は第5章「権利擁護」での記述に任せることとして，ここでは障害者政策における権利擁護の意味について整理しておきたい。

障害者支援における権利擁護にも2つの側面があるといえる。1つは代表的なものであり，障害者に対する差別に係わるものである。障害者は子どもや女性，高齢者と同様，社会的マイノリティとして社会構造的な差別が指摘されている。その社会的認識の高まりとともに，2006年には国連による障害者権利条約（Convention on the Right of Persons with Disabilities）も採択されてきた。

障害者は，実際にその心身の機能に不全や低下があり，それが行動・行為の側面に影響を与える。それは，必然的に，障害のない人は必要としないケアやサポートの必要性を生むこととなる，このようなケアやサポートは，一方で「力なき者」に対する好意的あるいは肯定的な行為としての側面ももち，保護や養護という名の下に障害者を社会的に不完全な存在として認識させ，社会的な排除の構造をつくり上げることにもなってきた。さらに，ハード面においてもソフト面においても，障害者をそのユーザーとして想定しない状況で構築されてきた社会構造の中では，当然のことながら行動は制限され，障害者の社会的存在はさらに周縁的なものへと追いやられてしまう。

　障害者政策は，このような社会構造がつくり出す障害者差別に対して，規制を通じた社会的基盤の構築を行い，差別を防ぐための装置をつくり上げるという点でも重要な役割を担っている。日本では2014年に差別解消法（障害を理由とした差別の解消の促進に関する法律）が部分的にではあるが施行され，先進諸国に比べて遅れていたこの領域において，ようやく一歩を踏み出したという状況にある。同法はその後，2016年に完全施行となっている。

　障害者支援の領域における権利擁護のもう1つの側面は，障害者の自己決定と自律に係わるものである。障害者支援の実践において度々用いられる語句として，エンパワメント（empowerment）というものがある。このエンパワメントの概念が障害者支援において重要とされるのは，前段でもふれたように，障害者支援においては，その支援が時に相手の能力や可能性を奪う側面があるためである。ノーマライゼーションの活動とその概念を生むきっかけになった大型施設での保護的な生活のように，支援によって何もかもをカバーしてしまうことは，その人の人間性を奪ってしまうことにもなりかねない。このような問題意識を背景として重用されるのがエンパワメントの概念であり，現在の日本の障害者政策の中核的な概念である自己決定の尊重や自律の実現にもつながるものとなる。

　この自己決定の尊重や自律を障害者の生活において具現化することを目的の1つとして用意されたのが，のちに総合支援法へと改正される障害者自立支援法（以下，自立支援法）であるが，その過程で1つの課題に突き当たる。自己決定には自己責任が伴うのである。制度によって障害者自身の意思が反映できるような

装置をつくったのはいいが，その選択の結果も障害者自身の責任となる。そこで障害者自身が不利益を被ることのないようにするためには，障害者自身が適切に自己選択・自己決定ができるようにしなければならない。十分な選択肢とそれについての正しい情報が，個々の障害者にとって理解可能な形で提供され，物理的なアクセシビリティが確保されなければならない。さらに，そのような不利益となる選択が行われてしまった場合に，その回復のための装置も必要である。権利擁護に関する制度には，そのような障害者の自己決定と自律を保障するための制度も含まれている。

　障害者の権利擁護には，このように障害者に対する差別（外的要因）への対策と，障害者自身の自己選択という権利の行使（内的要因）の保障という2つの側面がある。これらは必ずしも完全に独立した領域として存在するわけではない。差別的な行為が障害者の活動を抑制したり制限したりするものであれば，差別の禁止は障害者の権利の行使を助けるものにもなるし，その逆も然りである。ただ，当人の権利行使のための支援サービスという点は，障害者政策（および認知症高齢者への政策）に特徴的なものでもあり，その背景にあるエンパワメントや自己決定と自律の実現といった概念と合わせて理解する必要があるといえる。

4 ｜ 課題——変わり続ける障害者政策

　障害者政策の全体像を概観するという本章の役割に準ずれば，その課題についてあげればキリがないということになるだろう。特に個別の領域についての課題はいくらでも改善の余地があるし，そういった点については各論である第2章以降の各章でも取り上げることになるだろう。

　そのため，他の章と違って，ここで個別具体的な課題をあげることには限界があるし，そうすべきではないだろう。ここでは，障害者政策を全体としてとらえた場合の2つの課題について，その導入的な紹介として簡単な記述をしておきたい。

（1）領域間の連携と調整

　障害者政策が障害者の生活を広く包括的にその射程としてとらえたものである

以上，さまざまな領域がその中にもまた存在することになる。本書でも，「所得保障」「社会サービス給付」「就労・雇用支援」「権利保障」の4つの政策領域だけでなく，6つのコラムをあげている。

　これまでこれらの各領域は別々のものとしてとらえられてきた。中には担当する省庁や自治体レベルが異なる領域もあり，障害者政策が発展すればするほど，それら領域間での実務上の連携と制度運用における調整が不可欠となる。そのため，今後の障害者政策は，個別の制度や法律が対象とする課題だけでなく，生活の実態上，そこに関連するさまざまな要素を考慮して構築される必要がある。また，そういった課題は事前の検討だけでは予測不可能な部分も多く，実際に動いてみて初めて明らかになる場合もあるだろう。その意味で，障害者政策にはより目の前の課題に対して一気呵成に作り上げるのではなく，長い時間をかけて成熟させていくものになっていく必要がある。

　また，領域間の連携や調整の必要性は，障害者政策の外の領域にもいえることである。たとえば，障害者に対する就労支援は社会サービスの範疇であるが，ひとたび実際の就労場面に出れば，それは労働という領域になり，障害者としてだけではなく労働者としてのルールや基準に従うことが求められる。その結果，障害者にとって悩ましい問題となっている「通勤問題」について第3章でもふれている。特にコラムとしてあげた領域は，障害者政策として切り取るよりはすべての人にとって必要な社会政策の中に障害者も含まれているという領域になっている。

　障害者以外も対象とした領域との調整は，障害者政策の中でのそれよりもおそらく困難が伴うだろう。そもそもニーズが異なる場合もあるし，時にはそれが相反することもあるからだ。そのような場合にも，障害者だけの立場や考えに従ってはいられない。しかも，障害者ではない人々にも多くのニーズが発生する現代社会においては，その調整はよりいっそう難しくなるだろう。しかし，このような領域間の関係やその理解に基づいた連携・調整も，障害者政策を意義あるものとして運用していくために必要な要素であるといえる。

（2）障害者像の変化

　障害者政策の目的は，何よりも障害者の生活を保障し，その尊厳ある生活を実現していくことに他ならない。しかしながら，そこで目指される生活や尊厳のあり方，そして障害者自身の姿も，時代の経過とともに徐々に変化してきた。それはすなわち，障害者政策もそれに応じて変化することが求められるということである。

　ノーマライゼーションの概念の登場から始まって，障害者の社会における位置づけは，少なくとも法律上の文言などに形式的に示される理念のうえでは変化してきている。それに伴って政策が変われば障害者の生活も変化する。障害者の生活が変化すれば，それを受けて社会における障害者の認識が変化し，新たな障害者像，新たな生活の質を求める声が起きれば，それは次の障害者政策における変革につながっていく。

　つまるところ，障害者政策はこのようにいつまでも完成することがない。それを所与のものとして，その中で常に求められる政策のあり方を模索していく必要がある。2000年代に入ってからの福祉政策の多くは，定期的な見直しがその政策の中に最初から盛り込まれている場合が多いが，単にサービスの価格や手続き方法の見直しだけでなく，その時点で求められている実現されるべき障害者の生活の質やあり方を反映したものであるのか，その点についての検討がきちんとされているかがカギとなる。

（3）少数派としての障害者

　障害者が現代社会において数のうえで少数派であることは（障害者の定義にもよるが）事実だといっていいだろう。そして，その数のうえでの少なさは，障害者を社会的な意味でも少数派として位置づけてきた要因の１つでもあるだろう。

　少数派である障害者の生活やそのための政策には，なかなか目が向けられることがない。研究のうえでも障害や障害者に関する研究者はそれ以外の領域に比べて少ないと感じる。目が向けられないということは，社会によるチェック機能が働きにくいということである。障害者政策に課題があっても，それが課題として認識されにくい。一部の関係者や当事者には認識されていても，対応が必要な課

題として社会的認識を得ることが難しくなるのだ。

　このような状況を打破していくには障害者自身による発信が重要となる。いわゆる当事者運動として声をあげ，必要な社会変革を求めていくことが必要になる。ただし，だからといって障害者政策はその声があがるのをただ待つのではなく，きちんと拾い上げるための仕組みが必要になる。それも含めての障害者政策といえるだろう。近年，さまざまな領域で政策策定の場に当事者の参加が実現されるようになってきた。障害者政策においても当事者のかかわりをいかに実現していくかが重要である。

　特に障害者の場合，その障害のために発言や発信に課題があったり，あるいは知的障害など，そもそも意見や考えなどもたないと思われがちな障害者も存在したりする。そのような障害者に対する固定概念を取り払い，障害者自身がその声を届けられるようアクセシビリティを確保してくことが求められる。

　このような当事者によるかかわりは，日本が2007年に署名した障害者権利条約の前提にもなっている。同条約では「Nothing about us without us（私たち抜きに私たちのことを決めないで）」を合言葉に，障害者自身がつくる権利条約を実現してきた。これは権利条約に限られていることではなく，個々の国々における障害者政策においても求められる姿勢であるといえる。

障害者政策をさらに詳しく学びたい人のために
──障害者とは誰であるのか

　障害者政策は幅広い領域をもち，その種類や係わる実際の制度や法律もさまざまである。それをさらに深めていくということになれば，それを構成する各領域に分かれ，そのいずれかを深く探求していくというのが1つの方法であるだろう。しかしながら，本書では第2章以降にこれら個別領域についての各論的な記述が進められていくため，本章での「さらなる学び」においては，障害者政策全体に係わる点について新たな視座の提示と問題提起を行ってみたい。それが障害と障害者の定義に関する思索である。

第1章　障害者政策の構成

（1）日本の「障害者」をめぐる展開

① 政策基盤の構築

　障害者政策の対象は，もちろん障害者である。それでは，障害者とは誰を指すのか。この答えは，それほど単純なものではない。しかしながら，政策には常に対象が存在し，その対象規定は給付などにおいては受給権を，規制などにおいては義務の発生を規定するものであり，何らかの線引きが必要となる。

　日本だけでなく多くの国々において，障害者政策は大きな戦争の後にその萌芽をみることができる。戦争によって生じる戦傷者へのケアと彼らの生活保障が課題となるためだ。戦争によって発生する障害者はその数において自然発生的なものを大きく超える場合が多く，社会的に無視できない存在となるだけでなく，戦争の犠牲者あるいは貢献者として社会的なケアが肯定されやすい背景がある。日本においても近代的な障害者政策の始まりは，第二次世界大戦後の社会保障制度などの関連制度が構築されていく時期に，身体障害者を対象とした政策として始まっていく。

　日本の障害者政策の最初の対象は身体障害者であった。身体障害は四肢の欠損や機能不全によるものであり，物理的な基準を設けやすい。あるいは医学的に測定可能な基準があり，それらの基準に基づいて欠損や機能不全がどの程度であるかを測定し，ある一定基準を境として障害者であるかないか，そしてその程度が規定されてきた。

　身体障害については，このような医学モデルに基づく客観的な障害の定義が可能であったし，有効でもあった。未だに障害の社会モデルもなく，社会構造はハード面でもソフト面でも障害者にアクセシブルなものではなかった。その中で障害者が社会に出るためには，障害者の側が自らの障害を克服する必要があり，リハビリテーションによって行為や行動の課題を克服し社会に出るか，それが難しいものは家族や施設からのケアを受けて生活するのが一般的だった。

　身体障害について登場するのが知的障害である。知的障害は現在でも多くが先天的あるいは周産期から乳幼児期の後天的要因によって発生し，戦前はもちろん中世以前にも知的障害に類する人々の記述がみられる。その意味で，彼らに対する各時代の統治機構下での何らかの政策は存在してきたと考えられるが，現在の

25

知的障害者政策が構築される発端には，最初に身体障害者福祉法が成立し，障害者としての政策的承認を得たことが大きい。それに対する障害者運動が，知的障害者福祉法（当初は，精神薄弱者福祉法）の成立へとつながっていく（障害者運動については，第6章「障害者運動」を参照）。

　1940年代に身体障害者福祉法が，そして1960年に知的障害者福祉法が成立してからしばらくの間，日本における障害者は身体・知的の2つの種別に限られていた。その状況に変化がみられるのは1990年代であり，精神障害が新たな障害として定義づけされ，精神保健福祉法（精神保健及び精神障害者福祉に関する法律）が施行され障害者手帳制度も創設された。

　精神障害も，知的障害と同様に，実際にその状態にある人々は以前から存在し，社会的なケアの対象ともなってきたが，障害という認識ではなかった。精神障害は長らく精神病として認識され，精神障害者も精神病者とされていた。その精神病罹患の状態が精神障害として障害の認定を受ける経緯については，日本国内でのさまざまな動きの結果としてとらえることができるが，総じて世界的な潮流に乗ったところが大きいといえる。

　ここまでの障害の定義とその制度は，障害種別ごとに個別に展開し，制度上も身体・知的・精神の3つの福祉法が併行して存在する状態になっていた。しかしながら，その成立の経緯も社会的な認識も，そして実際の障害の態様も異なる中で，実際の暮らしには大きな差が出ていた。

② 三障害の「統合」

　そのような状況に一石を投じたのが2005年に施行された自立支援法である。この法律では三障害の統合を謳い，障害種別ごとにあったサービスや施設を規定上は全障害種別を対象とするものへと転換させた。ただし，障害の定義という点では従来の個別の福祉法における障害の定義をそのまま踏襲し，それらの法律も残す形となった。さらに規定上は障害の区別をなくしても，実際の活動上は障害種別ごとになる場合が多かった。つまり，利用者の障害種別の限定はしていなくても，施設や事業所の利用者は特定の障害に偏るという状況になったのである。これは，障害種別によってニーズが異なるのに対し，施設や事業所も得意とするサービスや「売り」があり，それらがニーズと結びついた結果，障害種別の住み分

けともいえる状況につながったものであった。

　法文上の障害の定義に戻ってみると，身体・知的・精神の各福祉法における障害の定義は残されたが，さらに障害者基本法によって（これらの法律で定められた）身体障害・知的障害・精神障害のある者が障害者として規定された。そして，障害者を対象とした制度や法律は，この障害者基本法における障害者の定義を用いてその対象を規定するという複層的な定義規定の構造ができあがった。

　この基本法上の定義と制度上の対象規定に対し，実践の中にみられる実際の利用者像には若干の乖離がある。障害の社会モデルが社会的に認知されてきたためなのかは定かではないが，実際の生活の中には客観的な指標では障害かどうかの判断がつきにくい人々が少なからず出現するためである。彼／彼女らは正式な規定上で障害者の定義にあてはまらなくとも，事実上の生活上の障害と支援の必要に迫られて制度の利用者となる。その数が増えていくと，潜在的なニーズとして認識され，正式な利用者として対象に加えられることになる。

③　新たな障害と新たな政策対象

　このようにして2000年代になって新たな障害の定義として加えられたのが発達障害である。発達障害については，海外の実践や研究などを通じて知識としての導入はあったが，それ以上に精神障害者を中心とした障害者サービス実践や学校教育の場においてみられるようになっていった。それが最終的に2004年の発達障害者支援法の成立に至ったといえる。

　ここまでが，わが国における障害の定義の拡大の状況である。ただし，障害者政策の制度の対象という点では，もう１つの新たな展開がみられる。それは，2012年に自立支援法の改正の結果制定された総合支援法（障害者の日常生活及び社会生活を総合的に支えるための法律）において，一部の難病の罹患者が，その制度利用の対象者に加えられたという点である。彼／彼女らは決して障害者として認定されたということではなく，障害者と同様のニーズをもつ人々として障害者政策の対象に加えられたということになる。

　この障害者政策の中核となる制度における変更は，注目すべき論点を生み出す。それは，そもそも障害者政策とは誰のための政策か，あるいは障害者とは誰なのかといった根本的な問いである。

（2）ニーズか属性か

　政策ではその対象を規定することが必須となる。政策の対象とは，その政策の実施における責任の範疇を示したものでもあり，それは翻って行政の責任と受益者の権利を定めたものでもあるからだ。

　障害者政策は，その対象を「障害者」であることとする政策として理解することができる。特に日本のように，障害者基本法によって障害（者）の定義を規定し，その規定がその他の関連法における対象規定の根拠となっている場合，「障害者」という枠組みが政策対象と直接的に結びつく。

　一方で，政策において対象が限定されることは，その限定された対象の特質や状況に適合した政策を策定するという点でも重要となる。政策はさまざまな次元におけるニーズに対応するためのものととらえることができるが，対象を限定することはニーズを限定することでもあり，特定化されたニーズに対して最も適合的な政策が用意されることで，その効果や効率を高めるのみならず，ときには政策の妥当性が担保される。

　この考えに基づけば，政策対象とはニーズ集団としての意味をもつ。そして障害者政策は，「障害者」がもつ特定のニーズを充足しあるいは解消するために設けられていると考えることができる。

　しかし，このように対象規定を設けることはニーズを特定化することでもあるわけだが，そこで「障害者」のもつニーズは果たして特定のものなのかという問いが生じる。これは内的・外的双方の点で指摘される点で，つまりは内的には障害者とされる人々の中にも多種多様で個別的なニーズが生じているし，外的には障害者が抱えるニーズと同様のニーズは障害者でない人々にも生じうるということである。

　障害者の間のニーズの多様性については，総合支援法により多様なサービスを用意し，支援計画を通じて個々のニーズに応じて配置するという手法で対応しているということになる。もちろん，サービス量や範囲の偏りが指摘されたり，不十分な点もないわけではないが，一応の体制は整えられている。

　それに対して，障害者とは異なる集団とのニーズの重複という点では，高齢者との介護ニーズなどが代表的な例である。実際，65歳を過ぎた障害者の場合には，

障害者サービスと介護保険サービスの2つの選択肢が用意される場合がある。あるいは家事などの日常生活におけるニーズは，理由は異なってもひとり親家庭などにもみられる場合もあるし，就労支援もさまざまな対象領域においてみられるものの1つである。そして，これらの重複する支援やサービスの中には，その目的だけでなく支援内容や方法においても共通する要素が多い場合もみられる。

　このような状況をみていると，政策の対象規定の枠組みとして，障害者や高齢者といった属性によるものだけでなく，介護や訓練，相談援助といったニーズの種類によるものも考えられることがわかる。それでは，これらはどのように異なり，そしてどちらがより政策的にふさわしいものなのか。

（3）「障害者」とは誰か

　障害者政策とはその対象を障害者とする政策であるとするならば，対象規定を属性ではなくニーズに準拠したものとすることは，障害者政策という枠組み自体を問い直すことでもある。

　障害が主に身体的な障害としてとらえられ，その欠損した身体機能と行動障害をどう補うかということに注力していればよかった時代には，障害者と障害者でない人の境界は今よりももっと明確であった。

　しかし，現代においてはその様相は異なっている。精神障害，発達障害といった障害は，その判断基準も身体障害に比べて曖昧で，障害やその表出の程度によって，障害のない人と何ら変わりなく生活できてしまう場合もある。そのようにして，障害者と障害者でない人の境界は徐々に曖昧になり，簡単には判断できないものになっている。

　さらに，障害者政策の対象とするニーズの範囲の拡大も重要である。身体的機能の補助・代替が中心的なニーズであった時代から，障害の社会モデルと障害者が直面するさまざまな社会的障壁が指摘されるにつれ，そういった環境への働きかけや社会変革すらも障害者政策の範疇には含まれるようになってきた。結果として，障害者政策は，障害者だけにかかわるものではなくなっている。

　障害のない人々の生活においても変化がみられる。社会の変化に伴い，いわゆる障害者として定義されない人々の中にも，生活のしづらさや社会的な障壁を抱

え，生活に困難をきたす例がみられるようになってきた。彼／彼女らのニーズは，医学的な基準における心身の機能不全を背景としていないという点で障害者の定義からは外れる。しかし社会モデルに基づく障害の理解の下では，彼／彼女らの状態も障害がある状態と理解することができる。

　このように，障害や障害者の定義が揺らいでくる，あるいは私たちの現実の生活と一致しなくなってくると，障害者政策にもその影響が現れる。障害者政策ではカバーできないが同様のニーズをもつ人々や，障害とそれ以外の要因が複雑に絡み合って生じるニーズに対して，障害者政策は「対象外」として傍観しているだけでよいのか。少なくとも，障害者政策が具現化される実践の場では，そういった状況への対応が迫られている。障害者政策は，今や障害者のためだけの政策でよいのかが問われる時代になっているといえる。

（4）政策対象を考える意義

　障害者の定義を完全に社会モデルで考えるようになれば，あらゆる人が障害者になる可能性があるし，その逆もある。結果として，「障害者」というカテゴリー自体が存在しないことにもなりうる。そうなれば，障害者政策というものも意味をなさなくなる。仮にすべての人が障害者（あるいは障害者でない）ととらえても，個々のニーズに対する社会サービスが整っていれば，実際的に人々の生活を支え，権利を保障していくことも可能である。

　政策対象としての障害者というカテゴリーは必要なのか。この問いについて考える際には，2つの相反する点について理解することが求められる。1つ目は，障害者として対象化することが彼／彼女らに対するラベリングとなる可能性があるという点であり，一方で対象化することにより，障害者への必要かつ適切な支援の提供が可能となる側面があるという点である。

　前者は障害者に対する社会的認識という点から重要な意味をもち，障害者が，障害者という特別な存在として社会に認識されることを助ける。しかし同時に，障害者というラベルに否定的な評価が固定されれば，障害者に対する差別を助長したりスティグマを強めたりする可能性もある。それに対して後者は，障害者をカテゴライズし，そこに共通する特性や特徴を明らかにすることによって，その

ニーズに対する支援をより具体的かつ効果的・効率的なものとすることができるというものである。

　結論からいえば，政策において「障害者」をカテゴリー化することは，それが必要かつ適切な場合もあれば，そうしないことが望ましい場合もあるということだろう。そこで重要なのは，それぞれの政策や制度において果たしてどちらが適切であるのかについて，常に吟味し，確認していくことだといえる。特に，昨今のように障害者自身だけでなくさまざまな人々の生活においてニーズの増加と多様化が進む状況にあっては，これまでの障害種別の定義あるいは障害者という定義を前提とした政策のあり方について，すべての前提を取り払ったゼロベースで考える必要もあるのかもしれない。

注

(1)　障害者手帳は後述する身体障害者福祉法・知的障害者福祉法・精神保健福祉法でそれぞれに規定されている。障害者政策は，障害種別を問わない総合法と，それ以前に障害種別ごとに創設された個別の福祉法が併存しているところにその特徴と，理解の難しさがある。なお，発達障害については手帳制度は設けられておらず，代替的に精神保健福祉手帳を取得する場合がある。

引用・参考文献

武川正吾（2007）『連帯と承認——グローバル化と個人のなかの福祉国家』東京大学出版会。

田中智子（2018）「障害者と家族の貧困の再発見」『みんなのねがい』（631），19〜21頁。

中村雄二（2017）「貧困化すすむ障害者と年金増額運動」『国民医療』（336），61〜63頁。

百瀬優（2015）「障害者の貧困の統計的把握」『週刊社会保障』69(2853)，50〜55頁。

山村りつ（2018）『貧困のなかの障害者，障害者のなかの貧困——社会構造の壁と就労支援の意味』（連続セミナー「貧困問題と就労自立支援サービス再考」Part. 2　資料）2018年10月13日。

―― コラム① ――

医　療

　障害者と医療は関連が深いにもかかわらず，中心的に論じられることは多くない。その理由は，障害者福祉という枠組みでとらえた場合，障害は固定的なものという前提が根強く，難病等に焦点が当てられることが少ないためである。また，福祉制度においては医療よりも介護（介助）が中心となるからである。障害者政策を広くとらえることを目指す本書では，障害者と医療の関連についてもふれておきたい。

　最初に，障害者と医療をめぐる基本的な仕組みについて紹介しよう。みなさんも病院を利用した際に自己負担分を払ったことがあると思う。その負担は，年齢によって異なるが，多くの場合，かかった費用の3割である。しかし，障害がある人の場合には，障害がない人と比べて医療費がかかりやすい。たとえば，身体障害児・者であればリハビリテーションや補装具を調整するための診察が考えられるだろう。また，精神障害者の場合には，入院費や日々の通院，薬剤にお金がかかる。特に精神障害者の場合，経済的な要因から治療を控える人が多いことが社会的にも問題となり，医療費の助成制度が創設された。現在ではこの医療費の助成は障害者総合支援法における自立支援医療となっており，身体，知的，精神の種別を問わずに給付されている（ただし，もともと別の仕組みであっために窓口が異なる）。これらの制度にもかかわらず，なお医療費が障害者の生活を圧迫しているケースは少なくなく，紹介した制度に加えて地方自治体で障害者の入院費や通院費を補助する仕組みをもっている場合もある。

　次に，最近注目されている医療的ケア児について紹介する。医療的ケア児とは，障害児の中でも経管栄養や喀痰，人工呼吸器などの医療的ケアを必要とする子どもを指している。厚生労働省が2016年に発表した調査結果によると，医療的ケア児はおおよそ1.8万人で，医療の進歩に伴って増加している。2016年の児童福祉法改正で，この医療的ケア児の支援体制の整備が地方公共団体の努力義務として規定された。

そのための課題は大きく分けると２つある。１つは利用できる施設が少ないことである。たとえば，医療的ケアが必要な子どもを預かることは現状の保育園では難しい。関連してもう１つは，人材の育成である。医療的ケアが可能な看護師などの職種を積極的に福祉施設に配置すべきであろう。さらに関連して医療的なケアの実施可能な資格を拡大するかどうか，そしてその支援の質をどのように担保するのかといった議論も進んでいる。

　最後に，難病患者と医療について紹介しよう。難病患者への助成は難病の患者に対する医療等に関する法律で規定されている。この法律は，その名のとおり，難病患者の医療について助成するもので，患者の世帯収入に応じて負担する金額の上限が定められている。

　この法律は2015年の１月に改正され施行された。患者にとって進歩した点としては対象となる難病の種類を大幅に広げた点である。それまで56種類であった対象となる疾患をおおよそ300疾患まで拡大した。ただし，難病の種類は非常に多いといわれており，一説には2000種ともいわれている。さらに法改正の副作用ともいうべき事態が起こっている。これまでの助成対象者だった約72万人のうち，約14万人すなわち約２割が対象者から外れていたのである。その原因は軽症の場合には医療費が高額になる場合を除き対象から外れるように基準を変更したことである。また，再度の認定をしていない人（申請なし，不明）も約６万人いる。重症と認定される人の割合が地域によって大きく異なるという指摘もあり，信頼される仕組みに改善していくためのハードルは多い。

第 2 章

所得保障

1 所得保障の意義と役割

（1）所得保障とは

　私たちが生活していくためには，適切な水準の所得が確保されている必要がある。所得を確保する方法はいくつか存在するが，基本的には，就労を通じた所得により獲得することが要請されている。しかしながら，さまざまな理由によって，たとえば，病気，出産，障害，失業，高齢，世帯主の死亡などによって，就労所得が一定期間あるいは長期的に確保できない状態になったり，就労所得が大きく減少したりすることがある。また，同様の理由によって，生活をしていくのに必要な出費が増加して，追加的な所得が必要になることもある。

　こうした所得の喪失・減少あるいは出費の増加に直面した個人や世帯に対して，その生活を支えるために，政府が金銭を給付することを所得保障という。さらに，一歩進んで，この金銭給付を通じて，最低限度の生活に必要な所得を保障したり，所得の喪失等が生じる前に近い生活ができるような所得を保障したりすることを所得保障ととらえることもできる。このような機能や目的を達成するための手段として，社会保障制度の中には，さまざまな仕組みが設けられている。こうした仕組みを所得保障あるいは所得保障制度と呼ぶことも一般的である。本章は，主として，この手段や仕組みとしての所得保障（制度）に着目する。

　今日では，すべての国民が所得保障の対象となりうるが，特に，障害のある20歳以上の者（以下，障害者）に対する所得保障として，障害基礎年金，特別障害者手当，生活保護，労働者災害補償保険などが実施されている。以下では，障害

35

者に対する所得保障の意義と役割，形成と展開，概要，課題について論じていく。なお，障害者の所得の確保に係る施策として，社会保障制度上の所得保障だけでなく障害者雇用政策をあげることもできる。論者によっては，障害者雇用政策による就労機会の付与を通じて所得を保障することも所得保障に含めている（永野2013）。ただし，本章では，一般的な所得保障のとらえ方に従って，前者のみを取り上げ，後者については，第4章「就労・雇用支援」で取り扱う。

　日本における障害者に対する所得保障は，大きく4種類に分類できる。第1は，社会保険料を主な財源とする「公的年金制度」である。公的年金制度の中には，障害の状態に至った者に対して，基礎的な生活費を保障する，あるいは，障害に伴って喪失・減少した所得を補填するための障害年金が存在する。国民年金保険の障害基礎年金や厚生年金保険の障害厚生年金が該当する。障害基礎年金や障害厚生年金は，公的年金制度の被保険者が一定の障害状態に至り，かつ，原則として，保険料の拠出要件を満たした場合に支給される。第2は，税財源等の公費負担による「社会手当制度」であり，主として障害に伴う特別な出費を補う目的を有する。これに該当する国の制度として，特別障害者手当などがある。特別障害者手当は，重度障害によって常時介護を必要とする在宅の20歳以上の者に支給される。第3は，事業主が障害に対する補償責任を果たす目的で生まれた「労災保険制度」である。労働者災害補償保険の障害補償年金などが該当する。障害補償年金は，業務災害で被災した労働者が一定の障害状態に該当した場合に支給される。第4は，「公的扶助制度」である。これに該当するのが最後のセーフティネットともいわれる生活保護である。障害者が，国の定める最低生活水準を維持できない場合には，資力調査を経た後に，この制度による給付が行われる。

（2）障害者に対する所得保障の意義と役割

　政府は，これらの所得保障を実施しているが，その主な意義や役割として，以下の3点が指摘できる。

　第1に，生存権の保障である。障害者の雇用を取り巻く環境は変化しており，障害者の就労可能性は高まっている。しかしながら，今日においても，障害者は障害に起因する労働能力の低下や受け入れ態勢の欠如ゆえに，就労ができないこ

とも少なくない。また，就労している場合でも，その収入は低額であることが多い。その一方で，医療，介護，移動などにかかわって，障害に起因する特別な出費が増加する。それゆえに，障害者は，「所得の喪失・減少」と「出費の増加」の両面から生活困窮に陥りやすい。障害者に対する所得保障は，現金給付を通じて障害者およびその家族が貧困状態に陥ることを防ぎ，現に貧困状態にある場合には最低生活を保障するという役割を果たしている。この役割によって，福祉国家体制の核心ともいえる生存権の保障が図られている。

　第2に，リスクに対する保護である。現役時代に障害の状態となる可能性は限られているが，もし，そのような状態に至れば，所得の喪失・減少に直面することになる。リスク回避的であれば，人々は変動の大きい所得よりも一定の所得を犠牲にしてでも確実な所得を選好する。それゆえ，このようなリスクに対する保険の購入が彼らの厚生を増加させる。各個人は保険に加入することによって，将来発生するかもしれない所得の変動を安定化させることができる。そこから保険に対する需要が生まれるが，民間市場では，逆選択やモラルハザードといった情報問題から障害保険は成立しにくい。また，すでに障害の状態にある者やその可能性の高い者（既往症を有するなど），そして，低所得者層は，保険から排除される。このような保険市場の失敗は，政府による介入を正当化する根拠の1つである。社会保険料や税を財源として，障害者に現金給付を行う仕組みは，保険数理的に公正な保険ではなくとも，広い意味での保険の役割を果たしている。政府は，このような所得保障を整備することによって，すべての国民にリスクに対する保護を提供している。

　第3に，障害者の自立や社会参加の支援である。特に，1981年の国際障害者年以降は，障害者の自立や社会参加の重要性が強く認識されるようになっている。その実現にとって前提となるのは，障害者が，生活のあり方を可能な限り自ら選択・決定するために必要となる所得を確保できていることである。政府は，障害のある人の就労支援の充実と活性化を図るだけでなく，就労所得の喪失・減少や特別な出費の増加に直面する障害者に対して，使途の制限されない現金給付を提供することで，障害者の自立や社会参加を支援している。

　以上のような意義や役割を有するという点で，障害者に対する所得保障は，障

害者にとって必要不可欠な基盤と位置づけられる。障害者基本法でも，「国及び地方公共団体は，障害者の自立及び生活の安定に資するため，年金，手当等の制度に関し必要な施策を講じなければならない」と規定している。そして，人々が生きていくうえで，所得の確保は最も重要な課題であることから，障害者に対する所得保障は，障害者政策の中でも，最も基本となるものといえるだろう。実際に，政府や障害者団体のアンケート調査などにおいて，障害者の中で最も要望が高い施策は，「年金や手当などの所得保障の充実」である[1]。

2 形成と展開——救貧制度から公的年金制度へ

（1）第二次世界大戦前

障害者に対する所得保障の嚆矢は救貧制度と恩給制度に求めることができる。近代国家としての救貧制度は，1874年に制定された恤救規則で始まる。恤救規則では，高齢者や孤児とともに，障害のために働けず困窮に陥っている者も救済の対象となった。ただし，生活困窮者を政府が救済する義務（責任）は認められず，公的救済は，家族や隣保扶助に頼ることができない者に限定された。その後，大正期や昭和初期に生じた恐慌などの影響によって，大量の生活困窮者が発生するようになる。恤救規則では，貧困問題に対応できないことが明らかとなってきたため，1929年には，生活困窮者の救済を公的義務とし，救済手段も拡充・整備した救護法が制定された。救護法でも，労働能力を有する者は救済の対象外とされたが，障害などにより働くことができない者は救済の対象者となった。ただし，生活困窮者に救済を受ける権利は認められず，救済は行政処分の反射的利益にすぎなかった。

一方，明治期に軍人を対象として発足した恩給制度は，その後，各種公務員に対象が広がり，1923年の恩給法により，整理統合が図られた。恩給法では，退職した公務員やその遺族だけでなく，重度の障害を有する者にも金銭給付が行われた。公務員の老後，障害，死亡に対する所得保障が全額税負担の恩給で行われたのに対して，民間労働者に対する同様の所得保障は，1939年制定の船員保険法，1941年制定の労働者年金保険法によって整備されていった。労働者年金保険法で

は，労働者と使用者の拠出する保険料を主な財源として，養老年金（老齢年金）や遺族年金だけでなく，廃疾年金や廃疾手当金が規定され，障害によって労務に服し得ない場合に現金給付が行われた。

　障害（当時は廃疾と呼ばれた）と老齢は異なったリスクではあるが，労働能力の恒久的喪失という共通点もあり，こちらが重視された結果，同一の保険制度で対応が行われることになった。また，養老年金を受給するためには比較的長期の保険料拠出が求められたため，比較的短期間の保険料拠出で受給できる廃疾年金と同一の制度となっている方が，保険料拠出者の同意を得やすかったということも考えられる。

　労働者年金保険の適用者は10人以上事業所の男子現業労働者に限定されたが，1944年の厚生年金保険法への改正に伴い，職員や女性，5人以上事業所にも適用が拡大された。また，廃疾年金の名称はこの時に障害年金に改められている。障害年金は，救貧制度と異なり保険料拠出を前提とした権利性が認められるが，この時点では，零細企業の労働者や自営業者が障害の状態に至った場合，先天的あるいは就職前に障害の状態に至った場合は，その給付の対象外となっていた。

（2）第二次世界大戦後から1970年代まで

①　生活保護法と労働者災害補償保険法の制定

　戦後の経済的混乱による国民生活の困窮化に対応すべく，1946年には，戦前の救貧制度に代わって，旧生活保護法が制定された。給付の対象者は，生活に困窮する国民すべてにまで広げられた。1950年には同法が全面改正され，国民の生存権が明記され，国民は権利として生活保護を受給できるようになった。

　障害のある被保護者に対しては，1949年に障害者加算が認められるようになった（厚生省社会局保護課 1981，479～481）。障害のある者を看護する家族は，その看護の労力に応じたカロリーを追加的に摂取する必要があるとの観点から，障害者の家族を対象に，飲食費の加算として障害者加算が創設された。1952年には障害者本人に対する加算となり，加算額は障害の程度に応じた額に改められ，金額も増額された。さらに，後述の障害福祉年金の創設時に，加算額は福祉年金と同額に増額され，福祉年金の効果が生活保護受給者にも及ぶような措置がとられた。

その後，現在では，障害者の特別な需要に対応する加算という形で整理されてい
る。障害者加算以外にも，1950～70年代には，重度障害者を対象とする加算も創
設されている。これらの加算も含めて，生活保護は，現在まで，障害者のいる世
帯にとっての最後のセーフティネットとして存在している。

　また，1947年には，労働基準法上の事業主の災害補償責任を担保する制度とし
て，労働者災害補償保険法が制定されている。これ以降，労働者の業務上の怪我
や病気による障害に対する所得保障は，労災保険で行われるようになった。

② 公的年金制度の拡充

　終戦直後には，公的扶助制度や労災保険制度による所得保障が整備されたが，
高度成長期以降に急速に拡充されたのは，公的年金制度による所得保障である。

　厚生年金保険は，1954年に全面的な改正が行われ，（制度加入時の給与にかかわ
らず一定額が支給される）定額部分と（制度加入時の給与に応じて給付額が増加する）
報酬比例部分を有する体系となった。障害年金は，労働能力の喪失度に応じて，
3級制が採用され，障害の程度に応じた年金給付が行われるようになった。その
後も，高度成長期には，年金改革による給付水準の引上げが，障害年金の年金額
の引上げをもたらした。

　しかし，1950年代中盤の段階では，多くの国民が公的年金に未加入となってお
り，障害者の生計維持の手段として障害年金の果たす役割は限定されていた。多
くの身体障害者が家族の扶養等により生活していたが，伝統的な家族制度が崩れ，
親族扶養の機能が縮小に向かっていくことは明白であった。それゆえに，老齢や
働き手の死亡だけでなく，身体障害によって所得を得られなくなった人々に対す
る組織的な所得保障の施策が求められるようになっていく（小山 1959，8 ～11）。

　こうした中で，厚生年金保険や（恩給から移行した）共済年金などの公的年金
の適用対象外であった自営業者や零細企業労働者を主たる被保険者とする国民年
金法が1959年に制定される。国民年金では，被保険者が，日常生活ができない，
あるいは，著しく制限される程度の障害の状態に至った場合，それ以前に保険料
を納付していれば，（拠出制）障害年金が支給された。ただし，制定当時の障害
年金では，外部障害のみを支給対象としただけでなく，最低でも1年半の保険料
納付済期間が必要とされた。この拠出制年金のみでは，制度発足時にすでに障害

の状態にあった者，20歳前に障害となった者など，多くの無年金者が発生する。そのため，こうした理由で拠出年金を受給できない障害者には，本人と扶養義務者の所得が一定未満であれば，経過的・補完的に税を財源とする障害福祉年金が支給された。これ以降，原則として，20歳以上で一定の障害状態にある者は，公的年金制度による所得保障の対象となった。

その後，1960〜70年代の年金改革では，できる限り多くの障害者を障害年金の支給対象に加えるための制度改正が行われている。たとえば，国民年金の障害年金では，受給に必要な保険料納付済期間の短縮，事後重症制度の創設などによる支給要件の緩和が行われ，支給対象となる障害の範囲には，内部障害や知的障害，精神障害も加えられるようになった。また，給付水準の向上も図られた。

③　障害児・者に対する手当の形成

老齢年金とセットで形成と展開をした障害年金とは異なり，障害児や障害者に対する手当は，障害者福祉施策との関連で生まれている。

社会手当制度による所得保障として，最初に創設されたのが，1964年の重度精神薄弱児扶養手当法である。当時は，重度の障害児・者に対する福祉施策の中心は施設保護であるべきと考えられていた。しかし，施設の整備の現状は十分なものではなく，とりわけ在宅重度障害児・者の家族には大きな負担が生じていた。また，収容保護されている者との不均衡の問題もあった。さらに，障害児の親で作家の水上勉が，雑誌上で，国の重度障害児対策の遅れを痛烈に批判したことにも注目が集まった。こうした状況の中で，重度の知的障害児の生活の向上に寄与することを趣旨として，重度知的障害児の父母等に扶養手当が支給されるようになった（小島 1964）。重度精神薄弱児扶養手当は，1966年に特別児童扶養手当となり，新たに重度の身体障害児も支給対象となる。さらに，1972年に内部障害，精神障害，併合障害にも対象が拡大し，家庭における介護という実態に着目した手当という性格が強くなっていく。

その後，重度の知的障害と重度の身体障害が重複している者については特別の介護需要を有していることに鑑み，心身障害児・者対策の一環として，その父母等に対して手当を支給する特別福祉手当が創設される。これが1975年に常時介護を必要とする在宅の障害児・者本人に対して手当を支給する福祉手当となった。

41

この頃には，ヨーロッパの動向なども踏まえて，障害者を一般社会の一員として位置づけるためにも，在宅介護対策の強化を図る必要性が認められるようになっていた。そうした背景のもとで，在宅で生活する重度障害者の有する経済的または精神的・肉体的負担を軽減することをねらいとして，福祉手当は創設されている。また，施設入所者と在宅者の均衡を図ることもその趣旨の1つとなっていた（大田 1975）。

（3）1985年年金改正と福祉手当の再編

①　1985年年金改正

　公的年金では，産業構造・就業構造の変化，国の財政危機，制度間の格差や不均衡，人口の高齢化，制度の成熟化などを背景に，1985年に大改正が行われる（百瀬・山田 2018）。国民年金は，すべての国民が加入する基礎年金となり，厚生年金保険は基礎年金を上乗せする給付を行う制度として再編成された。従来任意加入となっていた被用者世帯の専業主婦も，国民年金に強制加入する被保険者と位置づけられた。この改正の中で，国民年金と厚生年金保険の障害年金は，現行の障害基礎年金と障害厚生年金の仕組みへと移行した。障害年金に関してとりわけ大きな見直しとなったのは，障害福祉年金の障害基礎年金への移行である。

　1985年改正前は，就労可能年齢前に障害となった者を中心として，拠出制の障害年金では対応できない障害者が多く，障害年金受給者全体の約半数は，経過的・補完的とされたはずの障害福祉年金を受給していた。障害福祉年金については，その給付水準の低さや拠出制の障害年金との格差が大きな問題点となっていた。改正後は，障害福祉年金の対象となっていたケースに対しても，拠出制年金の財源も使用することで，従来の2倍近い水準の障害基礎年金が支給されるようになった。ただし，障害福祉年金から移行した障害基礎年金については，他の障害基礎年金に比べて国庫負担が多めに投入されていたこともあり，本人の所得による支給制限は残された。その一方で，扶養義務者の所得による支給制限は，本人の自立を妨げることにもなるという理由から撤廃された。

　この改正の背景としては，国際障害者年に呼応した障害者運動の高まり（第6章「障害者運動」を参照）だけでなく，「障害者生活保障問題専門家会議」[3]の提言

や当時の年金局長の強いイニシアティブがあった。1985年改正は全体としては，老齢年金の給付水準の抑制など厳しい内容を含むものであったが，障害年金の改善が法案成立を後押しすることになった。この改正により，障害者の所得保障が大きく改善したことは間違いなく，たとえば，改正の施行直後には，生活保護を受給する障害者が大きく減少している。

② 福祉手当の再編

1985年の年金改正にあわせて，福祉手当も再編されている。福祉手当は重度障害者に対する慰謝，激励的な性格を有していた。しかし，この手当は障害福祉年金とは併給できる一方で，他の障害年金とは併給できなかったため，実際には，障害福祉年金と拠出制の障害年金との格差を縮小するという働きをしていた。障害基礎年金の導入によって，こうした使命は終わったものの，前述の専門家会議などで，障害が特に重い者のニーズに的確に応えられるよう給付の重点化を図る必要性も指摘されていた。それゆえ，年金改正と同じ1985年に，従来の福祉手当よりもさらに重度の在宅障害者（20歳以上）を対象として，その障害による特別な負担の軽減を図るための特別障害者手当が創設された。同手当は，改正直前の福祉手当の2倍の手当月額で，障害基礎年金とも併給可能になっていた。⁽⁴⁾

これにより，20歳以上の障害者には給付の重点化が実現したが，一方従来からの福祉手当の支給対象者は20歳未満に限定されたため，20歳未満の重度障害児を対象に，福祉手当と同様の給付を行う障害児福祉手当も創設された。また，従来の福祉手当の受給者のうち，特別障害者手当の支給要件に該当せず，かつ，障害基礎年金も支給されない者については，経過措置として，経過的福祉手当が支給されることになった。

（4）2000年代の動向

① 無年金障害者問題への対応

1990年代に入ると，学生無年金障害者の問題が大きくクローズアップされるようになる。従来，20歳以上の学生は国民年金の強制適用から除外され，任意加入できることとされてきた。しかし，任意加入しなかった者が障害の状態に至った場合に，無年金者となることが問題となり，1991年度以降，学生も国民年金の被

保険者として強制加入することになった。しかしながら，強制加入後も親の所得があるために保険料の免除が受けられずに，保険料を滞納してしまう者が少なくなかった。このような保険料滞納による無年金障害者の発生を防止するために，2000年度から学生納付特例制度が開始された。20歳以上でも在学中は，学生本人の前年所得が一定額以下であれば，申請により保険料支払いが猶予されるようになった。

　その一方で，学生や専業主婦等で，国民年金への加入が任意とされていた時代に任意加入しておらず，すでに無年金になっていた障害者に対する福祉的給付も導入された。2005年度から実施されている特別障害給付金である。この導入にあたっては，無年金障害者となった元学生が全国各地の地裁に訴訟を提起した学生無年金障害者訴訟が与えた影響が大きい。この訴訟では元学生らの救済は実現されなかったが，国会議員らによって彼らを救済する立法がなされることになった（永野 2012，265）。この特別障害給付金は，障害年金に比べて給付額が低くなっているが，これにより無年金障害者の一部に対して一応の救済が図られた。

② 近年の年金改正

　少子高齢化が進む中で，公的年金では，1985年改正後も，支給開始年齢の引上げなどを内容とする改正が行われており，2004年には年金財政の長期的な安定を図るための大きな改正が行われた。同改正で導入されたのが，年金の給付水準を徐々に引き下げる仕組みであるマクロ経済スライドである。これは障害年金にも等しく適用される。また，同改正によって，障害基礎年金と老齢厚生年金等の併給が認められるようになった。従来は，障害を有しながら企業で就労して，老齢厚生年金の受給権を得た場合でも，障害基礎年金と老齢厚生年金の組み合わせで受け取ることができなかった。障害者の場合，障害基礎年金の方が老齢基礎年金よりも高くなることがあり，組み合わせ上の不利益が生じていたが，これが解消された。

　2005年に成立した障害者自立支援法（以下，自立支援法）の附則では，障害者等の所得の確保に係る施策についての検討規定が設けられた。その後，厚生労働省「社会保障審議会障害者部会」や内閣府「障がい者制度改革推進会議」で一定の議論が行われ，報告書や意見書も提出されたが，こうした議論を踏まえた制度の改善はあまり進んでいない。一方で，年金改革全般においては，無年金・低年

第2章　所得保障

金問題の緩和が課題の1つとなっており，2012年の年金改正では，低所得の年金受給者に全額公費負担による給付金を上乗せする年金生活者支援給付金の創設が決まった。この給付金は，障害基礎年金以外の老齢基礎年金や遺族基礎年金の受給権者も支給対象となるが，創設のねらいの1つとして，障害者の所得保障の改善が指摘されている（渡邉 2016, 83〜89）。同給付金は，消費税率10％引上げ時に施行されることになっており，2度の増税延期によって開始が遅れている。

3 │ 概要──障害年金制度の概要と所得保障の全体像

　本節では，障害者に対する所得保障の中心となる障害年金制度の概要を説明した後に，所得保障の全体像を把握したい。

（1）障害年金制度

① 障害基礎年金

　障害基礎年金は，すべての国民が加入する国民年金の被保険者に対する障害年金である。以下の3つの要件がすべて満たされた場合に支給される。これを満たした障害者に対して現金給付を行い，障害とともに生きていくために必要となる生活費の基礎的部分を保障している。

　第1の要件は，初診日において，国民年金の被保険者であること（または，被保険者であった者で日本国内に住所を有しかつ60歳以上65歳未満であること）である。初診日とは，障害の原因となった疾病・負傷について初めて医師等の診療を受けた日をいう。

　第2の要件は，障害認定日において，障害の状態が，国民年金法施行令別表で定められている障害等級の1級か2級に該当することである（表 2-1 参照）。障害認定日とは，障害の状態を定める日であり，初診日から1年6カ月を経過した日あるいは傷病が治癒または固定化した日をいう。支給対象となる障害には，肢体の障害などの外部障害だけでなく，精神障害や知的障害の精神の障害，がんや腎疾患などの内部障害も含まれる。

　なお，障害の状態が障害等級に合致するか否かは，申請者が添付する書類（主

45

表 2-1 障害等級表

障害の程度		障　害　の　状　態
1級	1	両眼の視力の和が0.04以下のもの
	2	両耳の聴力レベルが100デシベル以上のもの
	3	両上肢の機能に著しい障害を有するもの
	4	両上肢のすべての指を欠くもの
	5	両上肢のすべての指の機能に著しい障害を有するもの
	6	両下肢の機能に著しい障害を有するもの
	7	両下肢を足関節以上で欠くもの
	8	体幹の機能に座っていることができない程度又は立ちあがることができない程度の障害を有するもの
	9	前各号に掲げるもののほか，身体の機能の障害又は長期にわたる安静を必要とする病状が前各号と同程度以上と認められる状態であって，日常生活の用を弁ずることを不能ならしめる程度のもの
	10	精神の障害であって，前各号と同程度以上と認められる程度のもの
	11	身体の機能の障害若しくは病状又は精神の障害が重複する場合であって，その状態が前各号と同程度以上と認められる程度のもの
2級	1	両眼の視力の和が0.05以上0.08以下のもの
	2	両耳の聴力レベルが90デシベル以上のもの
	3	平衡機能に著しい障害を有するもの
	4	そしゃくの機能を欠くもの
	5	音声又は言語機能に著しい障害を有するもの
	6	両上肢のおや指及びひとさし指又は中指を欠くもの
	7	両上肢のおや指及びひとさし指又は中指の機能に著しい障害を有するもの
	8	一上肢の機能に著しい障害を有するもの
	9	一上肢のすべての指を欠くもの
	10	一上肢のすべての指の機能に著しい障害を有するもの
	11	両下肢のすべての指を欠くもの
	12	一下肢の機能に著しい障害を有するもの
	13	一下肢を足関節以上で欠くもの
	14	体幹の機能に歩くことができない程度の障害を有するもの
	15	前各号に掲げるもののほか，身体の機能の障害又は長期にわたる安静を必要とする病状が前各号と同程度以上と認められる状態であって，日常生活が著しい制限を受けるか，又は日常生活に著しい制限を加えることを必要とする程度のもの
	16	精神の障害であって，前各号と同程度以上と認められる程度のもの
	17	身体の機能の障害若しくは病状又は精神の障害が重複する場合であって，その状態が前各号と同程度以上と認められる程度のもの
3級	1	両眼の視力が0.1以下に減じたもの
	2	両耳の聴力が，40センチメートル以上では通常の話声を解することができない程度に減じたもの
	3	そしゃく又は言語の機能に相当程度の障害を残すもの
	4	脊柱の機能に著しい障害を残すもの
	5	一上肢の3大関節のうち，2関節の用を廃したもの
	6	一下肢の3大関節のうち，2関節の用を廃したもの
	7	長管状骨に偽関節を残し，運動機能に著しい障害を残すもの
	8	一上肢のおや指及びひとさし指を失ったもの又はおや指若しくはひとさし指を併せ一上肢の3指以上を失ったもの
	9	おや指及びひとさし指を併せ一上肢の4指の用を廃したもの
	10	一下肢をリスフラン関節以上で失ったもの
	11	両下肢の10趾の用を廃したもの
	12	前各号に掲げるもののほか，身体の機能に，労働が著しい制限を受けるか，又は労働に著しい制限を加えることを必要とする程度の障害を残すもの
	13	精神又は神経系統に，労働が著しい制限を受けるか，又は労働に著しい制限を加えることを必要とする程度の障害を残すもの
	14	傷病が治らないで，身体の機能又は精神若しくは神経系統に，労働が制限を受けるか，又は労働に制限を加えることを必要とする程度の障害を有するものであって，厚生労働大臣が定めるもの

備考：視力の測定は，万国式試視力表によるものとし，屈折異常があるものについては，矯正視力によって測定する。

出所：日本年金機構『障害年金ガイド平成31年度版』。

治医等による診断書など）をもとに，日本年金機構が委嘱する認定医が東京の障害年金センターで審査をしている。これは後述の障害厚生年金でも同様である。ただし，障害認定日において障害等級1級・2級に該当しなかった場合でも，その後，状態が悪化して65歳に達する前に障害等級に該当する障害の状態になった場合（事後重症）などには，本人の請求により障害基礎年金が支給される。

　第3の要件は，初診日の前日において，保険料納付済期間と保険料免除期間を合計した期間が被保険者期間の3分の2以上あることである。国民年金の被保険者は，会社員など厚生年金保険にも加入する第2号被保険者，専業主婦など第2号被保険者に扶養されている配偶者の第3号被保険者，学生や自営業者など第2号被保険者でも第3号被保険者でもない第1号被保険者の3つに分けられる。保険料納付済期間には，第1号被保険者として国民年金保険料を納付した期間，第2号被保険者として厚生年金保険料を納付した期間，第3号被保険者として国民年金に加入していた期間すべてが含まれる。また，第1号被保険者は所得が低い場合などに保険料の免除を受けることが可能であり，その免除を受けた期間が保険料免除期間に含まれる。さらに，学生納付特例を利用した期間も，障害基礎年金を支給するか否かを判定する際には，保険料を納付した場合と同じ扱いがなされる。

　この第3の要件については特例措置があり，初診日の属する月の前々月までの直近1年間に保険料滞納期間がなければ受給可能となる。この特例は，初診日が2026年4月1日前にある場合に限定されるが，過去に特例期限の延長が繰り返されており，事実上，常態化している。

　以上の3つが原則的な支給要件である。ただし，初診日に20歳未満であった者は，これらの要件を満たすことができないものの，その者が20歳に達した日（障害認定日が20歳後の場合は，障害認定日）において，障害等級に該当する障害状態にある場合には，国民年金法第30条の4に基づく障害基礎年金が支給される。

　年金額は，2級の場合，満額の老齢基礎年金と同額，1級の場合，その1.25倍となっている。この25％の加算は，一般的には，介護等の必要経費などに配慮した加算と説明されている。満額の老齢基礎年金は，保険料納付済期間が40年の場合の年金額であり，2018年度では77万9300円（年額）である。また，受給権者に

よって生計を維持されている子がいる場合には年金額の加算がある。自営業者，学生，無職，専業主婦など国民年金のみに加入する被保険者が受給できる障害年金は，この障害基礎年金のみである。

　障害基礎年金では，永久認定と有期認定があり，有期認定の場合は，症状により１～５年の間隔で更新手続きが必要となる。更新時の診断書や就労状況によって，障害等級の変更が行われることがあるが，もし，受給権者が２級の状態にも該当しなくなったと判断された場合は，その障害の状態に該当しない間，年金の支給が停止される。その他，第30条の４に基づく障害基礎年金についてのみ，所得制限があり，受給権者に一定額以上の所得がある場合に，全部もしくは半分が支給停止となる。また，障害基礎年金の受給権は，受給者が死亡したときに消滅する。その他に，厚生年金保険の障害等級３級にも該当しない受給権者が65歳に達したときなどに，受給権が消滅する。

　障害基礎年金の給付に要する費用は，被保険者等が負担する年金保険料だけでなく，国が税収等の公費により負担する国庫負担によっても賄われている。国庫負担割合は給付費の２分の１であるが，第30条の４に基づく障害基礎年金については５分の３となっている。

② 障害厚生年金

　障害厚生年金は，70歳未満の会社員や公務員などの雇われて働く人（被用者）が国民年金と同時に加入する厚生年金保険の被保険者に対する障害年金である。

　支給要件は，原則として，初診日において，厚生年金保険の被保険者であること，障害認定日において，国民年金法施行令別表および厚生年金保険法施行令別表第一で定められている障害等級の１級から３級のいずれかの状態にあること，初診日の前日において，障害基礎年金の場合と同じ保険料納付要件を満たしていることである。なお，障害基礎年金と同様に，事後重症などの仕組みも設けられている。雇われて働いていた者がこれらの条件を満たした場合に金銭給付を行って，障害に伴って喪失・減少するであろう従前所得の一定割合を補塡している。

　年金額は，平均標準報酬額×給付乗率×被保険者月数で計算される老齢厚生年金の額を基準とする。平均標準報酬額は，簡単にいえば，制度加入期間中の給与や賞与の平均額である。給付乗率は年金額を計算するときの係数で，2003年４月

以降の期間については，5.481/1000となっている。ただし，老齢と異なり，障害は早期に生じる可能性があるため，障害の状態に至るまでの制度加入期間が短いことがある。そのままでは年金額が低くなるため，被保険者月数が300月未満の場合は300月とみなして計算を行う。2級，3級の場合は，こうして計算した年金額と同額，1級の場合はその1.25倍が年金額となる。

　障害等級1級または2級の場合には，障害厚生年金は障害基礎年金に上乗せされて支給される。また，受給権者によって生計を維持されている65歳未満の配偶者がいる場合は加給年金額が加算される。一方，障害等級3級の場合は，障害厚生年金のみが支給される。3級については，満額の老齢基礎年金の75％で最低保障額が設定されている。前述の方法で計算した年金額がこれに満たない場合は，この金額が支給される。

　障害厚生年金にも永久認定と有期認定がある。受給権者が障害等級のいずれかにも該当しなくなったときなどに支給停止が行われる。また，受給権の失権事由は障害基礎年金の場合と同様である。障害厚生年金の給付に要する費用は，厚生年金保険の被保険者とその雇用主が負担する厚生年金保険料によって賄われる。

　厚生年金保険の被保険者に対しては，初診日から5年以内に症状が固定し，障害厚生年金を受給できる3級の障害よりも軽度の障害が残った場合に，障害手当金が支給される。この手当金は，定期的，継続的に支給される年金ではなく，一時金である。

（2）所得保障の全体像

①　公的年金制度と社会手当制度

　障害者に対する所得保障は，以下で説明するように，重層的な構造になっているが，その中でも，公的年金制度の障害基礎年金や障害厚生年金は，包括性，継続性，普遍性，給付水準などの面で利点がある。具体的には，対象者が労災被災者や重度障害者に限定されず，一時的ではなく長期にわたって給付され，原則として所得制限や資力調査がなく，給付額が比較的高い。それゆえに，障害年金は障害者に対する所得保障の基本的な制度となるべきものと考えられている。

　実際に，他の所得保障に比べて，障害年金を受給する者は多く，厚生労働省

『厚生年金保険・国民年金事業年報』によれば，2016年度末現在，障害厚生年金の受給者は37.5万人，障害基礎年金の受給者は184.1万人である。その他に，1985年改正前の障害年金を現在も受給している者もいる。障害基礎年金と障害厚生年金を同時に受給している者などがいるため，これらの重複を調整した場合，障害年金の受給者総数はおよそ210万人となる。

　障害年金の対象となるのは一定程度以上の障害がある場合のみであるため，すべての障害者が障害年金を受給しているわけではない。厚生労働省によれば，何らかの障害を有する人は約937万人と推計されており，その約22％が障害年金を受け取っていることになる。多くの障害者にとって，この障害年金が最大の収入源となっている。さらに2019年10月からは，障害基礎年金受給者のうち所得額が一定額を下回る受給者に対しては，その生活を支援するために，月額5000円（2級）か6250円（1級）の障害年金生活者支援給付金の支給が始まった。

　障害年金は，障害に起因して，日常生活や労働が困難になったり制限されたりする場合に現金給付を行って，生活費の基礎的部分を保障したり，喪失・減少するであろう所得を補填したりする仕組みである。しかしながら，障害年金は，社会保険の仕組みを取っているため，初診日が20歳前にある場合を除いて，制度に加入していなかった者や保険料を滞納していた者には支給がなされない。このようにして生じた無年金障害者のうち，特別な事情を有する者に対して支給されるのが特別障害給付金である。特別な事情とは，1991年3月以前に国民年金の任意加入対象であった学生や1986年3月以前に国民年金の任意加入対象であった専業主婦等が任意加入せずに障害の状態に至った場合である。給付月額（2018年度）は，障害基礎年金2級（1級）に相当する場合で約4万円（約5万円）となっている。公的年金制度に加入して保険料を納付していた人との公平性という観点や財源が公費であるという理由から，給付金額は障害基礎年金よりも低くなっており，また，受給者本人の所得が一定額以上の場合は，給付額の全額または半額が停止される。日本年金機構サイトによれば，2018年12月末現在の支給件数は9000件となっている。

　一方で，障害の状態に至れば，所得の喪失・減少だけでなく，多くの場合，障害に起因して，特別な出費が増加すると考えられる。この出費の増加に対しては，

50

障害年金では，1級の場合のみ，年金額に25％の加算をするという形で対応している。さらに，施設入所ではなく，在宅で生活する重度の障害者については，精神的，経済的な特別の負担が生じることが考えられるため，特別障害者手当を支給し，その負担を軽減している。給付月額は約2.7万円である。特別障害者手当は，障害年金と同時に受給することができるが，1級よりも重度な場合に支給対象となるため，その受給者数は障害年金の受給者総数の1割に満たない。

障害年金や特別障害者手当は20歳以上の障害者に対する所得保障である。しかし，20歳未満の障害児を養育する父母等にも，養育に伴う負担が多くかかる。さらに，児童が重度の障害を有し，かつ，在宅で生活する場合には，その生活に伴う特別な負担が生じる。そのため，前者には特別児童扶養手当，後者には障害児福祉手当を支給することで，その負担の軽減を図っている。障害児の父母等に支給される特別児童扶養手当の給付月額は，児童が障害基礎年金2級（1級）と同程度の障害の場合，約3.4万円（約5.2万円）である。20歳に達した時にも同程度の障害があれば，障害基礎年金が本人に支給されるようになる。障害児本人に支給される障害児福祉手当の給付月額は約1.5万円である。両手当の支給要件を満たせば，世帯でみた場合，特別児童扶養手当と障害児福祉手当は同時に受給することができる。

上記の3つの手当に要する財源はすべて公費で賄われており，受給に際しては，受給者本人や扶養義務者等の所得による支給制限がある。厚生労働省「福祉行政報告例」によれば，2017年度末現在の受給者数は，特別障害者手当12.3万人，特別児童扶養手当22.9万人，障害児福祉手当6.4万人となっている。

② 労災保険制度と公的扶助制度

公的年金制度や社会手当制度による給付は，障害の状態に至った原因を問わないが，業務災害が原因で障害の状態に至った場合は，労働者災害補償保険から障害補償年金や障害補償一時金が支給される（通勤災害の場合は，同様の給付内容の障害年金や障害一時金が支給される）。障害補償年金の支給対象となる障害の程度は，労働者災害補償保険法別表第一に定められている1級から7級の相対的に重い障害である。この障害等級は，障害年金の障害等級とは異なる。年金額は，障害の程度に応じて，給付基礎日額（被災する直前3カ月間の1日当たりの平均賃金

額）の313日分（1級）から131日分（7級）である。一方で，同別表第二の8級から14級に定められている障害が残った場合には，障害補償一時金が支給される。

事業主の保険料負担（と一部国庫補助）で財源が賄われる労災保険制度による給付は，事業主の災害補償責任を担保する役割を果たしているが，受給者の立場からみれば，所得保障を行う機能を有している。その性質上，相対的に高い給付水準となっているが，対象となる障害者が限られるため，厚生労働省『労働者災害補償保険事業年報』によれば，2016年度末の障害（補償）年金の受給者数は8.8万人となっている。なお，障害年金は，障害の状態に至った原因が業務上か業務外かを問わずに支給される。それゆえ，業務上災害の場合，障害の程度によっては，障害補償年金と障害厚生年金（＋障害基礎年金）が併給される。その際には，後者が全額支給され，前者の給付額が一部減額されるという形で調整がなされている。

障害者が就労所得などを十分に確保できず，かつ，公的年金制度，社会手当制度，労災保険制度上の所得保障の対象とならず，最低生活を維持できない場合は，生活保護を受けることができる。各制度上の所得保障の対象となる場合でも，最低限度の生活を維持できるだけの所得が確保できない場合は，その不足する分が生活保護で補われる。生活保護にはさまざまな扶助が存在するが，所得保障という観点では，衣食その他の日常生活の需要を満たすための給付である生活扶助が基本となる。

全額公費負担による生活保護は，生活に困窮する者が，その利用できる資産，能力などを活用し，それでも生活できないという場合に限って支給される。また，扶養義務者による扶養，（年金や手当などの）他の法律による給付も生活保護に優先する。この点を確認するために，申請者に対する資力調査が行われる。その結果，上記の手段を活用しても，申請者の収入が（世帯構成や居住地に応じて決められる）最低生活費を下回る場合，その最低生活費から収入認定額を差し引いた金額が生活保護から支給される。たとえば，2018年10月時点では，東京都区部で単身の40歳で身体障害者障害程度等級表1・2級に該当する者であれば，最低生活費は月額約16万円となっている。ただし，生活保護の要否や程度は，世帯単位で

判定されるため，障害者本人の所得が極めて少ない場合であっても，他の世帯員に所得があり，それで最低生活を維持できているのであれば，生活保護は支給されない。

障害者が生活保護を受給する場合，保護費を増額する加算が行われることがある。障害者加算は，身体障害者手帳の３級以上（精神障害者保健福祉手帳の３級以上）あるいは障害年金の障害等級２級以上の場合に認定される。障害ゆえに必要となる特別な需要に対応して，生活扶助に一定の金額が加算される。加算月額は，障害の程度と居住地によって異なり，約1.5万円から約2.6万円となっている。また，日常生活において常時の介護を必要とする重度障害者には，重度障害者加算が，食事・排便等の日常生活に支障のある重度障害者を家族が介護する場合には，重度障害者家族介護料が，日常起居動作に著しい障害があることから他人の介護を要する者で実際に他人の介護を受けている場合には，在宅重度障害者介護料（他人介護料）が加算される。

4 課題——防貧機能の揺らぎ

障害者に対する所得保障は，現在いくつかの課題に直面しているが，そのすべてを論じることはできないため，障害年金を中心に３点だけを取り上げる。以下で指摘する点以外にも，障害に伴う出費増加をどこまで公的にカバーするのか（しないのか），受給者が就労した場合に障害年金をどのように調整すべきかなどが今後の検討課題としてあげられる（百瀬 2016）。

（1）年金改革が障害年金に及ぼす影響

障害年金は，遺族年金とともに，老齢年金と同一の保険制度で運営されているため，年金改革全般の影響を大きく受ける。1980年代前半までは，公的年金は拡充の一途を辿ったため，それにあわせて，障害年金の給付内容も改善してきた。その後は，少子高齢化などを背景として，老齢年金の給付適正化や支給開始年齢の引上げなどの年金改革が行われてきたが，それらは，障害年金の給付内容にはほとんど影響を及ぼさなかった。

一方，2004年改正では，保険料水準固定方式とマクロ経済スライドが導入され，将来の保険料水準を固定したうえで，その収入の範囲内で給付水準を自動的に調整する仕組みが取り入れられた。年金の給付額は，物価や賃金が上昇すれば，その分だけ上昇する仕組みとなっているが，マクロ経済スライドが発動されれば，被保険者の減少や平均余命の伸びを勘案した調整率の分だけ，その上昇率が抑制される。結果として，年金の給付水準は，実質的に低下していくことになるが，この給付水準の削減は，障害年金にも等しく適用される。

　しかしながら，障害年金では，受給者が公的年金以外の資産形成を受給前に行うことは難しい。特に，発症年齢の比較的若い精神障害者の受給が増えていることから，その傾向は強まっている。また，老齢年金では，基礎年金と厚生年金の組み合わせを受給する者が多いが，障害年金では，受給者の多くが基礎年金のみの受給者である。さらに，老後の所得保障の充実において大きな役割を担っている企業年金などの私的年金で公的年金の縮小を補うことが難しい。加えて，老齢年金のように，受給開始年齢の繰下げの選択といった形で年金額を引き上げることもできない。マクロ経済スライドによる給付水準の低下は障害年金受給者により深刻な影響を与える[(5)]。

　また，保険料水準固定方式も障害年金の今後に影響する。保険料率の上限が固定され，その範囲内で年金給付を行う場合，老齢・遺族・障害の3種類の年金が年金財政的に区別されていない以上，障害年金の給付水準の一律引上げや給付対象者の大幅な拡大をすれば，そのしわ寄せが老齢年金や遺族年金に及ぶ。他の条件を所与とした場合，現時点での障害年金の充実は，その規模にもよるが，現在の給付財源が増えて，将来の給付財源が減ることになる。それは，将来世代の老齢年金の所得代替率にマイナスに作用する。

　つまり，2004年改正によって，長期的にみれば，障害者の所得保障が後退して行く一方で，この改正によって，障害年金を充実させることが難しくなっている。

（2）障害年金の防貧機能の低下

　障害者に対する所得保障の基本となるべき障害年金は，一定の障害の状態にある者が貧困状態に陥ることを防ぐ機能を有している。しかしながら，障害年金を

受給しても，最低限度の生活を営むことができず，生活保護を同時に受給せざる
を得ない併給者も少なくない。

　厚生労働省「平成28年度被保護者調査」によれば，2016年7月末日現在，障害
年金も受給している被保護者は13.3万人であり，これは同年度末現在の障害年金
受給者の6.3％に相当する。同様の数値が，老齢年金受給者では1.2％，遺族年金
受給者では0.7％であることと比べれば，その高さが際立っている。特に，障害
基礎年金2級や障害厚生年金3級で併給者が多い。また，15年前の同時受給は約
6.5万件である。調査項目の変更の影響も若干受けているものの，同時受給が
年々増加しており，障害年金の防貧機能の低下傾向がみられる。今後，マクロ経
済スライドによって，障害年金の給付水準が低下していくことになった場合，障
害年金と生活保護の併給はますます増加していくことが予想される。

　障害年金と生活保護の併給者が増加する一方で，障害年金を受給できずに生活
保護を受給する障害者がそれ以上に増加している。その理由として考えられるこ
との1つは，高齢期に障害の状態に至ったために，障害年金の対象とならなかっ
た被保護者の存在である。もう1つは，障害の状態に至っていても，保険料納付
要件や障害認定の基準を満たせずに障害年金を受給できない被保護者の存在であ
る。障害年金を受給できず，就労収入もない場合（あるいは，就労収入額が低い場
合）は，家族に扶養されるのでなければ，生活保護に至る可能性が高い。生活保
護を受給する障害児・者は，前掲調査によれば，38.1万人⁽⁶⁾であるが，この人数は，
過去15年間で約2.5倍になっている。

　生活保護を受給する障害者が増加する一方で，障害の状態にあっても，障害年
金，生活保護ともに受け取っていないケースも存在する。精神障害者や軽度の知
的障害者を中心に，就労が難しい場合であっても年金の支給要件を満たせず，同
時に，保護の補足性の原理や世帯単位の原則などから生活保護の受給もできず，
家族による援助のみで生活しなくてはならない者もいる。

　以上でみたように，障害年金の有する防貧機能に揺らぎがみられている。障害
年金では，貧困を防ぐことができずに，受給者が生活保護を併給した場合，障害
年金は全額収入認定され，保護費はその分だけ減額される。同時受給の増加は，
（受給者にとっての）障害年金の意義が失われていくことを意味する。障害年金の

給付水準の引上げ，あるいは，障害者雇用の拡大や生活保護以外の所得保障の充実などによって，こうした状況の増加を食い止める必要があると思われる。また，障害年金が軽度の障害も含めてすべての障害を対象とすることは現実的ではない。しかしながら，障害年金を受給できずに生活保護に至る障害者が増えていることやいずれの所得保障も受けられない障害者が存在していることを踏まえれば，所得保障のカバレッジについても再考の余地がある。

（3）障害年金の認定

　2014年に，共同通信社の取材をきっかけとして，障害基礎年金の申請に対する判定結果に都道府県間でばらつきがあることが明らかとなった。厚生労働省も実態を調査し，（障害基礎年金にかかわる障害の認定を実施していた）都道府県の事務センターで不支給と決定された件数の割合に地域差があることを認めた。特に，精神障害・知的障害の認定において，支給・不支給の判定の傾向が地域によって異なることが判明した。

　こうした事態を受けて，2015年2月に「精神・知的障害に係る障害年金の認定の地域差に関する専門家検討会」が設置され，認定における地域間の不公平が生じないよう，等級判定のガイドラインとなる指標作りなどが議論された。検討会で作成されたガイドラインは2016年9月より運用が開始されている。

　ガイドラインでは，申請者が添付する診断書に記載されている「日常生活能力の判定」の平均値と「日常生活能力の程度」の組み合わせごとに，どの等級に該当するのかの目安が設けられた。前者は，日常生活の7つの場面における制限度合いをそれぞれ4段階で評価したものであり，後者は，日常生活全般における制限度合いを包括的に5段階で評価したものである。認定を行う医師は，この等級の目安を参考としつつ，申請者の現在の病状または状態像，療養状況，生活環境，就労状況，その他の要素を考慮して，総合的に等級判定を行う。ガイドラインと合わせて診断書を作成する医師に向けて，作成にあたっての留意点などを記載した記載要領の文章も公開された。これらの見直しは，障害の認定を標準化する機能を有し，請求者間の公平の見地から積極的な評価ができる一方で，精神障害・知的障害の認定を厳格化する可能性も指摘されている（福島 2017，5～6）。

また，2017年4月からは，地域格差をなくすために，障害基礎年金の障害認定業務は，更新の審査も含めて，障害厚生年金とともに，東京の障害年金センターで一元的に行われるようになった。その後，2018年5月になって，日本年金機構が，20歳前障害に基づく障害基礎年金受給者1010人に対して，「障害基礎年金を受給できる障害の程度にあると判断できなかった」として，支給の打ち切りを検討していることが報道された。その背景として，障害認定業務の集約によって，前回の認定時から認定医が変更となったことの影響が指摘されている。当事者からは，症状が変わっていないにもかかわらず，支給打ち切りの可能性が生じたことに対する不満が噴出した。こうした声をうけて，7月には，厚生労働省が，一転して支給を継続する方針を決め，すでに支給を打ち切られていた受給者についても，症状に変化がない場合は支給を再開する方針を出すなど，現場の混乱が生じた。[8]

ガイドラインについては，施行後3年を目途に，認定状況について検証を行い，必要に応じて，その見直し等を検討することになっている。新たに認定医となった医師に対する研修なども含めて，障害年金の認定業務については，引き続き，改善が求められている。

所得保障をさらに詳しく学びたい人のために
——障害年金と障害者手当の給付水準はどのように決められてきたのか

障害者に対する所得保障制度を考えるうえで，その給付の水準は重要な要素である。以下では，百瀬（2018）に基づいて，代表的な障害年金や障害者手当の給付水準がどのように決められてきたのかを簡潔に振り返りたい。

（1）障害基礎年金2級の水準

障害年金の中で受給者が多いのは障害基礎年金である。そして，その中でも2級の受給者が多く，現在では，新たに障害基礎年金を受給する人の約7割が2級である。現行制度では，障害基礎年金2級は老齢基礎年金満額に等しく，支給月額は約6.5万円となっている。

障害基礎年金の前身となる国民年金の拠出制障害年金2級の年金額は，先行し

ていた他の公的年金にならって，当初から老齢年金の年金額に揃えられた。その背景には，常時介護を必要としない場合であれば，障害は老齢に類似するという判断があった。また，障害は老齢の早期到来という考え方もあった。ただし，障害の状態に至るまでの被保険者期間が短い場合でも，25年間保険料を拠出した場合の老齢年金額（恒常的な老齢年金の最低基準額）と同額まで引き上げられる形になっていた。この老齢年金の最低基準額は，生活保護の4級地における高齢者の基準額から家計内の共通費用分を差し引いて算出されていた。

　この取り扱いが1966年改正で若干変更される。前年の厚生年金保険法改正により，厚生年金保険に20年加入した場合の定額部分相当が厚生年金保険の遺族年金および3級障害の最低保障額となった。それにあわせて，これ以降，1985年改正まで，国民年金の障害年金2級の額は国民年金の老齢年金ではなく，厚生年金保険の定額部分に準拠して引上げが行われる。この定額部分は，1954年改正により，生活扶助基準額（2級地・男子60歳以上）の飲食費，衣服費，保健衛生費，家具什器費，水道光熱費および雑費を加えた額に近い水準として定められていた。

　一方で，拠出制とは別に，国民年金法で導入された障害福祉年金は，老齢福祉年金に介護加算を加えた水準として設定されている。全額国庫負担で賄われていた老齢福祉年金は水準が低く抑えられており，それとの均衡で，障害福祉年金の給付水準も低くなっていた。その水準は生活保護4級地における障害者単身世帯の生活扶助の2分の1に相当する程度であった。その後，1973年改正で障害福祉年金2級が創設されるが，その水準は老齢福祉年金と同額とされた。

　これらの給付水準が大きく変わるのが1985年改正である。新たに導入された障害基礎年金2級の年金額は老齢基礎年金満額相当となった。また，従来の障害福祉年金の水準もこれと同額に引き上げられた。この満額は，旧国民年金の25年拠出の水準と同程度の水準として決められたものと思われるが，その根拠として，最も強調されたのは，生活扶助の基準額ではなく，高齢者の基礎的な消費支出（食料費，住居費，光熱費，衣服費）を保障する水準であった。[9]

　確かに，老齢と障害には共通する部分があり，制度創設時や1985年改正時に老齢年金と障害年金を揃えたことには一定の合理性があった。しかし，高齢者と障害者では基礎的な消費支出が異なることも考慮する必要がある。障害に伴う特別

58

な経費は，介護費に限らず，食料費，住居費，衣服費，保健衛生費，雑費などで広く存在する。また，基礎年金だけの受給者としては，自営業者など高齢期もある程度の収入や資産を有する者が念頭に置かれていた。しかし，障害者の場合，基礎年金だけの受給者が多いものの，年金受給前の資産形成が難しい。その一方で，障害者の場合，就労収入が高齢者以上に期待できる可能性がある。ただし，厚生労働省「障害年金受給者実態調査（平成26年）」によれば，障害基礎年金のみの受給者の場合，就労していても，その7割が年収100万円未満の低収入となっている。

　その後，基礎年金額は，改正ごとに消費水準の上昇などを加味して引き上げられてきた。しかし，財政的な持続可能性を高めるために2004年改正で導入されたマクロ経済スライドにより，今後は，実質的に低下していくことが見込まれている。

（2）障害厚生年金3級の水準

　次に，障害厚生年金3級の水準を取り上げたい。前掲調査では，3級の受給者のいる世帯では，世帯収入が低いケースや生活保護を併給するケースが多いことが明らかになっている。その理由として，3級の給付水準が厚生年金の報酬比例部分のみとされており，最低保障額が設定されているものの平均年金月額が約5.6万円と低くなっていることがあげられる。

　3級の障害年金は，1954年の厚生年金保険法改正で，労働に著しい制限が加わる程度の障害として，2級の70％の給付水準で創設された。3級は全面的な生活保障を必要とはしないという理由で，加給年金の対象外とされている。その後，1965年改正で，共済年金における1，2，3級の年金額のバランスにあわせて，3級の水準は2級の75％の給付水準となった。同時に最低保障額が設定された。この最低保障額は，厚生年金の定額部分相当とされたため，高齢者2級地の生活扶助基準の一部とリンクする形になっていた。

　これが1985年改正で大きく変わる。厚生年金の1，2級が障害基礎年金に上乗せする給付として再編される一方で，3級は，厚生年金独自の給付として報酬比例部分のみとされた。ただし，報酬比例部分のみでは極めて低い年金額となる受

給者が発生するため，国会修正によって，基礎年金満額の75％の最低保障額がつけられた。この75％は，従来の３級が２級の75％であったことを根拠としている。ただし，改正前の最低保障額が旧厚生年金保険の定額部分相当で，これは新たな基礎年金満額と近い水準であったため，改正後の最低保障額は実質25％カットとなった。これらの結果，改正の前後で，３級の平均年金月額だけが減少している。同改正では，障害年金が全体的には大きく改善された。しかし，年金の必要度に応じてメリハリをつけるという観点から，働いている人が多いという理由をもって，３級の給付水準は削減された。

　しかし，この前提条件が現在でも成り立つのかどうかは疑問も残る。前掲調査によれば，障害厚生年金３級受給者の半分以上は働くことができていない。さらに，働いている場合でも，およそ半分が労働年収150万円未満である。特に，改正から現在までの間に，３級受給者の障害種別において，一般就労が難しいとされる精神障害が占める割合が大きく増加している。それゆえに，年金額が低く，就労収入も期待できない３級受給者は多く，一般的な感覚とは逆に，障害の程度が軽いほど生活困窮につながっている。その一方で，３級受給者については，基礎年金のみの受給者以上に就労年収のバラツキが大きい。受給者には，高所得者もおり，受給者の５％弱が就労年収500万円以上である。

（3）障害年金の１級加算と特別障害者手当

　最後に取り上げるのが，障害に伴う特別な出費に対応する障害年金の１級加算と特別障害者手当である。障害年金で１級に認定された場合，障害基礎年金でも障害厚生年金でも，一律に年金額が25％増となる。特別障害者手当は，著しく重度の在宅障害者に，月額約2.7万円を支給している。

　厚生年金の障害年金１級は，1947年改正において，自用を弁ずることができない程度の障害に対する給付として創設されている。1954年改正によって３等級制に移行した際に，１級は労働不能かつ常時介護が必要な程度の障害と位置づけられた。このときに，介護加算として，生活保護法の障害者加算（保護基準の特項症の加給額）を参考に，月1000円の加算が１級で行われるようになった。1959年に制定された国民年金法では，日常生活の用を弁ずることが不能な程度の障害の

状態に該当する1級において，厚生年金の加算の半額に相当する年6000円の加算がつけられた。

その後，1965年の厚生年金保険の改正によって加算に変更が加えられる。同改正では，当初，定額加算の引上げが検討されていたが，最終的には，共済年金にあわせる形で，25％の定率加算が導入された。その後，国民年金も厚生年金保険にならって，定額加算から定率加算へ移行している。現在でも，国会審議では，25％加算は介護等の必要経費などに配慮した加算とされている。

もともと1級加算は，常時介護を要する状態に対する介護加算としての位置づけであり，当初は，加算額が生活保護の障害者加算に基づいていたことからも，その目的や金額の根拠は明確であった。しかし，1965年改正以降は，その目的，その金額の根拠ともに不明確になっている。また，1級加算は，公的年金の性質上，受給者の要する介助費用の多寡とは関係の薄い障害等級に応じた一律の加算にならざるを得ない。さらに，障害厚生年金では，働いていたときの所得が高かった人ほど，25％の加算額も大きくなる。従前所得に応じて，介護等に対応した加算額まで増減することは，今日では正当化が難しいと思われる。

一方，20歳以降の障害者に対する手当として受給者が最も多いのは，特別障害者手当である。この手当の前身である福祉手当は，お見舞い的な性格を有しており，当初の支給月額4000円は，精神的慰謝あるいは肉体的な負担に対する慰謝を含めた額とされた。その後，手当額は引き上げられていき，最終的には1万円に達する。

これが1985年改正で特別障害者手当に移行し，手当額は2万円となった。この金額は，障害者生活保障問題専門家会議による「最重度の障害者への給付額は，現行の福祉手当給付額の二倍程度を目途とすることが適当である」という提案を参考にしたとされており，障害者の介助に要する費用などを勘案して決められた金額ではない。また，特別障害者手当への移行によって，対象者が半分になるという推計があり，同じ財源であれば，手当額を倍にできるという財源が先にありきの話であったとの証言もある（菅沼ほか編 2018，298～299）。その後の手当額は物価上昇に応じて改定され，現在の金額に至っている。

（4）給付水準のこれから

　以上で確認したように，障害年金や障害者手当の給付水準は，老齢年金など他の制度とのバランスや従前の給付額とのバランスを考慮しつつ，その時々の財政状況などにも左右されながら決められてきた。ここでいう他の制度には，かつては生活保護も含まれていたが，現在では，それとの関係性は途切れている。同時に，少子高齢化に対応したマクロ経済スライドが，今後は障害年金を引き下げる方向に作用するため，障害年金の給付水準は財政的な持続可能性という観点からの制約が大きくなる。

　こうした中で，障害者に対する所得保障の給付水準は，高齢者とは異なる障害者の生活実態を踏まえて，老齢年金とは切り離して設定することが望ましいとの考えもあり得る。その一方で，障害者と一口にいっても，障害厚生年金や障害補償年金を含めて高額の年金を受給している者，持ち家を保有している者，一般就労をしている者，障害に伴う特別な経費がほとんどかからない者など，その実態は多様である。それゆえ，老齢ではなく障害であるという理由だけで一律に給付水準を優遇することも現実的ではない。高齢者に対する所得保障とのバランスを崩さない形でどのように障害年金や障害者手当の給付水準を考えるべきか，慎重な検討が求められる。

　注
(1)　そうしたアンケート結果の一例として，厚生労働省「平成18年身体障害児・者実態調査」（2008年3月）があげられる。
(2)　1980年の中央社会福祉審議会生活保護専門分科会中間報告では，「例えば車イス，義足等の使用に伴う増加エネルギーの補てん，居住環境，家具，被服等の改善等の費用，自助具，点字新聞等の購入費用等が障害に応じて余分に必要となる」と整理されている。
(3)　同会議は，1982年5月に厚生省に設置された諮問機関で，現行の障害者対策の問題点，今後の障害者の生活保障のあり方等について検討を行い，翌年に報告書を提出した。
(4)　第102回国会参議院社会労働委員会（昭和60年4月23日）における政府委員（正木馨）による説明に基づく。
(5)　ただし，2018年時点ではいくつの例外措置によりマクロ経済スライドはほとんど発

動しておらず，年金の給付水準の引下げはあまり進んでいない。

⑹　前掲調査では，精神障害のある被保護者については，障害者加算を受けている場合のみ，障害者にカウントされている。障害者加算を受けていない精神病（精神障害）を主傷病とする被保護者も含めた場合，障害のある被保護者数は52.2万人に達する。

⑺　具体的には，適切な食事，身辺の清潔保持，金銭管理と買い物，通院と服薬，他人との意思伝達および対人関係，身辺の安全保持および危機対応，社会性の7つである。

⑻　『毎日新聞』「障害年金　支給継続へ　厚労省　再審査通知の1010人に」（2018年7月4日付，東京朝刊）などを参照。

⑼　ただし，高齢者の基礎的な消費支出を賄う水準という説明は，後づけの理屈だったという証言もある（菅沼ほか編 2018，238～239）。

⑽　第75回国会参議院社会労働委員会（昭和50年4月15日）における政府委員（翁久次郎）による説明に基づく。

引用・参考文献

大田晋（1975）「手当額の引上げと児童の国籍要件の撤廃と適用児童の範囲拡大など——特別児童扶養手当等の支給に関する法律等の一部を改正する法律（50.6.27公布，法律第47号）」『時の法令』913，1～6頁。

厚生省社会局保護課（1981）『生活保護三十年史』社会福祉調査会。

厚生省五十年史編集委員会（1988）『厚生省五十年史』厚生労働問題研究会。

小島弘仲（1964）「重度精神薄弱児扶養手当制度の創設」『時の法令』510，36～41頁。

小山進次郎（1959）『国民年金法の解説』時事通信社。

菅沼隆・土田武史・岩永理恵・田中聡一郎編（2018）『戦後社会保障の証言——厚生官僚120時間オーラルヒストリー』有斐閣。

永野仁美（2012）「障害年金の意義と課題」日本社会保障法学会編『これからの医療と年金』法律文化社。

永野仁美（2013）『障害者の雇用と所得保障』信山社。

福島豪（2017）「障害年金の現代的課題」『年金と経済』35(4)，3～9頁。

百瀬優（2016）「障害年金の課題と展望」『社会保障研究』1(2)，339～353頁。

百瀬優（2018）「障害年金の給付水準」『社会保障法』33，101～114頁。

百瀬優・山田篤裕（2018）「1985年年金改正——制度体系再編へ至る道」『社会保障研究』3(1)，69～83頁。

渡邉芳樹（2016）『分岐点Ⅱ～年金改革——大きな到達点の実像と課題』社会保険実務研究所。

―コラム②――――――

住　宅

　日本では住宅政策が不十分なために，その枠内での障害者の住宅保障も不十分なものとならざるを得ない。

　それでは，住宅政策とは何か。住宅政策は多くの目的・役割をもっているが，社会政策研究に照らすと，「住環境保障（housing policy）」と「所得保障（social policy）」を柱にするものと考えられている。住宅は一定の質（広さと設備水準）を担保されていることが望ましいものとされている。そのため，水準を下回る住宅に住む世帯がその水準以上の住宅に移る場合，住宅費負担が上がってしまい，住宅費負担緩和策が必要とされることから，両者は表裏一体のものといえる。

　筆者は日本の住宅政策を研究しているが，「日本に住宅政策なんてあるの？」と聞かれることがある。日本には，「戦後住宅政策の三本柱」と呼ばれる政策があったため，制度として住宅政策がないわけではない。つまり，公的住宅ローン政策としての住宅金融公庫，市場家賃よりも安価な公的借家を供給する公営住宅，中間層向けの公的借家および分譲住宅を供給する日本住宅公団（現：UR）がそれである。2000年代以降，政策が廃止・縮小されてはいるものの，これらが日本の住宅政策の中心であることは間違いない。

　事実，これら住宅政策の中で，たとえば公営住宅やURには障害者向けの優先入居や入居割当制度が存在するし，一般低所得世帯とは違って障害世帯であれば単身入居も可能になっている。住宅金融公庫も，障害者のいる世帯向けの低金利やバリアフリー向けの貸付が行われているから，住宅政策の中に障害者向け住宅政策も内包されている。

　しかし，このように答えたからといって，日本に住宅政策があるのかという質問に答えたことになるかといわれれば，そうともいい難い。日本の場合，最低居住水準・誘導居住水準という住環境の基準はあるものの，公的住宅供給の際にモデルとすべきものであって，全住宅にその遵守が義務づけられてはいない。また所得保障は，公営住宅以外では，生活保護の住宅扶助か生活

困窮者自立支援法の住居確保給付金であるが，住環境保障と結びついた所得保障の観点から制度設計がされているわけではない。社会政策的な意味で，日本には住宅政策が存在しないと考える人がいても，おかしくはない。

　近年，民間借家における障害者の入居拒否が話題となっている。これに対して，改正住宅セーフティネット法は，入居を拒まない住宅を行政に登録することで，入居拒否に対応するという。しかし，公営住宅の倍率は数十倍に及んでいる。入居拒否を禁止しないままに，果たして障害者の住宅問題が解決するのだろうか。

　住宅は誰にとっても必要であるという一般論以上に，障害者政策が障害者の居住実態・住宅問題を踏まえ，住宅政策をその対象としてより積極的に位置づけていく必要があるように思われる。

第3章

社会サービス給付

1 社会サービス給付の意義と役割

（1）社会サービスとは

① 現金給付と現物給付

　本章のテーマは社会サービス給付であるが，その前提として社会サービスとは何なのかという点について確認しておく必要がある。

　まず，社会サービスは現物給付の1つと考えることができる。給付の種類には大きく分けて現金給付と現物給付という2つがあるとされてきた。これは，福祉国家成立以前からさまざまな形で行われてきた，統治機構からその下で暮らす人々に提供されてきた貧困対策を中心とした給付が，当初は貨幣もしくは食料や物品であったところに端を発する。貨幣経済が浸透し，生活に必要なものが市場を通じて手に入れられることが一般的な状況で，貧困対策の一環として貨幣そのもの，あるいはそれが最初に充当されるであろう食品などを提供するという発想はごく自然なものであるだろう。

　この現金と現物の2種類の給付に社会サービスが加わる背景とその意義については後述するとして，ここでは社会サービス給付がそのどちらに分類されるのかという点について整理しておきたい。もちろん，そのどちらでもない新たな給付形態として位置づけることもできるが，ここでは以下のような理由から社会サービスは現物給付であるという立場をとる。

　現代は，現金や現物による給付が始まった頃よりもさらに貨幣経済，市場経済が進み，浸透した社会である。その社会において，貨幣（現金）は市場を通じて

67

必要なものを手に入れるための手段となる。それに対して，現物はその市場のやりとりによって手に入れるものにあたる。社会サービスの多くも，同様のサービスが商品として市場でやりとりされており，現物給付の1つと考えることが妥当だといえる。

　また現金給付の特徴として，最終的に受給者が手にするものが必ずしも限定されないという点がある。つまり，受給した現金によって各人が必要なものを購入するため，結果として得るものはさまざまであるし，その意味で各人のニーズに柔軟に対応することができる。現在のように電子化が進んだ世界では，給付に係る手間やコストも軽減することができる。

　それに対して，現物は受給したその物以上にも以下にもならない。受給者が選択できる種類やタイプは基本的に限定的で，また輸送コストなどの給付に係るコストも発生する。しかしながら，現物給付は，給付する側が意図するそのものを受給者の手に届けることが可能で，本来の目的からブレることがない。

　日本の社会サービスの多くは，一部の自己負担はあっても保険その他の制度を通じてサービスそのものが提供される。社会サービス供給において現金が給付されるのは，償還払い（払った分を後から還付する）場合に限られる。これらの点も，社会サービスを現物給付とする考えを肯定する。

② 社会サービスと商品化されたサービス

　現物給付されるものは，基本的に，一般の市場において商品として取引されている。その点でいえば，社会サービスによって提供されるのは，概ね市場で取引される物理的ではない商品であり，いわゆるサービス産業における商品であるということができる。たとえば介護・教育・医療・相談（カウンセリングやコンサルティング）などが好例であり，他にもいわゆる娯楽なども活動の場を提供する社会サービスと対比することができる。

　総じて，社会サービスは対人援助という領域を形成する。つまり，人による行為そのものが給付されるわけだ。そういった行為が社会的ニーズとして承認されているということであり，そこには，現代社会における個人間の関係性の変化をみることができる。これまでインフォーマルな関係性の中の他者によって充足されていたニーズが，そういった他者との関係性の変化や他者の不在によって，社

第3章　社会サービス給付

会的に必要とされるようになっているのである。

　ここで少し視点を変えてみよう。現金給付との関係で考えた場合，社会サービスの多くが市場において商品化されていることを考えれば，ニーズ充足のためにその購入に足る経済的給付，すなわち現金給付を行い，それを元手に必要なサービスを各自が購入するという方法を採ることも考えられる。ただ，実際になかなかそうはならない。

　1つには，あくまでも可能性ではあるが現物でサービス給付を行う方が現金給付よりもニーズに対して効率的となる可能性があるためである。分配だけを考えれば現物給付の方が運営コストがかかる可能性が高いが，上述の「現金給付が他のことに使われるリスク」がある。そうなると，本来の目的以外に用いられた分は「コスト」になってしまう。

　他の理由としては，完全に市場化されたサービスでは管理運営上の課題が生じる場合である。たとえば社会サービスとして承認される範囲を限定したり，その最低限の質を担保したい場合などもある。また，市場原理との乖離という点でいえば，需要が十分にない（しかし社会的ニーズとして充足の必要がある）場合など，そもそも市場が形成されにくいサービスなどもあることから，社会サービス給付の必要性が出てくる。

　障害者という対象に関していえば，最後にあげた市場を形成できるほどのニーズがあるかという点において，完全に市場化されたサービスを活用することが難しいという背景があるのかもしれない。

（2）障害者の生活と社会サービス

　ここからは，障害者の生活という点に焦点を絞って，社会サービスの状況を明らかにしていきたい。障害者政策において社会サービスがなぜ必要とされるのか，どのような役割が求められているのかという問いとともに，そのような障害者の社会サービス拡大の背景にある社会環境について考えていく。

①　対人援助の必要性

　障害者が，政策上で最初に認識されたのは身体障害者としてであった。その後，知的障害者，精神障害者，発達障害者などと拡大していくが，身体障害者に顕著

69

であるのが，身体機能の欠損や不全による行為機能の障害である。つまり，障害のない人には可能な行為が「できない」状態になる。

　その状態で生活を送るためには，そのできない「行為」を何らかの方法で補う必要があり，器具や装置の利用もあるが，1つの方法として人による補助，介助といったことが，障害者政策によってサービス化される以前からインフォーマルなケアの中で当然のように発生してきた。認知機能の障害の場合でも，それが少なからず行為における障害につながるため，やはり人による介助が必要となり，これらはそのまま，自然な流れとして対人援助サービスの中に組み込まれた。

　一方で，障害者はその生活において，周囲を取り巻く社会環境との関係においてもさまざまな障壁に直面する。そういった社会環境との関係において調整を図り，仲介をし，時には障害者の立場を代弁する者が必要となる。具体的にいえば，障害者の生活上のニーズや課題に応じてさまざまな社会サービスを組み合わせて提供したり，その利用につなげるための手続きをとったりすることであり，障害者自身が気づいていないニーズを掘り起こし，それに対する社会サービスの不在に対しては，障害者に代わってその必要性を訴えることだったりもする。このような役割も人による支援として実体化する必要があり，相談援助という領域において対人援助サービス化されている。

　このように，障害者はその生活において，経済的あるいは物理的給付では充足が難しいニーズを抱えており，そこに社会サービス給付の必要性をみることができる。

② 家族役割の代替機能

　障害者と呼ばれる人々や，実質的に現在の障害者の定義と同様の状態にある人々の存在は，障害者政策や近代国家が成立する以前にも確認することができる（池田・土井 2000）。こういった人々に対する支援の多くは，長い間その家族によって提供されてきた。家族は障害のある家族成員とそこから派生する課題を家族の問題として包摂し，家族内でそのすべてを担うことが当然とされてきた。

　こういった家族が家庭内で担ってきたさまざまな「ケア」が，時にはその家族の負担を軽減するために，あるいは家族役割の機能不全による必要性に駆られて，さまざまな形の社会的ケアへと移行する。その発展段階においては，現在の社会

サービスとは異なる収容や隔離といった方向性に進む例もみられたが，ノーマライゼーションや障害者の権利についての意識の拡大とともに，本人の生活の質を維持するためのサービスとして実施されるようになる。これは結果的に家族役割の代替を果たすものであり，他方では家族機能の喪失や弱体化が指摘される現代社会において，不可避的に発生した機能ということができるだろう。

　家族と障害者の関係においては，また別の視点で社会サービスの意義をとらえることができる。障害者に対する家族のケアの提供は，保護的な機能と同時に管理・監視としての側面があった。また家族内に包摂されることで，障害者は社会との接点を失い，家庭内に拘禁されるような状況さえ生まれた。日本でもかつて障害者に対する保護者制度が存在し，家族内の保護者が障害者の保護や監督の責任を負うとともに，障害者の権利の侵害のような状況が認められていた（塩満2017）。

　社会サービスによって家族が担ってきた役割を社会化することは，このような障害者と家族の複雑な関係に変化をもたらすものでもあり，障害者が家族への依存から抜け出し，自立を図るためにも必要なものであるといえる。

③　社会化と個別化のアプローチ

　近代以降になってさまざまな「権利」への着目が盛んになると，その影響は障害者政策や支援の領域にも及んだ。ノーマライゼーションによって示されたノーマルな生活は，その具体化が進む中で「社会化」から「個別化」や「個人化」といった概念を発展させていった。

　こういった考えの基盤には，この社会におけるノーマルな生活には，社会とのかかわり，つまり社会的な存在としての承認が必要であるとする考えがある。家族を1つの社会ととらえることもできるが，その中に包摂され，その外の社会に存在も知られないような生活のあり方をノーマルな生活とは呼べないということである。これは施設での生活においても重要で，結果的に障害者政策においてもいかに社会的なかかわりを実現するかが意識される。日本においては，これは施設からの地域生活移行（施設から出て地域や家庭で暮らすこと）が志向されたことにつながっていく。

　また，同様に，人々のニーズは個人の希望や意思に基づくものであり，障害者

という属性が同じだからといってニーズがすべて一致する状況はノーマルな生活においてはあり得ない（結果として多くの人に共通するニーズがある場合はあるが）。そう考えれば，障害者に対する支援やサービスは，まず個人を基本として考えられるべきであり，固定化されたプログラムや選択肢のないサービス体系ではなく，障害者個人のニーズに合わせたフレキシブルな利用が可能な体制をとる必要がある，ということになる。そうして，さまざまな国や地域で障害者政策の供給システムが改変されてきた。

　こういった変化の中で，社会サービスの位置づけも変化する。社会化の流れは，地域（社会）での障害者の生活の実現を志向するが，そのためには在宅生活や行動支援のための介助サービスは不可欠となる。さらに，高度に複雑化した社会の中で，施設や病院の中では直面することのなかった課題に対して，その社会やサービスと障害者との間を取りもつための相談援助サービスの必要性も高まる。

　このことは個別化・個人化の点においても同様で，個々の障害者のニーズを充足するために，相談援助サービスはその窓口となり，また調整・仲介役として障害者のノーマルな生活を実現するための支援を提供する役割を担う。また人による援助自体が，援助者の判断や臨機応変な対応という点で物質的な給付にはない柔軟性をもち，その点でも個別化・個人化を実現する支援としての優位性を認めることができるといえるのかもしれない。

④　障害者の生活の広がりと社会サービス給付の拡大

　第1章で，障害者の生活における障害者政策のかかわりを，障害のない者と同様の1日の生活，そしてライフステージに置き換えて説明した。このような説明が成り立つのも，現在，少なくとも理念のうえでは，障害者の生活がノーマルな生活に近づけられてきているためであり，その結果，生活の多様化から支援の多様化がせまられ，そして実際に拡大してきたためということができる。さらに第1章でも述べたように，この拡大し多様化した障害者政策と支援の多くが，社会サービスによって担われている。

　障害者の支援の拡大の背景には，障害者の生活の広がりがある。それは地理的な範囲としての広がりでもあるし，社会的な承認における広がりでもある。もちろんまだ不十分な部分もあるが，確実にその範囲は広がってきている。

第3章　社会サービス給付

　地理的な範囲の拡大は，家庭から施設へ，そして地域生活へという流れをもつ。その地域生活も，かつては脱施設化への反発もあって地域生活＝在宅生活として意図されていたが，最近では地域に開放された施設での生活といった選択肢もみられるようになっている。このような変化の中で，従来はいわゆる身体的な清潔や安全の維持のためのケアが中心的であったいわゆる介護も，家事などの日常生活動作の介助や代行も含むようになる。また障害者の活動が居宅の外へと拡大すると，外出支援なども社会サービスとして位置づけられるようになった。

　こういった，「ケア」として包括されるようなサービスの拡大とともに，障害者が社会的承認を得ていくための支援も，社会サービス化されていく。その一端をみることができるのが就労支援であり，また近年では権利擁護に係る社会サービスの出現にもみることができる。

　このように，障害者の生活が社会的に開かれ，拡大していくことに伴い，その生活が多様化し，ニーズも多様化する。そういった多様化したニーズへの対応こそが，社会サービスが必要とされる所以であり，実際に社会サービスが拡大してきた背景にあると考えることができる。

（3）社会サービスに求められているもの

　ここで改めて，現在の社会サービスに何が求められているのかについて，確認をしていきたい。

① 社会サービスの機能

　社会サービスの中心は，障害者政策の領域においては特に対人援助サービスといわれる領域にある。代表的なものとしては介護サービスがあり，障害によって生じる行為遂行における課題を，身体介護・介助などを通じて補っていくものである。いわば，障害者の心身の機能の代替としての役割であり，障害者の生活において不可欠なサービスとなっている。

　一方で，障害者に対する社会サービスには，教育や訓練といったものも含まれる。介護サービスが支援者による失われた機能の代替とするならば，教育や訓練はその失われた機能を回復したり，障害者自身のもつ他の機能で代替したりすることを目指すものである。その根底にはリハビリテーションの考え方があり，学

73

校教育や医療，職業訓練といった領域で展開される。

　もう1つ，障害者福祉政策の領域において社会サービスの重要な役割となるのが，社会との仲介や調整の機能を果たすことである。障害者は，その障害ゆえに社会との関係性が希薄になったり，時には断絶されたりする場合がある。生活に必要な情報が理解可能な形式で届けられなかったり，それに対して行為することが難しかったりするためである。あるいはそもそも障害のために，生活における制度などの利用の機会や必要性も障害のない人以上に多くなる。

　一部の社会サービスは，そういった障害者の生活におけるニーズに対して，障害者と社会の接点に立って両者を仲介し，必要な調整を図る。それにより，障害者がその権利として利用可能なさまざまな制度を，それぞれの生活に合わせて利用することが可能になる。

② 　社会サービスの役割

　上記のような機能を通じて，社会サービスは障害者の生活において自立と自律をもたらすという重要な役割を担っている。第1章でも述べたように，障害者政策において2つのジリツが掲げられるようになっている。このことは，換言すれば障害者においてこれらが実現されていない，あるいはそれが難しいことを指している。

　障害者の生活において2つのジリツが難しい理由の1つが，障害者がその生活においてさまざまな面で他者からの援助を必要とすることである。このことが，障害者を弱さや不完全性と強く関連づけ，障害者を保護の対象とし，ジリツ可能な一人の人間としての存在から排除してきた。

　彼／彼女らの必要とする援助が社会制度によって供給されることは，障害者が他者からの保護や他者への依存から脱し，ジリツした生活を実現することを助けることにつながるのである。もちろんこのジリツとは，誰の助けも借りずに一人で生きていくということを意味しているのではない。さまざまな援助の必要性を前提として，それを家族の負担や慈善として受けるのではなく，自らの選択と意思のもとで権利の行使として行うことで，他者との対等な関係へとつながるのである。

（4）社会サービス給付の主体の条件

　本章の前半において社会サービスと市場化されたサービスについて簡単に述べた。障害者に対するものに限らず，社会サービス（あるいは現物給付）の多くは同時に市場化されたサービスとしても存在する。これは，社会サービスの多くが，政策的ニーズとしては承認されない範囲においても，人々の生活に必要とされるサービスだからである。あるいは，社会サービスが用意される前に，人々のニーズ（この場合はデマンド〔需要〕という方が適切かもしれないが）に応じてサービスが商品化された。

　前項で述べた社会サービスの機能や役割を考えれば，その目的を果たすことができれば，そのサービスが市場化されたものであっても問題はない。しかしそうはならないのは，やはりこれらの社会サービスが個人の応能性（経済的負担の可能性）ではなく，当たり前の生活を送るという障害者の権利に基づくニーズに応えるものとして存在しているためである。

　ただし，その場合でも，その経済的負担への対策がなされ，ニーズに応じた利用が可能となるのであれば，たとえ市場化されたサービスであっても社会サービスを代替することができるだろう。すなわち，社会サービスにおいては，給付そのものが公的な主体によって行われる必然性は必ずしもない。簡単にいえば，サービス提供者が公的機関の人間でなくともよいということである。

　第1章で述べた「措置から契約へ」の流れでは，このように「誰がサービス提供の主体であるのか」が見直され，NPOや営利法人（民間企業）による事業への参入が認められることとなった。実際，サービス（事業）の種類によって幅はあるが，障害者サービスの多くで営利法人による事業参入が実現した。療養介護事業（事業種別の詳細は，本章第3節を参照）を除くすべての事業で営利法人の参入があり，中でも最も営利法人の割合の高い同行援護事業においては7割を超えている（厚生労働省 2018）。

　このように，障害者を対象とした現在の社会サービスでは営利法人が大きな役割を果たし，「福祉市場」ともいえる状況の中で供給されている。このような発展は，社会と障害者との接点を増やすことで障害者に対する社会的認識を改め，その社会的包摂を促進するという点でも意義がある。

ただし，もちろん，障害者に対する社会サービスを完全に市場に委ねることはできない。仮に実施そのものは委ねたとしても，費用の補償などの方法で障害者の経済的負担に対する政策的関与が必須となる。また，その質と量の確保のための仕組みも不可欠である日本の場合は，完全に市場化するのではなく社会サービス事業に民間の参入を認めるという方式を採り，その価格を統制し，障害者自身の負担を費用の1割に抑えるという方法で，社会サービスとしての目的を果たしているといえる。

2 │ 形成と展開──変化とその基盤にある障害者の生活

（1）社会サービスの始まり

① ソーシャルワーク実践としての始まり

社会保障政策の一部として説明される社会サービスは，社会扶助のうちの現物給付の1つとされる。また社会保障関連の財政についての統計では，障害者の社会サービスは「社会福祉ほか」に分類され，さまざまある社会サービスの中でも社会福祉領域における社会福祉実践として位置づけられるものと考えることができる。

社会福祉の実践としての始まりは，17世紀のイギリスでみられた友愛訪問などの活動にその端緒をみとめる説が多い。こういった活動が，当時の宗教と政治との深い関係性もあって社会的な制度として取り込まれていったことが，対人援助サービスにつながるものであり，言い換えれば社会サービスの始まりとしてみることができる。

ただ，障害者に対する支援の中心は長く家族によるケアに置かれており，社会的なものは，そういった家族のケアが得られない者への保護（という名の収容）など，最低限のものに限られていた。あるいは，障害者としての認識ではなく貧困者として救貧対策の対象となっていた部分もある。

また，多くの社会福祉実践がそうであるように，障害者に対する社会サービスも，障害者の生活とそれを取り巻くインフォーマルな社会関係の中である意味自発的に始まったものが多く，その意味ですでにあった支援や取り組みが制度化，

あるいは制度の対象化として社会サービス化していくことが一般的であった。

② さまざまな領域に展開する社会サービス

社会サービスをより広義の意味でとらえれば，人々の生活を支えるために提供される公的なサービスということができる。日本では概ね，生活困窮者（貧困だけでなく何らかの生活課題と抱える人々を含む）に対するものとして理解され，狭義の社会福祉サービスと同義のものと認識されている感がある。ただ，実際に社会サービスはより広い概念としてとらえることができ，医療や年金，教育といった普遍的なサービスも含むという理解も可能となる。

障害者に対する教育サービスは，コラム④「教育」でも述べられているように，教育政策における障害児教育として存在する。現在，このサービスは特別支援教育と呼ばれ，統合教育を基本として展開されている。これらの教育政策には，一方で福祉政策との連関性が低いことで起きる問題もみられる。それは対象が子どもであるために，多くの場合，介護ニーズの充足のみならず生活全体が家族に包摂されるためだろう。そして，子どもたちを包摂する家族は，支援の対象というよりもむしろ支援を担う者として認識され，十分な支援が提供されていない。また，そもそも福祉と教育は，制度体系上も異なる省庁による別建ての領域として位置づけられてきた。

そのほか，医療や労働といった部分でも，障害者を対象としたサービスが展開されている。これらについては本章第3節において述べているためここでの言及はここまでとするが，このようなさまざまな社会サービスが障害者をその対象の一部に包摂する中で，いわゆる「障害者サービス」といわれるサービスは，主に社会福祉サービスの中に位置づけられるものが，その代表としてとらえられてきた。

その結果として，障害者サービスといった場合には，主に福祉政策に位置づけられる障害者のみを対象としたさまざまな制度や取り組みのもとで提供される，いわば障害者専用サービスが，その中心的なものとしてとらえられるようになっている。

（2）家族から施設，そして地域へ

① 家族のケアからの転換，脱出

　社会サービスの発展の一方で，障害者という存在は，そういった政策による給付体系の出現以前からみられていた。そのような時代に，現在では社会サービスによって充足されているようなニーズは，概ね家族（あるいは血縁）によって充足されていた。

　障害者は長い間，家族によるケアに依存する存在であった。この家族によるケアは，もちろん家族成員内における「愛情機能」に基づくものでもあっただろうが，同時に家族成員に対する責任という側面も強くあった。

　また，障害者にとって家族からのケアは身体介護だけでなく，青年期以降については扶養，すなわち経済的支援としての側面をもつ。養育を受ける時期を経た後，自立と生殖家族の形成が一般的なライフコースとなった社会において，障害者は家族からの自立を果たすことのできない存在として，家族に扶養され続ける存在でもあった。

　このような家族内ケアや扶養の中で，障害者はその社会的な権利を失うことが少なくなかった。障害者は，社会においてはもちろんのこと，家族においても一人前の存在として認められることが少なく，時には「存在しない者」として家庭の奥深くに保護され続ける存在となっていた。

　そのような家族からのケアへの依存から脱出が目指されたことは，ノーマライゼーションの考えの広まりや，権利意識が拡大されていく中で当然の帰結でもあった。しかしながら，そのためには家族によるケアの代替が必要であった。そこで，重度の身体障害者を中心に施設の整備を求める動きが生まれ（廣野 2017），障害者へのケアがインフォーマル（家族による）なものからフォーマル（政策による）なものへと転換するきっかけとなった。

　もちろん，それ以前も障害者が暮らす施設などは存在したが，それらは頼る者のない障害者に限られ，また篤志家や宗教団体などの民間による慈善活動として展開されたものだった。一方で家族にとっての支援にもなる現在のホームヘルプサービスやショートステイのようなサービスも限られており，家族内での障害者の位置づけを変えるほどのものではなかった。

② 地域生活移行に端を発した展開

　家族ケアからの脱出を目指し，施設の整備と移行が目指されたが，それは一部の障害者に限られ，また実際に十分な数が整備されるには至らなかった。その中で，障害者福祉政策には，脱施設化と地域生活移行という次の流れが発生した。

　日本における脱施設化と地域生活移行という流れは，1990年代以降，強調されるようになった。その背景にノーマライゼーションの理念を指摘する向きもあるが，ノーマライゼーションが日本において紹介されるようになった時期との時間的ギャップを考えれば，それだけが要因ではないと考えられる。

　脱施設化が謳われた背景として考えられる問題の 1 つに，精神障害者の社会的入院がある。社会的入院とは，実際には入院が必要な状態ではないにもかかわらず，退院後の生活の場がない，家族の受け入れが難しいといった理由により，長期にわたる入院を余儀なくされている状態である（加藤 2017）。これは特に，精神科病棟において深刻化し，中にはそのまま病棟で一生を終える者も少なくなかった。

　もちろん，ノーマライゼーションの考えの発端になったような，大型でコロニー化した（知的）障害者施設も存在し，これら施設に対する脱施設化と，精神障害者に対する社会的入院の状況の改善の要請が，総じて地域生活移行として語られるようになったといえる。また，同時期に深刻化する社会保障における財政的課題と施設ケアのコストが結びつけられたことも，少なからぬ影響を与えていると考えられる。

　ここでの地域生活移行は，家族への復帰よりはむしろ，地域での自立生活を意味した。そこでも，やはり家族内ケアに変わるケア提供の機能が必要となり，在宅生活支援といわれるホームヘルプサービスや通所型の作業所（のちには授産施設やデイサービス）などが必要とされた。

　グループホームなどの住居の提供を目的とした社会サービスが広がるのも，このような地域生活移行の流れを汲んだものと理解できる。グループホームが施設であるかどうかについては，判断基準によって意見が異なるところではあるが，従来型の大型で，施設内で生活が完結するようなものではなく，より一般的な住居に近い形を採り，社会との関係も必然的に生じる点がその特徴である。

③　社会的排除への視座

　障害者の生活が徐々に社会化されていく中で，介護や介助といった行為の支援だけでなく，ソーシャルワークの発端とされる友愛訪問活動にもみられたように，社会的な「つながり」を提供するものが求められるようになった。

　地域生活といって町中のアパートの一室に居を構えても，そこで誰とも接することもなく，社会的な関係性を一切もたずにただ生きていても，それは施設での生活から前進した暮らしとはいえない。地域生活移行は，地理的あるいは物理的に地域に存在することを目指したものではなく，コミュニティの一因として社会関係の中で生活することを目指したものであり，それが人間らしい尊厳のある生活として位置づけられたということに他ならない。

　この地域生活移行の実現のための具体的な取り組みとして，障害者サービスは生活の場と日中活動の場に分けて考えられるようになり，居宅の外での活動を通じた社会化が目指された。そして，市町村（指定都市，中核市，特別区を含む）などを中心として地域生活に密着したサービスを提供する地域生活支援事業も用意された。

　一方で，社会的包摂の効果的な手段の1つであるはずの就労も，障害者サービスの中で就労支援の強化という形で進められてきた。このような傾向は，必ずしも障害者の社会的包摂だけを背景としてのものではなく，さまざまな意図や事情が指摘されるものでもあるが（詳細については，第1章「障害者政策の構成」で記述），しかし，障害者の社会的排除を防ぎ，障害者が当たり前に社会の一成員として生活できるようになるために，就労支援サービスの果たす役割は非常に大きいといえる（就労支援サービスの詳細は，次章「就労・雇用支援」を参照）。

（3）「措置から契約へ」がもたらしたもの

① 権利としての受給へ

　日本における障害者への社会サービス給付システムについて，重要な転換となったのが「措置から契約へ」の転換である。これは，高齢者介護の領域における介護保険制度の確立と制度施行とともに，障害者福祉制度においても障害者自立支援法（以下，自立支援法）の施行によって具現化され，確立されたといえる。

　それまで障害者に対する社会サービス給付は「措置」によるものであった。措

置制度のもとでは，サービスを管理する側，すなわち行政が，誰にどのようなサービスを提供するかを決定する。もちろん，障害者からの申請に基づくものではあるが，たとえばどの施設を使うのか，どのくらいサービスを利用するのかといった点についての決定権が行政側にあった。

そのような措置制度を見直し，障害者自身がサービスを選択し，自らの意思で契約し利用するという制度への転換が，自立支援法の施行により実現された。このことが，「措置から契約へ」といわれる障害者福祉政策における転換である。

契約によるサービス利用の背景には，理念的には，障害者の権利に基づく利用と権利の行使の実現という理解がある。また，そうすることで，障害者自身による自己決定・自己選択を実現し，障害者の生活をより尊厳のあるものへと高めるための仕組みとして理解された。

この制度により，障害者はさまざまなサービスメニューの中から，自分の望む生活のありようを実現することを目的として，サービスの量や組み合わせを選択することになった。もちろん，前提として障害支援区分などの認定を受ける必要があり，障害の程度により受給可能なサービス量が決定されるという点では，完全に自由な選択ができるわけではないが，一方的に行政から送られる「措置決定」を待つ状況に比べれば，大きな改善ということができるだろう。

ただし，この新しい方式が，本当の意味で障害者の権利行使を実現するものとなるためには，いくつかの重要な条件をクリアしなければならない。

② 主体者はどう転換したのか

ここでいう「主体」には２つある。１つは選択の主体である障害者であり，もう１つはサービス供給の主体（供給者）である。それぞれについて，その転換をみてみよう。

自立支援法による新たなサービス給付体系において，障害者自身による主体的な自己選択を実現するには，いくつかの条件がある。それは，市場原理において消費者の公正な選択を保障することと同様の考え方から判断することができる。

選択のために必要な条件の１つは，当然のことながら選択肢が十分にあるということである。この場合でいえば，サービスの多様性であり，そのためにはサービスを提供する事業所が十分になくてはならない。

また，十分なサービスの選択肢が用意されていても，それらの具体的な内容や違いについての正しく十分な情報がなければ，本当の意味で障害者の自己選択を実現することにはならない。情報の恣意的な操作があれば，特定の事業所やサービスだけを選ぶように仕向けられてしまう。

　この情報の提供については，障害者の場合には，それが相手に理解可能な形式で提供されているかという点も重要である。特に認知機能に影響を与える障害の場合，障害者自身が制度やサービスを十分に理解し，自分の意思によって選択することを確実にすることは簡単ではない。

　自立支援法では，ケアマネジメントの技法をもち込み，指定特定相談支援事業者によるサービス等利用計画案の作成や，その後のサービス担当者会議を通じた利用計画の作成，モニタリングなどの策を講じている。ただし，これらの方策をもっても必ずしも利用者の主体的な選択と決定が確実に実現されるとは限らない。障害の程度や種別によっては意思疎通が難しい場合もあるし，また計画策定にかかる事業者自身が他の何らかのサービス事業者でもある場合なども，計画作成者の恣意的な判断が入る余地は否定できない。

　何よりも，障害者自身が自分で選び決定するということに対して，どのように自覚し，行為しているのか。最初の自立支援法から15年近くが経過した現在であれば，多少なりとも障害者自身の認識も変化してきていることも考えられるが，それまで決定に従い保護される体制の中で生活してきた障害者が，その生活の主体者としての位置づけを獲得するのはそれほど簡単なことではないだろう。

　自立支援法による主体の転換のもう１つはサービスの実施・供給主体におけるものである。つまり，誰がサービスを提供するのかという点である。

　自立支援法施行による大きな変化の１つが，サービス事業への民間企業の参入を認めたという点である。その少し前には特定非営利活動法人（以下，NPO法人）の参入が障害者サービスで認められ，その点は自立支援法においても踏襲された。

　このようにして，サービスの実施主体を拡大した背景には，サービスの多様化とともに効率化や質を高めるといった意図もあった。それまで，政府だけが主な供給主体となっていたことによる弊害を解消し，供給主体をNPO法人を含む民

間に拡大し，その実数を増やすことによってサービス自体の多様化も図られる。また，民間企業のもつノウハウを活かすことで，行政機関だけでは発想できない新たな取り組みや運営方法が実現することが期待された。

新たなシステムによってサービスの効率化や質の向上を実現するためには，事業者間での競争が起きる必要もあった。利用者（障害者）の選択がある状況下では，事業者には選ばれるための差別化や事業努力が求められる。それが，障害者サービス全体の質の向上につながるという論理が，新しい供給システムの基本にはあった。

これらの政策的意図を実現させるためには，何よりも事業所の種類や数を増やす必要があり，供給主体を民間中心に移行する必要がある。そして実際，多くの民間企業や NPO 法人による事業が開設され，現在の総合支援法に至るまでサービスの多様性という点において一定の効果を上げている。

しかし，このような実施主体の転換とサービスの多様化も，やはり介護保険制度に倣ったものであり，介護保険制度と同様の問題指摘は，こちらでもされる。その1つは，地域による偏りである。競争が実現するためには，十分な利用者（障害者）がいることが前提である。そのため，介護保険制度がそうであるように，相対的に障害者が少ない地域では，民間企業が事業展開を控え，結局，以前と変わらず地方自治体や社会福祉法人などの公的な機関による事業のみになってしまう場合がある。

また，より重度の障害者を対象とするようなサービス種別も，同様に民間の参入が促進されず，従来の施設がそのまま制度内で移行した状況になる傾向がある。重度障害者は，障害者全体の数において少数派となり，一方で重度であるがゆえに手厚い介護や支援を必要とする。そのことが，実務の負担に対する事業費の相対的な低さを引き起こし，事業運営の難しさへとつながる。いってみれば，採算がとりにくい事業となるのである。その結果，このようなサービス事業への民間企業の参入が難しくなるのである。

このように，社会サービスの実施主体の多様化によるサービスそのものの多様化は，自立支援法の成立によって一定の進展をみせた部分がある一方で，その多様化を民間への拡大に求めたことにより，その拡大がニーズではなくデマンド

（需要）に拠ってしまうという課題ももたらしているといえる。

③　新たなニーズ領域の発現

　障害者サービスにおける直近の展開は，新たなニーズ領域の発見と関連づけてみることができる。

　新たに発見された障害者のニーズの１つに，障害者の権利とその行使にかかわるニーズがある。自立支援法によりサービスの選択と契約による利用が制度化されたことは，同時に障害者自身にその責任を生じさせた。そこで，主に認知機能に障害をもつ者に対して，個人の自己選択と決定を保障するための支援が必要となった。

　あるいは，地域生活移行や就労支援の促進による社会へのかかわりの増加も，日常生活における選択と契約の機会を増やすものとなり，そういった日々の行為への支援や，障害者の利益を守るための仕組みづくりが求められた。

　これらの新たなニーズに対する支援は，社会サービスについては自立支援法から始まったサービス受給のプロセスの中に組み込まれたり，あるいは日常生活自立支援事業や成年後見制度を整備したりといった形で体制化されてきたといえる。

　もう１つの新たなニーズは，障害者とその周辺領域との線引きが曖昧になる中で生じてきた。つまり，障害者と同様のニーズをもつ人々の存在や，障害者が障害以外の理由で抱える複合的なニーズがみられるようになる中で，障害者のために用意された社会サービスには，それらの領域との調整が求められるようになってきた。それは制度の対象範囲の問題となることもあれば，他領域の社会サービスとの実践および制度上の連携の問題として現れることもある。そして，これらの新たなニーズは，自立支援法がその後改正されて施行された総合支援法（障害者の日常生活及び社会生活を総合的に支援するための法律）にそのまま持ち込まれている。

（4）身体的ケアから社会的ケアへ

　ここまでみてきたように，障害者に対する社会サービスは拡大傾向にあることがわかる。そこには，図3-1に示すような，政策の(1)対象，(2)生活の場，(3)理念・目的（目指すもの）の変化があり，それに伴って必要とされる支援とそのサービスの変化と拡大をみることができる。

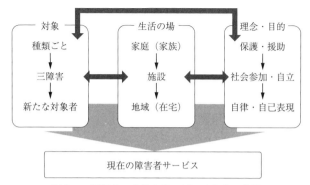

図 3-1 障害者への社会サービスの変化の背景
出所：筆者作成。

　まず，障害者の定義が身体，知的，精神から発達障害へと拡大し，その過程で三障害の統合もみられた。さらに近年，難病患者などが総合支援法の利用者として加えられ，政策の対象が広がってきた。次に，ニーズの点では，身体介護が主なニーズとしてとらえられ，家族の負担軽減も意図した施設の拡大が起きた。しかし，自立や社会参加が叫ばれる中で地域生活移行が目指されると，障害者の生活を社会化するためのサービスと支援体制が必要となった。そして，居宅の外での社会的活動として一般就労への志向も高まっていった。こういったニーズの変化は，社会サービスに関する制度の整備とその目的に直接的に影響を与える。基盤としての障害者基本法の目的の変化とともに，制度や政策によって目指される障害者の生活のあり様やそこでの重要な理念も変化してきた。

　これら対象とニーズ，政策の理念は相互に関係しあっている。障害者のニーズの変化によって政策の方向性が変わることはもちろん，政策が先導して理念的かつ実際上の変化を起こし，規範的ニーズが設定されることにより新たなニーズが発現・定着していく。また，障害の定義が拡大し，新たな障害が登場することにより，それまでとは異なるニーズが認識されることにもつながるし，新たなニーズが認められることにより，そのニーズを有する者が障害者として包摂される場合もある。

　このように対象・ニーズ・理念の変化によって，実際に必要とされる支援が変化し，障害者サービスの制度および実践が変化を迫られていく。そして，その変

化が三者のどこから始まるにしても，それが社会的背景を伴って発生してきた状況を鑑みると，今後も障害者の社会サービスは絶えず変化が求められていくことが考えられる。

3 | 概要——中心的な制度と補足的な制度による多層化した体系

ここでは，わが国の障害者に対する社会サービスがどのような体制の下で届けられているのかを概観していく。

（1）総合支援法によるサービス給付

① 制度の概要

すでに第1章などで述べたように，障害者に対する社会サービスの大半は，現在，障害者総合支援法によって障害者のもとに届けられている。この総合支援法は，図3-2に示すように，障害者の生活全般にわたるさまざまなサービスを体系化したものとなっている。

現在の制度体系が整えられる以前には，障害者に対する社会サービスは複数かつ個別の法律や制度によって規定され，領域の違いだけでなく障害種別によっても独立したものとなっていた。このような制度が，「措置から契約」への転換とともに障害種別の統合や制度的な一本化が図られたことはすでに述べたとおりであるが，その利点の1つは，さまざまなサービスを1つのプロセスから受給することができるようになった点である。

障害を負い，そこから新たな生活を設計するうえでこれらのサービスを受給するためには，一部のサービスでは障害支援区分の認定を受けることになる。地方自治体は本人や関係者からその申請を受け，まず本人が暮らす居宅においてこの認定のための作業を行う。この認定は，障害者のニーズの程度を測るものであり，認定の際には実際の生活の場でどのような状態にあるかが判断される。なお，総合支援法の利用申請は入院中などでも可能だが，その場合には入院中の本人の様子に加え生活場所の状況なども加味して判断される。

これらの障害認定区分や本人の希望に基づき，前述のサービス等利用計画案が

第3章 社会サービス給付

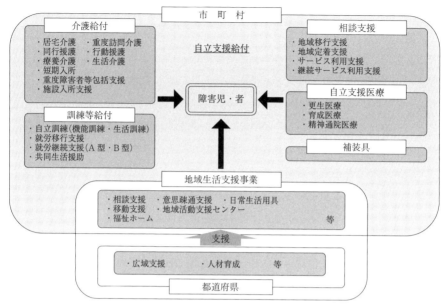

図3-2 総合支援法の全体図
出所：厚生労働省資料より一部筆者改変。

作成され支給決定がされると，サービス担当者会議を経て最終的に計画作成からサービス利用となる。総合支援法では各サービスの報酬基準額の1割を自己負担することになっている。なお，経済状況などにより負担が軽減されるほか，負担の上限額も定められている。

　もちろん，一度決められたサービス利用は恒久的なものではなく，本人の希望によって変更が可能である。あるいはすでに利用しているサービス従事者が利用者である障害者の状況から変更の必要性を判断し，本人に対して提案したり実際の手続きを支援したりすることもある。また，障害支援区分には有効期限があり，更新のためには再度認定を受ける必要があるが，この時にもサービスを見直すことが可能となる。

② 生活支援と社会活動支援

　障害者に対する社会サービスは，総合支援法の前身である自立支援法から一本化・体系化されてきたが，かといってすべての制度をただ1つの枠の中に入れ込んだわけではない。これら制度の中で，サービスはいくつかのカテゴリーに分類

87

されている。その特徴の1つが，生活の場と日中活動の場を分けたことである。

　生活の場と日中活動の場とは居宅のウチとソトを意味するものであり，単に場所の区別だけでなく，そこで行われる活動がいわゆる日常生活動作の範囲のものであるか，社会的活動にあたるものであるかという，行動レベルの区別も含んだものである。このような変革は，障害者の生活において単に日々の生活を維持するということだけでなく，居宅以外に時間を過ごす場所があること，そこに何らかの形で「参加」することの意義が認められたことを意味している。そしてそれは，障害のない者と同様の当たり前の生活を考えることで認識されたニーズといえる。

　結果として，日常生活を送る場とその維持の為の支援体系として，ホームヘルプサービスや場そのものを提供する入所型サービスが用意され，一方で，日中に家を出て何らかの活動に従事する場が用意された。この日中活動の場については，概ね就労支援や福祉的就労の場を提供するものとなっている（就労支援サービスについては，第4章「就労・雇用支援」で別途記述）。

　また，障害者の生活を居宅から広く地域社会へと拡大させようという意図の下で，地域生活支援というカテゴリーも設定されている。ここには，より緩やかなつながりと利用方法によって，地域生活におけるさまざまな課題への窓口としての機能がある。

③　補足的な制度の存在

　総合支援法は障害者に対する社会サービスの多くの部分を占めているが，それ以外にも細かなサービス提供体制がある。これらは，自立支援法施行後に新たに設けられたものもあるが，施行前から存在し，自立支援法の施行によってもその枠組み内に取り込まれることがなかったものもある。

　こういったサービス提供体制の多くは，地方自治体独自の取り組みとなっている。全くの自主財源によって事業化されていることもあれば，何らかの財源をもとに自治体の裁量の範囲において行われる場合もある。これらの自治体独自の取り組みも，それぞれの地域の実状やニーズに合わせた展開が可能であるという点で，障害者の生活において重要な役割を担っている。

第3章　社会サービス給付

（2）他領域との交錯

①　労働市場参加

　人々の労働市場参加を促すための制度はさまざまある。次章で個別に取り上げて記述するように，障害者を対象とした就労支援政策ももちろんさまざまな形で提供されているが，その多くは，障害者以外の対象者についても行われている。

　ハローワーク（公共職業安定所）によって提供される職業斡旋サービスは，この種のサービスの代表的なものである。また職業訓練なども，障害者に限らず用意されている。もちろんその対象を障害者に限定したものもあり，それらの利用は障害者に限られるが，一方で一般的な職業斡旋や職業訓練サービスを障害者が利用できないというわけではない。ただし，当然のことながら，障害者に限定されないサービスでは，障害者の抱える特定のニーズに対応することが難しい場合もある。特に職業訓練については，障害を踏まえた訓練や知識の伝達を必要とすることを考えれば，障害者のために用意されたサービスを利用する方が有効的である可能性が高い。

　ただし，障害者用のサービスを利用した場合，その就労はいわゆる「障害者枠」でのものになる可能性が高まる。これはわが国には障害者の雇用義務および雇用率制度があるため起こる現象である。障害者枠での就労は，障害者であることを理由とした特別扱いを認め，結果的に障害者に対する差別を合法化するという側面をもつ。

②　医療サービス給付

　医療サービスは介護・介助と並んで障害者が必要とするサービスである。障害はその状態がある程度固定化したものであるが，かといって医療的ケアを必要としないというものでもない。障害の原因となっている疾患のケアを必要とする場合もあるし，障害によって身体の他の部分に医療的ケアを必要とするような場合もある。

　障害者に関連する医療行為であっても公的医療保険制度を利用することはできる。ただ，障害者の場合の医療ニーズにはいくつかの特徴がある。まず，その医療ニーズが恒久的であるという点である。慢性的といってもいいかもしれない。また，同時に障害者は，その障害ゆえに経済的な課題を抱える場合も少なくない。

89

たとえ一部とはいえ，医療費負担が大きなものとなる場合もある。

　医療サービスについては，総合支援法内の自立支援医療もあるが，それ以外にも自治体などが行う医療費補助もある。障害者に対して医療費補助の制度があるのは，このような障害者の状況を反映したものと理解することができる。これらは制度としては医療費用の補助であるが，実質的には現物（サービス）給付としての機能をもつ（いったん自己負担をする必要なしでサービスが受けられる）。

　これらの医療サービスと総合支援法によるサービスはそれぞれ独立したものであり，一方が他方を抑制したり，受給において条件が課されるようなものでもない。しかしながら，障害者個人の生活を軸として関連づけられるものであり，それぞれのサービスの利用における調整が，障害者自身やその支援者によって図られているといえる。

③　高齢者介護

　介護・介助ニーズは，障害者のみならず高齢者にもみられる。加齢は障害の発生要因の1つであり，その意味では高齢者は同時に障害者でもある。そして実際，65歳を超えた障害者という存在が，近年の高齢化の伸展や障害者へのケアや治療の進歩に伴って，決して特別なケースではなくなってきている。

　1人が複数の領域のニーズをもつ場合には，その両者についてのサービスを受給すればよい。しかし，介護・介助のように1つのニーズに対して複数のサービス提供体制がある場合，そのどちらを利用すべきかを整理する必要がある。

　現在の制度でいえば，障害者に対する介護・介助ニーズは総合支援法で，高齢者に対しては介護保険法によってサービス提供が行われている。この2つの制度は，かつて将来的な統合が想定されていると指摘されたほど，その制度体制において類似性が高い。現実的には，障害者が高齢になった場合でも，高齢者の身体機能の衰えが障害と同様の状態になった場合でも，当事者はその両者を選択的に利用することができる（ただし，高齢者になってからの障害認定は難しい場合もある）。制度そのものが独立している利点がそこにはある。

④　生活困窮者支援

　生活困窮者に対する支援は，近年発展してきた領域だといえる。2000年代以降，それまでのいわゆる貧困対策では対応することが難しい人々の「生活困窮」が明

らかになり，さまざまな対策が採られるようになってきた。

これらの生活困窮者対策の対象は，ひきこもりやワーキングプアに喘ぐ若者であったり，労働市場において周縁化され安定した職に就けない者だったり，そしてもちろん高齢者やひとり親家庭などさまざまである。そしてこういった生活困窮者の中には，一定数の障害者や障害があると思われる人々がいる（労働政策研究・研修機構 2015，内田 2018など）。

これらの人々は，生活困窮者対策の対象となったことがきっかけで障害認定を受け，障害者サービスのユーザーとなっていく場合もある。このことは，換言すれば彼／彼女らがそれまで障害者政策の対策となる機会を得られずにきた結果ということもできる。

（3）社会サービスの多様性

① 生活全般にわたる支援

障害者政策の基本的な理念であるノーマライゼーションは，その生活全般にわたる「当たり前」を目指すものである。そのため，障害者を対象とする社会サービスは多岐にわたり，生活のあらゆる側面に対応するものが考えられる。また同時に，障害のない人々の生活にみられる「当たり前」の多様性も，障害者サービスがさまざまに展開する理由でもある。障害があるからといってその生活が画一的で標準化されたものとなることは，本来ふさわしくない。個人の希望に応じた多様な生活のあり方を実現するためには，多様なサービスが必要となるのであり，それにより包括的に障害者の生活を支えていくものなのである。

障害者の生活におけるニーズという側面からみた場合，こういったサービスの多様性はニーズの多様性としてとらえることができる。このときこれらのニーズには，多くの障害者の共通する普遍的なニーズと，特定の場合や状況，条件の下で発生する個別的なニーズがあると考えられる。

② 供給システムの多層性

このような障害者政策における多様性は，多くの制度やプログラムが乱立する状況を生む。総合支援法はさまざまなサービスを1つの体系に組み込んだものであるが，それで完全に障害者の生活をカバーしきれるわけではない。結果，障害

者に社会サービスを供給するシステムは，総合支援法のように全国的に画一化された制度に加え，地方自治体が独自に行うような条例や事業によるもの，あるいはNPO法人や慈善団体などの民間の機関・機構が提供するもの（行政からの委託など以外にも）まで幅広いものとなる。現在の社会福祉政策においては社会福祉協議会が重要な働きを担っているが，彼らが行う独自事業として障害者サービスが提供される場合もある。

さまざまな供給システムにはそれぞれのメリットとデメリットがある。法制度化された全国的なシステムは，普遍的なニーズを充足するのに適している。制度の利用や運用を一元的にすることで効率化が図れるし，権利の保障における公平性という点からも有効である。一方で，自治体によるシステムは，その地域に実状に合わせることができるという利点があるが，財源によっては恒久的なサービス提供が難しい場合もある。経済基盤の課題は，民間による供給において最も大きくなる。このように安定した供給にも課題が生じる一方で，民間によるサービスは供給に対する責任が必ずしも生じない点にも注意が必要である。つまり，サービスの量や範囲，対象さらには継続性も，時には供給主体任せとなる。しかし，民間による取り組みは裁量の範囲も最大となるため，さらに個別的で細かなニーズに対応することも可能である。

こういった多層化したシステムを通して多様な社会サービスが用意されている場合の課題は，その選択と利用において利用者の手続き上の負担が増すということである。障害者が自分に利用可能なサービスについての情報を集め，精査し，その中で自分の生活のニーズに適したサービスを利用する。その過程において，障害者が不利益を被ることがないように，アクセシビリティを公平かつ適切に担保することが求められる。

4 課題——ニーズの多様性と社会サービスの限界

（1）総合支援法の課題
① サービスの質と量

総合支援法における課題の1つは，サービスの質と量の問題である。サービス

の質は，1つにはそれを担う専門職の質に大きく起因する。その点でいえば，総合支援法の前身である自立支援法の成立と施行により，それまでの公的な障害者サービスの多くで規定されていた支援者の資格要件が一部で取り払われた。また，多様な事業主体の参入を認めたことも，サービスの質の維持に課題を生むものとなった。

　また，同法によって利用者による選択を前提としたことにより，サービスの質は直接的にサービスの価値に結びつき，その選択に影響を与えるものとして位置づけられた。結果として，成果や評価といった概念がもち込まれたが，それがかえって供給者を成果や評価だけを高めることに注力させ，本来のサービスの目的である障害者の生活を支えるという点がおろそかになるのではないかという懸念がある。

　サービスの量の点においては，これまでもみられていた地域間の偏りだけでなく，サービスの種類による偏りもみられるようになっている。これは，どのようなサービスがどれだけ必要かではなく，どれだけ事業として成り立つかによって供給量が決まる仕組みのためである。

② 総合支援法のシステムのしわ寄せ

　前述のサービスの質と量の課題は，総合支援法の前身である自立支援法によってもち込まれた障害者自身による選択が大きく影響を与えている。

　障害者自身による選択が導入された背景には，市場における消費者の選択とそれによって生まれる市場原理に基づく効果を，障害者サービスにももち込もうとする意図があった。この機能を実現するためには十分に選択肢が用意されている必要があり，一部の事業の実施にはNPO法人や営利法人の参入が認められるようになった。また，就労支援事業などではその成果によって事業費に差がつけられ，各事業主体は利用者からの選択を獲得し，事業の成果を上げることに注力するようになった。

　このような市場原理をもち込むことは，全体としてのサービスの質の向上と効率化も意図しており，それが実現するものであればもちろん有益な手段であるだろう。しかしながら，実際に上記のような課題が指摘されており，社会サービスとしての質をどう評価するか，あるいは社会サービスに効率化をもち込むことの妥当性といった点が十分に議論されてきたとはいえないだろう。

③　自己決定と自己責任

　自立支援法以降，障害者自身による選択と契約による利用が制度化されたが，そこには自己決定・自己選択の尊重という理念が反映されている。自己決定の尊重は，ソーシャルワークの支援における基本的原則の1つであり，それまで保護の名の下に本人の主体的行為が制限され，その権利が侵害されてきた障害者にとってはなおさら重要なものとなる。

　この本人の自己決定がきちんと確保されるように，前述でも述べたように，総合支援法ではサービスの選択と契約のプロセスを整え，必要な支援が受けられるようにしている。このことも，障害者の自己決定の尊重を形骸化させないための仕組みとして，一定の評価に値すると考えられる。

　しかしながら，自己決定とは表裏一体で生じる自己責任という点については十分に理解されているとはいえないだろう。サービス利用を自己決定に任せるということは，その結果として生じる障害者自身の生活への影響についても，サービスを決定した本人にその責任を帰するということである。それに不足や不満があれば，本人がそれを申し出る必要もある。

　日常生活における契約については，成年後見制度などによって本人に生じた不利益を回復する手だてが用意されているが，社会サービスの契約においてはそのような制度は整えられていない。総合支援法の受給内容の決定に当たっては，障害者一人ひとりにサービス等利用計画の作成が義務づけられ，指定された事業者がそれに当たっているが，その結果についての確認と修正，そして障害者からの不服申し立てなどの体制の整備が不十分であると考えられる。

（2）広がるニーズへの対応

① 障害者の定義と対象範囲の問題

　第1章の後半でも述べたように，障害者とは誰を指すのかという問題は，単なる概念上の規定の問題を超え，制度の設計や運営において見過ごせないものとなっている。障害者と同様のニーズを有する障害者でない人々や，障害と障害者の定義の境界線上で障害者とは認定されない人々などが，その実際のニーズから例外的に障害者サービスを利用する例もみられている。

今後，実際の生活上での障害者の様相はますます多様化し，さまざまなタイプの障害をもつ人々が現れることが予測される。このとき，障害者サービスはそういった人々を包摂していくのか，あるいは障害者と認定された人々だけを対象として堅持していくのか。そしてそれが，障害者に対する社会サービスの実践や効果，制度運営に当たってどのような影響をもたらしていくのかも不明である。

現在の障害者サービスの実践では，現実的な必要性に応じていわば臨機応変に対応している状況にある。これは実務上の裁量が認められているととることもできるが，一方で，制度や政策として，明確な方針が示されていないということもできる。誰を対象とし，何を目指していくのかという点は今後，社会サービスのみならず障害者政策全体として考える必要が出てくるのではないだろうか。

② 障害者の権利と社会的責任の範囲

上段①の説明が障害者と障害者でない者の間にみるニーズ拡大とみるならば，障害者の中でのニーズの拡大も，今後の重要な課題となるだろう。

障害者の生活がより自立・自律に近づき，社会的な側面における拡大が進む中で，これまで以上にさまざまな種類のニーズについて，政策的対応が迫られることが考えられる。かつては障害者の寝起きと日常生活動作の支援がその射程であったものが，現在では彼／彼女らが家の外に出て社会的活動を営むことまでが社会サービスの対象となってきている。就労支援や移動支援，コミュニケーション支援，権利擁護のためのサービスなどが好例である。

こういった支援が社会サービス化されるのは，それが障害者の権利として「生活」の実現に不可欠であると理解されるからであり，その権利の保障に対する責任があるとされるからである。しかし，そうであるならば，果たしてどこまでが責任の範疇であるのかという問いが必然的に生じる。そこには，障害者に保障されるべき「生活」の要素は何か，その実現においてどの程度の不可避性があるのか，そしてそれが障害者政策によってカバーすべき範囲なのかといったいくつもの問いが存在する。

たとえば，総合支援法によって社会サービス化されている移動支援は，障害者の通勤には利用することができないとされている。[2]しかし，通勤も社会生活上必要な行為であり，それができなければ働くことができず，行動の範囲を狭め，障

害者基本法に示される社会参加の理念に反することにもなりかねない。

　この例を先にあげた問いと並べて考えれば，まず保障されるべき「生活」に就労が含まれることは概ね了解が得られるだろう。それが一般就労である必要性も了解可能であるように思われる。次に不可避性についていえば，通勤ができなければそこで働くことはできない，という点でいえばその必要性は確かなものであるように思われる。ただ，特定の仕事に限定しなければ（たとえば在宅ワークなど），通勤の必要はなくなる。さらに，障害者サービスでの対応の必要性だが，実際に移動支援の通勤利用が認められない理由は，「お金を稼ぐために社会サービスを利用する」という点での倫理性であるとされる。しかし，合理的配慮（詳細は，第４章「就労・雇用支援」を参照）の規定の施行により，就業に必要な手話通訳者などの配置は求めることができる配慮としてあげられる（長瀬ほか2008）。それでは，通勤上の移動支援も配慮として企業側に求めるべきなのだろうか。[3]

　就労だけでなく，これまで障害者の生活の社会性が高まれば高まるほど，新たな領域での新たなニーズが明らかになるだろう。たとえば結婚や子育て，娯楽としてのアクティビティや，これまで以上に広範囲で多目的な移動も考えられる。そのとき，社会サービスはどこまで整備される必要があるのだろうか。言い換えれば，どこまでが障害者の生活保障における社会的責任の範疇とされるだろうか。それらの問いに，何らかの回答を出さなければいけない状況が今後さらにみられるようになるだろう。

（３）人材確保の課題

　高齢者の介護の人材不足と同様に，障害者の社会サービスにおいてもその多くが対人援助の形式をもって提供されることを考えれば，人材不足の課題は懸念される。ただし，障害者への支援の場合に高齢者と異なるのは，絶対的な必要量の規模の違いがある。これは当事者人口の違いでもあり，またより重度の介護を必要とする割合の違いでもある（ただし，もちろん障害者領域においても介護者の不足と重労働が指摘されないわけではない）。

　介護に限らず，広く社会サービス全体でみた際，そこにみられる人材について

の課題には，その「質」の確保の問題も含まれる。現在，障害者への社会サービス従事者に関する専門職資格としては社会福祉士，精神保健福祉士，介護福祉士などが考えられ，就労支援サービスの展開に伴って作業療法士などもみられるようになっている。こういった専門職の養成も社会サービスの供給のためには必要な政策領域となるが，それを職業として選択する者をどう確保するかという問題は，介護職や医師・看護師，そして保育士などと同様のことがいえる。

　一方では自立支援法の成立に伴って支援事業の実施における専門職の配置基準はむしろ緩和された。ただし，障害者自身の生活ニーズが多様化し，それに合わせて社会サービスもさまざまに展開することが求められる状況の中で，個々のサービスに限定した技能や知識をもつ支援者を国家資格などの形で養成することは難しいという側面もある。

社会サービス給付をさらに詳しく学びたい人のために
——「社会的役割」のための支援と社会サービス

　前節で示した課題の中で，広がるニーズへの対応と障害者政策の範囲について述べた。誰を対象とするのかの範囲と同様に，どこまでを政策的ニーズとするのかという点も，政策における重要な論点となる。

　現在の障害者に向けた社会サービスでは，政策的対応の範疇ではないとされつつ障害者の生活において重要な意味をもつ活動がある。こういった領域への対応の必要性を，社会的役割の獲得と遂行という視点から考えてみたい。

（1）「社会的役割」とは

　人は，それぞれが属する社会において何らかの役割を果たしながら生きている。この役割は，時にその社会と個人とをつなぐものとなり，また個人の自己実現や自己効力感の獲得へとつながる場合もある。何の役割も遂行しない（できない）状態は，個人にとってその存在意義が問われる状態にもなりかねない。

　役割に関する理論には，役割期待という概念がある。これは，他者（特定のあるいは社会一般としての）から個人に向けられる役割遂行についての期待であり，人は意識的あるいは無意識的にこの役割期待を受け，役割を引き受け，そして役

割遂行へとつなげていく（Goffman 1959など）。

このような役割にはさまざまなものが考えられる。特定の場面でのふるまい方の場合もあれば立場のこともある。領域についても，家庭内から賃労働や地域活動など幅広い。そのため，個人が複数の役割を期待され遂行することもごく当たり前のこととしてある。

この考えにおいて，役割期待はその社会における規範的な人間像を反映したものでもある。男性であること女性であること，学生であること，ある年齢に達していることなどを背景として，そのような個人に対して「こうあるべき」という姿がそこには反映されている。ジェンダー（社会的・心理的性別）もそのような役割期待の1つと考えられる。

また，こういった役割期待はライフステージに応じて形成されていく。たとえば年齢や能力に応じた学校に通うこと，学校を卒業したら働くこと，働いたら自立すること，やがて自分の家庭をもつことといったぐあいである。これらは，必ずしも制度化されたルールではないが，多くの人が従う規範に沿わない行動をとることには代償が伴う場合もある。

ここでは，このような社会的に期待される役割を「社会的役割」として話を進めていく。

（2）ライフステージと社会的役割

ここで，ライフステージに沿って社会的役割をみてみる。まず，未成年にとっての社会的役割という言葉は，一見するとあまり関係がないようにもみえる。役割という言葉には何らかの機能を果たしていることが含意され，他者に対する影響が想定される。その点，いわゆる子どもは養育や扶養の対象であり，他者に働きかけるというよりも，他者からの働きかけの対象としてとらえられがちである。しかしながら，ライフステージに応じた役割期待という点でいえば，子どもは子どもらしくあることが重要な役割であるといえる。さらに社会的視点からみれば，教育を受け必要な成長と発達を達成することがその役割といえるだろう。

ライフステージを進む過程の中で次に求められるのは自立である。それは自分が育った家庭からの自立であり，親の庇護の下から出ていくことである。そのた

めに，精神的自立や家族以外の社会関係を獲得していく社会的自立を，子ども期を通じて徐々に実現することが期待される。そして，就学期を過ぎた後には労働市場参加という期待が生じる。何らかの形で働くことが求められ，多くの場合でそれは労働市場に参加し，経済的自立を果たすことへの期待でもある。

　ある程度の自立が達成できた者には，次の世代を生み育てるという役割期待が発生する。すなわち結婚し，家庭を築くということである。逆にそこまでの自立が達成できていない者には「まだ早い」ということになるだろう。そこからは，子の世代が自立を果たすまでの間，親としての役割期待が向けられ続けることになる。この親としての役割は，家庭内での養育などの役割のみならず，子の社会化に係る社会的な役割も含まれる。

　子の自立とともに親としての役割期待は薄れ，精神的なサポートや補助的な役割に移行する。一方で，同時期には家族外の社会関係においても役割の変化が起こり，労働市場から退出し，いわゆる老後の生活へと移行する。そして，現役世代のサポートをしつつ，自らの生活の変化を受け止めながら生活していく。時には家族の中で補助的な役割を担うこともあるだろう。

（3）役割遂行の意義と必要性

　では，このような社会的役割が遂行されることには，どのような意義があるのだろうか。

　役割期待とその遂行の間には本人の認識があり，図3-3に示すような関係がある。他者からの役割期待を本人が認識し（役割意識），それが行為となる（役割遂行）。また役割が遂行されることにより，さらに役割期待を高めたり，あるいは新たな役割期待を生んだりする。

　役割意識からその遂行に至るためには一定の能力が必要とされるが，そこには役割期待とのかかわりをみることができる。すなわち，特定の条件を備えた個人にはその能力が備わっているはずであるという認識が役割期待の背景にはあり，そのため期待された役割を遂行できないことはその能力への懸念や低い評価につながるといえる。

　障害者の場合，次項であげるようないくつかの社会的役割における遂行上の困

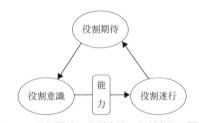

図 3-3 役割期待・役割意識・役割遂行の関係
出所：Goffman（1959），杉浦（2013）などから筆者作成。

難が想定されるが，この場合，そもそも役割期待が障害のない者に対するものと異なることが考えられる。つまり，障害者となった時点で一定の役割期待が減少したり変化したりする。周囲からの役割期待がなくなることで障害者自身も自分がそのような役割を担う（担える）という認識を薄めていく。結果，実際の役割遂行が起きないため，さらに役割を担わない（担えない）という社会的認識が強化され，役割期待もその認識と実状に沿ったものとなっていく。

このように障害者がその社会的役割を，いわば剥奪された状態になっていくことで，障害者は社会におけるその脆弱性を高めていくことにもなる。その意味で，障害者の役割遂行を実現することは，単にその時点での個人のニーズを充足する以上の意味があり，障害者の差別や社会的排除の解消，そして彼／彼女らの尊厳ある生活の実現ということにも寄与する重要な要素であるといえる。

（4）役割遂行支援としてみる社会サービス

最後に，本章で述べてきた障害者に対する社会サービスや支援を，役割遂行支援としてとらえなおしてみたい。

たとえば前述の，移動支援サービスが通勤のためには使えないという状況である。就労の目的を単に経済的自立として考えるのであれば，そもそも就労自体の必然性が弱くなる。就労以外の方法（たとえば現金給付）でも経済的自立は図れるからだ。しかし，就労によって実現される社会的役割の意義を認めるのであれば，その就労の実現のためのニーズも当然認められるし，そのための社会サービスも認められると考えられる。

第3章　社会サービス給付

　就労については社会的役割以外にもその意義が認められ，就労支援というサービス領域もあるが，それ以外の社会的役割はどうだろうか。たとえばコミュニティへの参加や家族内での役割などもある。地域の活動に参加したり，家族全員のために家事をしたりケアに従事したり，そういった活動のために障害者サービスを利用することは認められないのだろうか。

　これらのうち，一部については答えることができるだろう。日本では，障害者サービスはあくまでも障害者個人のみに向けられたものであり，たとえ同居する家族であってもその対象ではないというのは基本的な考え方だ。障害者自身の着替えや一人で暮らす障害者のための家事支援はしても，障害者が家族のために食事を作ったり子どもの送り迎えをしたり，あるいはペットの世話をするための支援は基本的に対象外となる。しかしそれが，家庭の外に出るような役割，たとえば家族の代表や子の保護者として地域の会合に参加する，保護者面談に行くといったことには果たして総合支援法の同行支援は利用できるのだろうか。

　このような状況をみてみると，少なくとも日本においては，障害者がケアラー（介護だけでなく子の養育なども含む）やサポーターをいった役割を担うためには，障害者サービスを利用することができない。それは換言すれば，日本の障害者サービスは，そのような個人としての当たり前の社会的役割が障害者には期待されないことを前提としているということもできる。さらにいえば，ライフコースにあげたこれらの社会的役割が障害者には期待されていないということは，障害者はそのような当たり前の生活を送る個人として認められていないということでもある。

　もし個人や障害者にとっての役割遂行の意義を認めるということであれば，それぞれの障害者がそれぞれの年代や性別，社会関係の中で期待される役割を遂行していくことを支援することも，障害者サービスの一環として認められるべきである。障害者サービスの範囲を，障害者本人への支援かどうかではなく，障害者が一人の個人として当たり前の生活を送るために必要な支援かどうか，そしてその当たり前の生活は，社会的存在としての個人を認め，その社会的役割についての期待や，その遂行までも含めた「当たり前」を前提としてとらえられるべきではないだろうか。

注

(1) 社会福祉の領域において「支援」の提供者は，主に制度や法律によって形式化されたフォーマルなものと，家族や地縁などの人間関係の中でボランタリーに発生するインフォーマルなものとに分けられる。

(2) 厚生労働省によれば自立支援法の個別給付では「経済活動に係る外出」は対象外であるが，地域生活支援事業については市町村の個別判断とされている。ただし，その場合でも通勤の訓練のため，あるいは介護者の介護が得られなくなったための一時的な対応のみが想定されている（厚生労働省 2017）。

(3) この点については，通勤は通常勤務時間外とされるため合理的配慮要求の対象にならないとされている（厚生労働省 2017）。通勤時間外ではあるが，経済活動のための移動であるため社会サービスの対象にもならないという狭間におかれているが「通勤問題」であるといえる。

引用・参考文献

池田敬正・土井洋一編（2000）『日本社会福祉綜合年表』法律文化社。

内田充範（2018）「山口県立大学生活保護自立支援プログラムが構想した自立の三類型——釧路モデルを基盤とした総合的・継続的・寄り添い型支援への展開」『山口県立大学学術情報』11，99～109頁。

加藤真規子（2017）『社会的入院から地域へ——精神障害のある人々のピアサポート活動』現代書館。

厚生労働省（2017）『社会保障審議会障害者部会（第67回）資料——障害者等の移動支援について』(https://www.mhlw.go.jp/file/05-Shingikai-12601000-Seisakutoukatsukan-Sanjikanshitsu_Shakaihoshoutantou/0000091252.pdf)。

厚生労働省（2018）『平成29年　社会福祉施設等調査の概況』(https://www.mhlw.go.jp/toukei/saikin/hw/fukushi/17/dl/gaikyo.pdf)。

塩満卓（2017）「精神障害者の家族政策に関する一考察」『福祉教育開発センター紀要』14，73～89頁。

杉浦正和（2013）「役割理論の諸概念と職場におけるロール・コンピテンシー」早稲田大学 WBS 研究センター『早稲田国際経営研究』44，15～29頁。

長瀬修・東俊裕・川島聡（2008）『障害者の権利条約と日本——概要と展望』生活書院。

廣野俊輔（2017）「1950年代から1960年代における当事者の声——本人からみた在宅生活と施設」大分大学大学院福祉社会科学研究科『福祉社会科学』(9)，1～19頁。

労働政策研究・研修機構（2015）『JILPT 調査シリーズ No. 138 大学等中退者の就労と意識に関する研究』太平印刷。

Goffman, E. (1959) *The Presentation of Self in Everyday Life*, Doubleday（＝石黒毅訳（1974）『行為と演技——日常生活における自己呈示』誠信書房）.

第3章　社会サービス給付

─ コラム③ ─

スポーツ

　適度なスポーツ活動は，身体の健やかな発育に効果的であり，たとえ何らかの障がいのある子どもにおいても，その状況に応じた身体活動が行われることが，その後の日常生活を豊かなものにしていく可能性を高めるであろう。来年に迫った，東京2020オリンピック・パラリンピック競技大会に向けさまざまな取り組みが実施されている。子どもから大人まで，スポーツを通して障がいのある人に対する理解が深まることが期待されると同時に，障がいのある人が主体的に参加できるスポーツの振興や参加しやすい環境づくりが目指される。その結果，利便性の高い公共交通機関の整備・バリアフリーの導入などの社会的インフラについても話題が展開されていくことは，障がいの有無にかかわらず，人々が快適に日常生活を過ごしていく環境を整えることにつながるものと考えられる。

　さて，東京2020パラリンピック競技大会で実施予定のスポーツ競技種目（以下，パラスポーツ）にも社会から注目が集まるようになってきている。北京2008オリンピック・パラリンピック競技大会から大会を運営する組織委員会が実質的に同一となり，パラリンピックの競技スポーツとしての価値が高まったこともあいまって，近年のパラスポーツに出場し活躍するためには，多くの人々が想像する以上に高い競技性が求められるようになってきている。したがって選手は，競技特性を理解したサポートスタッフとともに，競技に特化したトレーニングを継続して実施していかなければならない。

　これらの活動を支援するスポーツ施策としてスポーツ基本法の施行以来，障がい者スポーツの所管が厚生労働省から文部科学省（スポーツ庁）へ移され，競技力向上を目指した取り組みが促進されている。たとえば，国をはじめ全国各地の多くの自治体においては，障がい者スポーツ担当部局が設けられ，さまざまな助成制度が進展され，選手を経済的に支援する（スポーツ義足等の競技に特化した装具の購入補助費や海外競技会への遠征費，競技アシスタントなどの人的支援費等に充当することができる）仕組みが機能してきている。

103

これらの支援は，パラリンピックを目指す選手にとっては，欠かせない制度であると思われる。

　しかしながら，パラスポーツに対する取り組みが推進される一方で，障がいのある人が行うスポーツ全体を見渡すと，「競技スポーツ」に対する施策は広がっているが，パラリンピックで実施されないスポーツに参加している障がいのある人からは，取り残されているような気持ちになるという声も聞こえてくる場合がある。競技スポーツによってもたらされる波及効果は大きいと思われるが，障がいのある人がスポーツを行う機会は競技スポーツのみに留まるものではなく，日常生活の中で継続的かつ定着性をもってスポーツが実施されるような取り組みに対しても目を向けていく姿勢が求められると感じている。

第4章

就労・雇用支援

1 就労・雇用支援の意義と役割

（1）なぜ就労[1]は必要か

　障害者の支援にはさまざまなものがあるが，その中で就労・雇用支援は障害者政策の一領域として確立されている。本書では，障害者政策を包括的にとらえるという趣旨に基づいて，障害者への給付を現金と現物に分け，後者の中でも特に社会サービス給付を取り上げているが，就労支援はその「社会サービス」に位置づけられるものであり，第3章の中で他の社会サービスと一緒に語ることもできる。しかし，ここで就労・雇用支援をそこから切り離して個別の領域として取り上げるのには，就労・雇用支援のもつ独特な事情がある。

　その「事情」を理解するための前提として，なぜ就労あるいは雇用を支援する必要があるのかということについて，改めて確認しておく必要がある。他の社会サービスは，何らかの生活のニーズ（翻って欠乏や欠落）を充足するためのものとして理解される。それでは就労・雇用支援は何を充足するためのものであるのか。

　就労・雇用支援という言葉をそのまま解釈すれば，そこで充足されるのは就労ということになる。障害者が働けるようになるためのさまざまな取り組みが就労・雇用支援であり，その意味でこの解釈に大きな誤りはない。しかしながら，障害者が就労を求める理由は必ずしも就労そのものにはないという点が重要である。

　就労は「自立・自律」と強いかかわりをもっている。就労によって，障害者は

105

経済力を得る。それは彼／彼女らの生活の基盤となり，いわゆる経済的自立の実現を直接的にかなえる。経済的自立は，それがすべてではないにしても自立生活の重要なカギとなり，またその稼得を何に使うかという点において自律の手段を提供するものともなる。このような自立や自律との直接的な関係性が，長い間，障害者政策においてその実現が目指されてきた理由の1つである。

　一方で，現在では経済的自立以外の面においても就労の「効用」が指摘されている。それが社会参加や自己実現といった，非物質的な側面における障害者の生活の質の向上にかかわる部分である。

　就労にはそれに従事する個人に対して社会的役割を付与するという機能がある。いわゆる私的な関係（たとえば家族）におけるインフォーマルな役割も1つの社会的役割ではあるが，就労によって付与されるフォーマルな社会的役割は社会参加としての意味をもつ。さらに，その役割を達成することにより，従事者には自己実現や自己効力感の獲得といったさらなる効用がもたらされる。

　このような社会参加や自己実現といったものは，障害者の生活によって長らく失われがちであったものでもあり，就労はそれを取り戻す，あるいは新たに獲得するための手段としての側面をもつ。

　このような点から，就労は障害者支援において目標とされ，その実現が求められてきた。そしてその結果，障害者政策において就労支援は最も重要な領域の1つとなり，後述するような社会的背景や障害者政策の変化の流れの中で，現在の障害者支援における最も活性化された領域の1つにもなっている。

　最後に，障害者の就労が求められる背景として，外的な要因があることも確認しておきたい。外的な要因とは，障害者の就労が進むことによって，障害者政策以外の政策，あるいは障害のない人々の生活におけるメリットが指摘される点である。その1つが，就労の促進による給付ニーズの減少である。就労によって障害者の経済的自立が促進されれば，第2章にあげられた所得保障などのニーズは結果的に減少することが期待できる。あるいは別の要素として，労働力としての活用という側面もある。少子高齢化に伴う人口減少がすでに起きているわが国において，将来の労働力不足は深刻な問題である。その根本的な解決には至らなくとも，少なくとも現時点で潜在的な労働力をどう活用するかは重要な論点となる。

障害者は，その潜在的な労働力としても位置づけることができるだろう。

（2）権利としての就労保障

　障害者にとっての就労の必要性が確認できたところで，そこに公的な制度として就労・雇用支援が実施されることは，どう理解すべきなのだろうか。就労が経済的その他の自立・自律や，社会参加などの手段となることは，障害のない人々にとっても同様のことだといえる。実際，就労・雇用支援のための政策的関与は，障害者を対象としたもの以外にも広く展開されている。

　ただ，経済的自立や社会参加といった，ある意味で就労の副産物が最終的な目的であるならば，手段はむしろ就労以外でもよいということになる。経済的自立の最も直接的な手段は所得保障における現金給付と考えられるし，社会参加にもさまざまな方法がある。そこで，あえて就労を支援するという政策が必要とされるのは，そこに障害者の権利に係る問題があるためである。

　障害者の場合にはそういった自立・自律や社会参加の実現が難しく，だからこそ障害のない人以上にそれが求められてきたといえる。そして，その実現の困難さの背景にある社会構造や文脈が存在する。

　実際，障害者はさまざまな場面において社会的な排除の対象となってきた集団だといえる。障害者には何らかの身体機能あるいは認知機能における機能不全があり，それが行動・作業レベルでの実行困難を引き起こす。そういうと何か難しいことをする話のようにも聞こえるが，日常生活レベルの些細な行動や行為が，障害のない人と同じようにできない，ということが障害者をさまざまな社会関係から排除してきた。

　こういった社会的排除は，権利侵害としての側面をもつ。障害者政策では，実務レベルでの障害者の生活の質の向上を目指すこともさることながら，社会的な存在としての障害者の尊厳ある生活を実現し，その権利を守ることも重要な目的の１つとなる。そして，就労や労働市場も，障害者を排除してきた代表的な領域の１つである。そこに，就労を実現するための支援に政策的に取り組む根拠をみることができる。

（3）就労・雇用支援の構造

　ここで，就労・雇用支援を構造的に読み解いてみたい。ここまで，本章では就労・雇用支援というように，就労と雇用を並列的に表記してきた。これは，この両者がその意味において別々のものであると同時に，しかしながら同時にしか存在し得ないためである。つまり，障害者が就労するためには，自営業などの場合を除き，基本的には雇用する者が必要となる。言い換えれば，障害者の就労支援には，障害者のみならず雇用する側への働きかけが必要となる。

　また，第１章でも述べているように障害者政策には給付と規制という２つの側面があり，これを就労支援の場合でみると，直接的な支援をサービスとして提供する給付の部分と，障害者の就労や雇用を促進するような枠組みやシステムを設定する規制の部分がある。そしてそのそれぞれに，障害者を対象とする部分と，障害者を雇用する者（あるいは一緒に働く者）を対象とする部分がある。

　障害者に対する就労支援サービスには大きく３つの段階がある。それは訓練や教育といった就労前に必要な資質を身につける段階（第一段階），いわゆる就職活動や職業斡旋などの就職のための活動の段階（第二段階），そして就業が始まってからの段階（第三段階）である。このうち，第一・第二段階については比較的よく知られている段階だろう。一方，第三段階は近年の就労支援の取り組みの中で徐々に制度化されてきた部分である。

　こういった就労支援の段階は，それ自体に障害のない者に対する支援と大きく違いはない。ただ，それぞれに障害者に合わせた知識や技術，方法論が用いられ，専門の支援者や支援機関，窓口などを通して障害者に支援を提供していく。

　一方で，雇用する側への支援は基本的に，就業が始まった後や就職が決定する前のいわゆる試用期間中など，実際に障害者が就労の場にいる状態で提供される。障害者にとっての第三段階に当たる。

　ただ，これまで雇用する側への支援は，障害者の就労・雇用支援の取り組みの中ではあまり一般的ではなかった。それは，障害者の就労が，障害者自身が就労に必要な技能を十分に身につけ，少なくとも就業者として十分な能力をもった状態，言い換えれば就業者としては支援を必要としない状態になったうえでのものと認識されてきたからである。逆の視点からみれば，一般就労の場では支援がな

第4章　就労・雇用支援

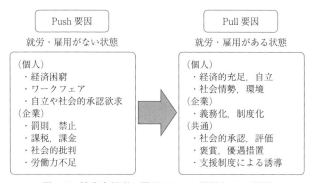

図 4-1　障害者就労・雇用の Push 要因と Pull 要因
出所：筆者作成。

いことが前提であり，支援を必要とする間はまだ「就労できない」状態と考えられるような状態があった。

　一方で，雇用する側には規制による政策的介入が必須となる。それは，根本的な共通認識として，雇用する側が率先して（望んで）障害者を雇用することはまずないという前提があるためである。社会道義的責任や障害者雇用に何らかの可能性を見出した結果として，率先して障害者を雇用する少数の例はあるが，基本的に障害者は，雇用する側にとってその生産性に疑問があり，また雇用管理の点でも懸念を抱く存在だからである（山村 2011）。

　そのため，障害者を雇用するインセンティブの提供や，ある程度の強制力をもった働きかけが障害者の雇用の実現のためには不可欠になると考えられる。その代表的なものが，雇用主に対する障害者雇用の義務化や法定雇用率の設定である。

　このように，障害者の就労・雇用支援政策においては，障害者と雇用する者の両者への働きかけが不可欠であり，その両者の組み合わせによってそれぞれの Push 要因（就労していない状態や雇用していない状態から押し出す要因）と Pull 要因（就労・雇用へと引き付ける要因）を高めることが，その機能の中核にあるということができる（図4-1）。

2 形成と展開── 2つの流れと目的の変化

（1）職業訓練と職業紹介

　障害者に限らず，職業訓練と職業紹介は就労支援の基本的な方法の１つである。日本において，現在につながるような障害者に対する職業訓練と職業紹介は，特に第二次世界大戦後の立て直しの時期に始まった。これはやや皮肉めいたことであるが，障害者政策の発展や展開の契機の１つとして戦争があることは，さまざまな国家や地域においてみられることである。

　ここでの障害者政策の対象は，戦争によって大量に生まれた傷痍軍人や戦傷者であり，基本的に身体障害を想定したものであった。彼らに対する生活保障は国の責任として理解され，また同時に当事者の実数の点でも社会的影響が大きいものであった。そのため，この時点から始まる障害者の就労支援は，概ね政府の主導によって始められ展開したといえる。

　身体障害者の就労支援においては，職業リハビリテーションに基づく職業訓練が一定の効果をみせる。いわゆる訓練施設や職業学校などで，それぞれの障害を克服し，就労につながるような身体機能上の能力を身につけることによって就労をかなえる。そのために，職業訓練施設がつくられ，そこからの「卒業」と連動したある種のキャリアパスとして，職業紹介のシステムが構築される。

　このような公的な職業訓練施設は，その後，現在までに障害者職業センターへと展開し，現在でも障害者の就労支援制度の一翼を担っている。また，職業紹介のシステムも，従来からあった職業斡旋のための公共職業安定所，いわゆるハローワークへと展開する事業の中に位置づけられ，いずれも公的な制度として構築され，現在の厚生労働省管轄の事業として展開されてきた。

（2）授産施設・作業所の展開

　政府の主導によって始まった公的な障害者就労支援の傍らで，いわゆる草の根の活動から始まった就労支援も存在した。このような活動や実践が自然発生的に生まれ，それがやがて公的な制度として法制度化されるというプロセスは，社会

福祉領域においてたびたび登場する。

　障害者を対象としたそれは，障害者福祉と呼ばれる領域の中でも特に障害者の家族による活動として始まった。身体障害者向けの就労支援や制度が徐々に発展する中で，知的障害者や精神障害者（当時は精神病者ともいわれた）には就労の機会が十分に用意されていなかった。彼らは学校を卒業すれば行くところもなく，家族のもとでただ日々を過ごす以外の選択肢は決して多くはなかった。

　そういった状況の中で，障害を抱えた家族に昼間の活動の場を提供し，何らかの形で「仕事」を用意するために，障害者の家族（多くは親）が中心となり，作業所と呼ばれる施設が作られるようになった。

　このような施設の多くは，いわゆる内職のような家庭内で可能な簡単な作業が中心で，十分な収入を得られるようなものではなかったという点において就労と呼べるものではなかった。しかしながら，そういった活動の場の必要性が認められるにつれ拡大し，徐々に制度化され，授産施設と呼ばれる施設となり拡大していった。

　ただし，これらの施設の当初の目的は，必ずしも一般就労ではなかった。前段でも述べたように，「何らかの日中活動の場」を提供することが主要な目的であり，その意味でむしろ，社会参加や自己実現といった目的に近いものであったといえる。

（3）2つの流れ

　身体障害者を主な対象として最初から政策的な取り組みとして始まった職業リハビリテーションを基盤とした就労支援は，当然のことながら一般就労を目指すものであった。当然というのは，ここでの就労支援は戦傷者に対する生活保障としての意味をもち，その前提として経済的自立が目指されるからである。

　それに対して，作業所や授産施設として展開した取り組みは，前述のように必ずしも就労を目的とした取り組みではなく，むしろその作業所での活動そのものが目的となる。言い換えれば就労（の実現）のための支援のではなく，支援それ自体が就労と同様の意味をもつものであった。

　しかしながら，作業所や授産施設での作業への従事が実質的なリハビリや訓練

となり，一般就労がかなう例も出てくる。さらに，法律によって法定施設として位置づけられた際，これらの施設では就労支援がその役割の1つとして課せられることになった。結果，これらの施設や支援も就労支援制度の一部として位置づけられ，日本の障害者の就労支援は，根本的な出発点を異にする2つの流れによって形成されることとなった。

この2つの流れには，同時に2つの異なる法律の存在がある。職業リハビリテーションを基盤とした就労支援の流れは，1960年の雇用促進法（障害者の雇用の促進等に関する法）へと統合され，障害者雇用率や雇用義務といった，雇用契約を前提とした就労の促進のための取り組みとして展開していった。

それに対して，作業所や授産施設といった活動は，いくつかの福祉法の中にその機能が位置づけられていった。いくつかの，というのは，障害者関連の法律の中でも特に施設体系などに係わる部分は，かつて障害種別ごとに独立した福祉法によって規定されていったためである（福祉法制定の流れについては，第1章「障害者政策の構成」を参照）。

この法律や制度策定上の二分された流れは，それぞれが当時は分離していた労働省（1947年に厚生省から分離）と厚生省という異なる省庁の管轄にあったことにも起因すると考えられる。

かくして，雇用促進法を基盤とした領域では雇用側との関係も強く一般就労が比較的実現しやすい状況がありつつも，身体障害者を主な対象とし，職業リハビリテーションの考えだけでは就労が実現しにくい障害種別には十分な対応ができなかった。一方で各種の福祉法を基盤とした領域では，雇用側への働きかけの機能がなく，実際に一般就労に結びつく例が非常に少ないという状態が形成されることとなった。

（4）自立支援法の登場

上述のような状況に一石を投じたのが，2005年に施行された障害者自立支援法（以下，自立支援法）であった。同法は，障害者に対する社会サービス給付一般を包括的に体系化したものではあるが，その中で就労支援事業の位置づけが，それまでのものとは大きく異なっていた。

第 4 章　就労・雇用支援

　同法においては，何よりもその基本的な 5 本の柱の 1 つに「就労支援の抜本的強化」が掲げられていた。これは，それまでの福祉法を基盤とした福祉施設による就労支援が，実質的にそれ自体を就労の場とするものとして定着していたものの，一般就労の支援という点ではほとんど成果が上げられていなかったことを問題視したものであった。

　この基本的な方針により，同法では就労支援事業の改変が行われ，就労移行支援事業と就労継続支援事業の 2 つの事業を設定し，それまであった授産施設や作業所，福祉工場といった施設は，それらに振り分けられることとなった。中でも，就労移行支援事業を新設したことが，同法による大きな変化の 1 つであった。この事業では，それまで基本的に福祉施設内だけで行われていた訓練などの活動を，就労を想定した一般企業等の中で行うことができるようになった。

　ここで，「行うことができるようになった」というのは，それまでそれが禁止されていたということではない。そのような実習やインターンシップのような活動は，施設や支援者によっては，個別の企業・雇用主との間でインフォーマルな活動として行われる例もあった。しかし，制度化された支援活動の範囲には必ずしも入らないため，施設職員や支援者のもち出しによる負担として位置づけられるものであった。

　自立支援法では，そういったこれまで自発的な（そして草の根的に）行われてきた活動を，制度の対象とした。すなわち，自立支援法による給付の対象としたのである。

　さらに，この就労移行支援事業を有期限の活動ともした。この期限の存在も，日常生活支援と就労支援の違いの 1 つである。日常生活支援は恒久的に続いていくことが前提で，そこに期限は基本的には想定されない（受給資格の更新などはある）。それに対して，就労までのプロセスである就労支援は，基本的に就労をもって終わるものと理解される。また職業リハビリテーションの考えにおいても，ゴール（就労）があることと同時に期限が定められていることが前提となる。

　こういった就労移行支援事業のどのような側面が直接的に影響を与えたのかについては子細な分析が必要であるが，結果的に，就労移行支援事業における移行率（施設利用を終了して就労へ移行する利用者の割合）は，自立支援法以前の授産

113

施設等のそれから大きな伸びをみせている（山村 2011）。

このように，わが国の障害者就労支援においては，政策的な後押しが一般就労へと向けられたことにより，障害者の一般就労の数を増やし，[2] 就労支援に係る事業活動の活性化をもたらしている。しかしながら，そこには問題を指摘する声がないわけではない。この点については，本章第4節（1）において後述する。

（5）合理的配慮規定の登場

障害者の就労支援制度やその実践において，最も直近の新たな展開といえるものが合理的配慮の規定の登場であるだろう。

合理的配慮とは原語を Reasonable Accommodation といい，アメリカで生まれた概念である。1990年障害のあるアメリカ人法（Americans with Disabilities Act 1990，以下 ADA 法）に規定されたことで注目を浴びるようになった。

合理的配慮の概念は，日本でも ADA 法に関連する文献の中で以前から紹介されていたが，当初は訳語も定まっておらず，一部の障害者政策および障害者福祉に関する研究者などからその必要性や革新性が示されるにとどまっていた（山村 2011）。

その状況を変えたのが，2006年に国連で採択された障害者権利条約（Convention on the Right of Persons with Disabilities）である。日本は同条約に2007年に署名し，その批准を目指すこととなった。この条約に合理的配慮の規定が含まれていたことにより，日本でもその法制度化に取り組まざるを得なくなったというわけである。そして，この規定は，2016年に全面施行された差別解消法（障害を理由とする差別の解消の推進に関する法律）という形で法制度化された。

合理的配慮は，その障害者権利条約における定義では「障害者が他の者との平等を基礎として全ての人権及び基本的自由を享有し，又は行使することを確保するための必要かつ適当な変更及び調整であって，特定の場合において必要とされるものであり，かつ，均衡を失した又は過度の負担を課さないもの」（筆者訳）とされている。簡単にいえば，障害者が障害のない者と同じように活動するために必要な配慮を合理的配慮と呼び，障害者にはその合理的配慮を要求する権利があるとするものである。

そしてこの合理的配慮が妥当な理由もなく提供されない場合，その提供を拒否した者は障害者を差別したことになり，そのような差別を禁止するというのが，合理的配慮の規定である。すなわち，合理的配慮の規定は，障害者差別の禁止規定ということができる。[3]

　ただし，それが障害のない者との関係において大きくバランスを崩すような場合（障害者に必要以上の利益をもたらす場合）や，その配慮の提供者に過重の負担が課されるような場合には，その配慮が提供されないことも許容されることになっている。

　合理的配慮の規定についての詳細は，本章末の「就学・雇用支援をさらに詳しく学びたい人のために」で，その課題や今後について述べている。ここでは，障害者就労支援におけるその意義を簡単に説明しておこう。

　障害者は就労においてさまざまな「ハンデ」を抱える。中には障害による機能不全のため，どうしても遂行することができない行動もある。しかしながら，そこに何らかの調整や工夫が加わることで遂行可能となる場合がある。ただ，それは基本的に障害のない従業員には必要ないものだから，雇用主は障害者にもその調整や工夫なしで就業することを求める。それがこれまでの論理である。しかし，その調整や工夫こそが合理的配慮であり，障害者がそれを求めれば，雇用する側は妥当な理由がない限り拒否することはできない。

　また，同様に何らかの行動が遂行できない場合，しかしながら，それ自体は実は本来の業務に関係がないという場合もある。たとえば職場内のトイレが使えない，移動手段がないといった場合などが好例だろう。こういった場合も，その状況改善のための措置が合理的配慮に当たる。

　このような配慮は，障害のある者の就業能力判断，すなわち採否判断などにおいても適用される。つまり，上記のような理由で「うちでは雇えない」とするのではなく，配慮によって障害の影響を排除した状態で，個人の能力の就業に関する部分だけをもって，採否や就職後の昇進，業務や待遇などを判断しなくてはならない。

　もちろん，合理的配慮は万全ではないが，その効用は大きい。合理的配慮の大きな特徴の１つは，障害者の側が相手に対して正当に要求できるという点である

（長瀬ほか 2008）。これは，就労・雇用という場面において，これまでの障害者と雇用する者との関係を大きく変えるものとなる。

これまで障害者の就労・雇用の多くは，障害者が何とか頑張って雇用する側の要求に応えるものであった。雇用する側が出す雇用の条件をクリアするために，生活習慣を整え，技術を習得し，障害があることで相手に「迷惑をかけないように」するといった関係である。そうでなければ，雇用する側の善意や篤志で雇用されることになるだろう。

しかし，合理的配慮の規定はその要求を障害者の権利として認めるものであり，就職や就業において，障害以外の，労働者としての個人に目を向けさせるためのツールとなる。その意味で，合理的配慮が日本の障害者の就労や就職に大きな影響を与えるものであることは間違いないだろう。

3 │ 概要——さまざまな就労と支援の存在

（1）一般就労と福祉的就労

日本の障害者の就労支援制度の概要を知るうえで，まず，障害者の就労について理解しておく必要がある。これまで，本章では「就労」という語句によっていわゆる一般就労，つまり雇用契約に基づく企業などでの就労を指してきた。しかし，障害者の就労といった場合には，さまざまな就労の形が存在する。

日本における障害者の就労においてたびたび議論の俎上にあがるのが，一般就労と福祉的就労という2つの就労の存在である。

福祉的就労という表現は，日本独自の言い回しといえる。簡単にいえば，施設などにおける作業活動であり，制度上は障害者が施設を利用している状態である。それが「就労」と呼ばれる理由はいくつか考えられる。

1つは，本章第2節でも紹介した作業所や授産施設として発展した就労支援である。これらの活動は，当初何らかの社会的活動の場を提供することが含まれており，それは，障害のない者であれば当たり前に従事する就労の代替としての意味があった。そこで，こういった施設での作業への従事が，「就労」という言葉で表現されるようになったと考えられる。

第4章　就労・雇用支援

もう1つは，これらの施設での作業の中でも，特に就労的要素が強調されたものがあるためである。これは何かを「作る」という作業である。あるいは，近年では「サービス提供」もある。物を作ったりサービスを提供したりすることで，多少なりとも経済的対価を得る（客から代金をもらう）。その場合，それを工賃（雇用ではないので賃金とは呼ばない）という形で分配することで，「就労のような」活動になるというわけである。

　一般就労と福祉的就労について，それぞれに正式な定義があるわけではないが，概ね2つの点について「一般就労かどうか」が問われる場合が多い。労働関係法規の適用と，就労の場の統合である（山村 2011）。特に前者は，事実上，一般就労の必須条件といえるだろう。ただ，こういった線引きや「一般就労かどうか」が問われる背景には，福祉的就労の問題性が指摘されるという前提がある。つまり，障害者福祉領域においてサービスとして提供されるさまざまな「働き方」が，「就労」という名を冠するにふさわしいかどうか，ふさわしくないのであればサービスの条件を変えるか，「就労」と呼ぶべきではない（そして「就労」と呼ぶべき働き方を別途実現すべき）という主張につながるのである。

（2）一般就労のための支援制度

　前項で述べたように，福祉的就労は「就労」という名を冠してはいても，事実上の就労ではない。制度手続き上も社会サービスを利用している場合がほとんどである。そして，多くの場合で，福祉的就労は障害者が望めば就く（利用する）ことができる。また，福祉的就労に当たる社会サービスの多くが就労支援サービスとして位置づけられていることを考えれば，福祉的就労はまだ就労の段階ではなく，就労支援という場合の「就労」は一般就労を意味していると解釈することができる。

　日本における障害者が一般就労を実現するための支援制度を，ここで具体的に整理してみよう。ここでは本章第1節（3）の構造にならって，障害者に対する支援，雇用する側に対する支援，そして就労を促進するような制度的枠組みの3点についてみていく。

117

① 障害者に対する支援

　障害者の就労支援における給付は，主に総合支援法（障害者の日常生活及び社会生活を総合的に支援するための法律）および雇用促進法（障害者の雇用の促進等に関する法律）によって提供される。そのうち第一段階の訓練等は，施設での作業を通じた訓練が中心となるが，障害のタイプによっては，障害の管理（体調の変化への対応，通院や服薬管理など）等の職業生活を送るうえでの生活上のスキルがその訓練の対象である場合もある。

　2つの法律のどちらの制度を利用するかということは，実質的にタイミングや機会によるところも大きい。第1章でも述べたように，総合支援法によって障害者のサービスの多様化が進み，一言で就労支援といってもその取り組みはさまざまである。基盤となる法律によってもそれは異なり，そういった多様なサービスの中で，自分が希望する施設や作業，あるいは想定する職業との関連などから選択するというのが基本である。あるいは実際には，地理的に近いということや紹介を受けたといったところが利用の端緒になる。

　第二段階の支援は，第一段階の支援の延長線上にあることが多い。第二段階になると，ステークホルダーが増える。それまでは施設と利用者だった登場人物に企業が加わる。そこでの支援の役割は，障害者と雇用する側をつなぐことである。

　いわゆる職探しの過程は，障害のない者の場合と大きく変わらない。ハローワークや派遣会社を通じて探す者，ネットや雑誌の求人をチェックする者，知り合いの紹介から見つける者などさまざまであるし，それが障害者専用の窓口や求人枠である場合もあれば，そうでない場合もある。それぞれの障害者や施設の状況や資源によって選択され，支援者は必要に応じて面接への同行などの支援を提供する。

　第三段階になると，支援の場が「職場」になる。実習や試用期間中も含め，実際に働く場の中で支援をすることになる。この段階になると，職場適応援助者（ジョブコーチ）事業制度を利用する場合が多くみられる。ジョブコーチは，職場内支援のための制度である。雇用促進法に規定され，資格をもった支援者が職場に派遣されて，一定期間就業のための支援を行う。

　この第三段階における支援は，障害者の就労と支援が拡大するのに伴ってその必要性がさらに強調されてきた領域である。それは，就職後の職場定着の問題に

起因するものであり，障害種別や障害の開示の有無によっては就職後の1年定着率が50％を切る例もあるためである（障害者職業総合センター 2017）。

このように，障害者に対する支援には複数の制度や事業がかかわっているが，その支援には一定の連続性が求められ，実際にも連続・連携されている。たとえば，総合支援法における就労支援事業を行っている事業所が，同時に雇用促進法に規定されるジョブコーチの有資格者を置くなどすれば，1つの事業所や法人が複数の法律に基づく支援サービスを提供し，第一段階から第三段階まで続けて支援を提供することができる。

② 雇用する側に対する支援

障害者に対する支援と比べて，雇用する側に対する支援は決して多くはない。その理由は本章第1節で述べたとおりで，これまで障害者の就労支援において雇用する側は支援の対象というよりは障害者の雇用を促進するための規制の対象だったからだ。

さらに，雇用する側にとっても，障害者を雇用するに当たって支援を必要とするという状況は，おそらく障害者が面接にやってきて初めて生じるもので，またおそらくその段階では，どうやって雇用を回避するかの方が関心の中心にある。事前に障害者の雇用について相談したり，まだ見ぬ障害者を想定して職場環境を整えようとしたりする雇用主はめったにいない。

そのため，雇用する側への相談や支援の提供は，就労を希望する障害者の側の支援者が，障害者や雇用主の求めに応じて提供することも多い。また制度的には，障害者の就労に関して企業内に配置される者として障害者職業生活相談員がある。これは雇用促進法に規定されるもので，5人以上の障害者を雇用している企業では，この相談員を従業員から選任し配置しなければならないことになっている。ただ，これはあくまでも障害者を雇用した後（それも5人以上）の場合である。

雇用する側への支援という意味では，経済的な支援制度が存在する。障害者雇用調整金は，よく知られた雇用率制度の達成企業に対して支払われ（未達成企業からは障害者雇用納付金を徴収），それ以外にも各種助成金が用意されている。これらはいずれも雇用促進法に依拠する制度である。

また，障害者を試験的に雇用するためのトライアル雇用のような制度も，やは

り雇用促進法を中心として規定されている。このような制度では，雇用主にはその試用期間中の賃金の補填となるような経済的援助が組み合わされている。これらは，雇用主に対して一時的な障害者雇用のインセンティブとはなるが，期間終了後も障害者を雇用し続けることにどうつなげるかが課題となる。

このように，雇用主に対する支援は，雇用することに対する報酬と位置づけられるものが中心である。翻って，そこには障害者を雇用することに対する雇用主の疑問や課題を克服し，実質的な意味で雇用を支援するための制度が不十分であると考えることができる。このような支援は，ジョブコーチによる雇用主へのアドバイスや支援を除けば，制度として形式化されたものが存在しない。しかし，雇用主が障害者雇用に二の足を踏む理由には，一緒に働くうえでの具体的な対応やトラブルへの対処方法などへの懸念があり（山村 2011），雇用そのものを支援するための仕組み作りが必要だと考えられる。

③　就労促進のための制度的枠組み

ここでいう制度的枠組みとは，障害者雇用における規定であり，それは基本的に障害者雇用における雇用する側に対する規制という形をとる。日本における代表的な規定は，障害者雇用率の制度である。

雇用率制度は，障害者の雇用義務制度として雇用促進法内に定められている。雇用主や公的機関に対して，全従業員数の一定割合以上の障害者を雇用することを定めるもので，法律制定当初の1.4%から始まり，2019年現在では2.2%（公共機関は2.4%）とされ，2020年3月までにはさらなる引上げが予定されている。

雇用率制度においては，その効果についての疑問が指摘される。自立支援法施行以降，確かに障害者の雇用数は増加し続けているが，一方で雇用率の達成率は2018年の値で45.9%と過半数を下回っている。また，前年の2017年の50.0%からも4.1ポイントの低下をみせており，一方で実雇用率が増加していることからも，障害者雇用をする企業としない企業の差が開いていることがわかる。

雇用促進法では障害者の雇用義務とともに雇用率を定めているが，雇用率を達成していない（法定雇用率に該当する以上の数の障害者を雇用していない）企業に対して罰則などは設けられていない。前項の障害者雇用納付金も，あくまでも達成企業との「経済的負担の調整を図る」というものであり，決して懲罰規定ではな

いとされる。この未達成企業への不十分な対策が，今後の雇用促進法および雇用率制度の課題であるといえるだろう。

　この雇用義務制度と雇用率に関連して，特例子会社という制度も設けられている。特例子会社とは，大企業（必要な障害者雇用数が大きくなる企業）が設ける障害者雇用のための子会社で，(1)親会社による意思決定機関の支配や密な人的関係などにより両社の関係が密接で，(2)子会社の従業員における障害者の数や割合が一定以上であり，さらに(3)障害に配慮した雇用管理体制などの条件を満たした場合に，当該特例子会社の障害者雇用数を親会社（を含めたグループ全体）の実雇用率算定に合算できるというものである。

　特例子会社のメリットは，多くの障害者を1カ所で雇用し，また障害のない者とその業務内容や就業環境などを分けることにより，障害者にあわせた就労環境を提供することができるという点である。また企業にとっては，その環境整備のためのコストも軽減することができる。

　そのほか，障害者多数雇用企業に対しては，行政が行う物品調達において優先的な発注をしたり，その認定を受けた企業への発注に対して税制優遇制度を設けたりするなどして，障害者を多く雇うことに対してインセンティブを付与し，企業が障害者雇用に積極的になるように方向づけている。

（3）一般就労と社会給付のバランス

　障害者の就労支援は，日本だけでなく多くの国々においてさまざまな形で政策的に推進されている。また先に述べたように，日本では近年その数を順調に増やしているが，その動きに抵抗がみられる部分もある。

　その1つが，所得保障や就労支援以外の社会サービスの利用とのバランスにおける課題である。就労支援は，それにより一般就労が実現すれば，少なからず当該障害者の経済的状況を改善させる。一方で，障害者に対するその社会的ハンデを埋めるためのさまざまな社会サービスや制度には，一部で所得要件が課されるものがある。そのため，就労によって経済状況が変化すると，そのほかの社会サービス等の利用にも影響が出る場合がある。

　たとえば，障害者への所得保障を実質的に担っているのは，障害年金のほか，

生活保護や労災保険による補償がある。障害年金については，一部の例を除き制度上も実際上も所得要件はないといっていいが，生活保護は当然のこと，労災保険においても労働能力喪失率に基づく（労災保険の）障害等級の判断が変わる可能性があるため，給付額が変動する場合がある（障害年金については，第2章「所得保障」で詳述）。[4]

　そのような場合，所得保障給付やサービス給付を維持するために，就労をためらう障害者もいる。特に，安定的な就労が難しいような障害の場合には，一時の就労のために恒久的に給付が停止することを避けたいという心理が働くことが考えられる。

　このような事態は，一方で総合支援法の前身である自立支援法成立時の「就労支援の抜本的強化」という方針に対する批判の中でも指摘された。当時，就労支援の強化は，それにより障害者の経済的自立を図り，そのことが障害者の生活に自律と尊厳をもたらすといった趣旨のものとして説明された。しかし，ここでの経済的自立はさまざまな現金給付と代替的なものとして位置づけられ，この方針自体が障害者に係るさまざまな給付の削減を意図してものであると指摘された（中原・山村 2007）。

　また，障害者に対して一般就労ばかりを強調することに対する問題指摘もある。障害の社会モデルに基づけば，障害者の生活課題の背景には少なからず社会的要因がある。障害者に対する社会給付は，そういった障害者の社会的ハンデを軽減し彼／彼女らの生活を保障するためのものとするならば，本来はそれだけで十分に生存権にかなう生活を送ることができるものでなければならない。その点を脇に置いて一般就労のみをゴールとすることは，国家の障害者に対する責任を放棄することになりかねない。

　このように，就労支援と実際の就労の促進は，他の給付制度との関係に配慮した形で行われる必要があるといえる。

（4）障害の開示と障害者差別

　障害者の就労において自らの障害を開示するかどうかが大きな決断になる場合がある。それが障害者の就労における開示・非開示，あるいはオープン・クロー

ズ（ド）の課題とされるものである。

　障害の開示・非開示の課題は，もちろんその障害が一見してわかる場合（たとえば車椅子に乗っているなど）には基本的に生じない。そのため，一見してわからない軽度の知的障害や精神障害の場合などに，特に重要な課題となる。

　一般的に，障害者が就労する場合には障害は開示した方がよい（働きやすい）と考えられている（山村 2009）。障害を開示していれば障害に対する支援や協力を得ながら働くことも可能になるし，何より障害を隠しているというストレスにさらされずにすむ。一方で，障害を非開示にして働いた場合，支援を受けられず，大きなストレスを抱えて働くことで，就職できたとしてもその後の継続を難しくする。実際に，障害者の1年後の職場定着率において，障害の開示・非開示の場合で大きな違いが出ることが統計から明らかになっている（障害者職業総合センター 2017）。

　しかし，それでも障害者がその障害を非開示にして働こうとする最も大きな理由の1つは，障害者に対する差別を恐れるためである（山村 2010）。実際，障害者の就労において障害者差別は非常に大きな「壁」となっている。

　差別には「直接差別」「間接差別」といった形態の違いや，しないこと（不作為）が差別となる「合理的配慮の欠如」などのいくつかの種類があるが，これまでいくつかの調査で，障害者が仕事を続けられない理由の1つとして障害者に対する差別や嫌がらせなどがあげられている（新宿区 2017）。また就職の段階において障害を理由とした採否判断や，時には試験や面接すらも受けさせないといった場合もある。

　こういった障害者に対する差別行為が，直接的に就労上の課題になっているだけでなく，結果的に障害を非開示とした状態での就労を生み出すことで，間接的に障害者の就労における課題を引き起こしている。その点から考えても，障害者への差別的行為をいかになくしていくかという取り組みは，障害者の就労支援の観点からも重要になってくるといえる。

（5）新たな「就労」形態という支援

　ここまで述べてきたようなさまざまな背景によって，現在，障害者の就労支援

が多様化する中で，障害者が参加することのできる新たな働き方の場がみられるようになっている。

たとえばワークシェアリングである。これには，福祉施設などが企業から業務委託という形で請け負ったものを，そこを利用する利用者で分担する場合などがある。工賃の水準や雇用契約という点で一般就労とは呼び難いが，いわゆる作業やプログラムではなく通常の「業務」に就くことができる。

あるいは，より多様な働き方の実現という点でいえば，社会的企業による就労の場の提供がある。社会的企業は現在でも多様な定義をもち，理論的な成熟に先んじて実践の拡大と多様化が進んでいる。その中で，一般的な理解の1つとしては，経済活動を通じて何らかの社会的目的を達成しようとする団体や組織（米澤2013）といったものがある。[5]

社会的企業の形態や運営状況はさまざまで，一般就労に近いような収入を実現できるものもあるが，福祉施設における福祉的就労と変わらない状況で運営されているものもある。運営主体もさまざまだが，一部で障害者への就労の場の提供を目的として活動が行われており，新たな就労の場の提供に一役買っている。

政策による障害者の就労支援の中核にある総合支援法および雇用促進法による支援に対して，これらの周辺的な取り組みは，いわば中核的な就労支援のすき間を埋めるものであり，中核的な就労支援では充足できない障害者の就労ニーズを充足しているといえる。

障害者の一般就労が，多くの社会的要因によってまだまだ実現に課題を抱える現状においては，一般就労をいかに進めていくかということは障害者の就労支援政策における第一の目標となることに異論はない。しかし，障害者の生活における就労の意義を考えた場合，一方で社会参加や役割付与という側面も無視することはできない。そのための支援を就労支援と呼ぶべきかどうかは別として，何らかの形で障害者に「働く」場を用意することは，それとして必要な取り組みであり，障害者がそのニーズに応じていずれの支援やサービスも利用することができるようにすることが求められるといえる。

第4章　就労・雇用支援

4 | 課題——就労への政策的関与の限界

（1）就労支援強化の文脈と影響

　障害者の就労支援への政策的関与が特に強まったのは，2005年の自立支援法成立が契機であったことは間違いない。その結果，さまざまな新たな取り組みが障害者就労支援の場に持ち込まれ，実際に多くの変化が起きた。

　新しい法律が施行されても，それが以前の状態をそのまま移行するものであれば，新たな成果を期待することは難しい。この点において，新たな風を障害者の就労支援領域にもち込むことを期待されたのが，自立支援法によって営利法人による関連事業への参入が認められたことであった。

　このような考え方は，先行して成立・施行した介護保険のシステムを踏襲したものと理解できる。営利企業に代表されるような新たな事業主体の参入を認め，サービスの数を増やすとともに多様化を実現，そこに発生する利用者側の選択と競争により，サービスの質の向上と効率化を図る。自立支援法においても，同様の考えのもとで事業主体の多様化が図られた。

　自立支援法において，事業主体による競争を高める方法として導入されたのが，成果主義による報酬額の決定である。つまり，より一般就労の実績をあげた事業所ほど提供したサービスに対する報酬単価の額が高く，実績のない事業所ほど低くなるような段階的な報酬を設定したのである。

　このような，制度を通じた就労支援の強化は，一方でさまざまな問題指摘も生んだ。たとえば，成果主義の導入については，事業所による障害者の選別が起きることが懸念された。つまり，一定の実績を確保するために，早急に働けそうな障害者だけを選んで支援対象とする事態が起こることが心配されたのである。

　また，先述のとおり，就労支援の強化という方針が，所得保障の代替として位置づけようとするものだとの批判もあった。法律の施行当時，「公平な負担」という名目から利用料の1割負担が導入されたという点についても，多くの批判があった。介護保険制度との将来の統合を見据えたものであるとか，（応益負担という説明に対し）支援が「益」なのかといった指摘もあった。さらに，同法の前に

125

実施された支援費制度が[6]，予想以上の利用により大幅な予算超過があり，その対策に迫られている中での新法策定であったことも，自立支援法が実質的な給付抑制のための制度ではないかと指摘される要因となった。

このように，政府による就労支援の強化という流れは，障害者福祉や関連分野においては，必ずしも肯定的なものとしてはとらえられなかった。結果的に障害者の就労数が大きく伸びた現在でも，上記のような指摘は完全に払拭されるものではなく，政策的に就労支援を強く推していくことに対しては，それがどのような影響を及ぼし，またどのような政策的意図があるのかについての懸念がつきまとうものとなっている。

（2）割当雇用制度と差別禁止法

障害者の就労支援の中でも，企業における雇用促進の取り組みには，大きく分けて2つの方式がある。いわゆる割当雇用方式と差別禁止方式である。前者は日本の雇用率制度がそれに当たり，従業員の一定割合以上の障害者雇用を義務づける（義務の程度はさまざま）方法である。それに対して，差別禁止方式は，雇用つまり採用や業務上の待遇等の扱いにおいて，障害を理由とした差別を禁止するというものである。

現在，先進国の多くは差別禁止方式を採用している。それは，割当雇用制度にはいくつかの問題指摘されるためである。

たとえば，割当雇用制度において設定される雇用率の妥当性である。果たして何％であれば妥当といえるのか。実際，雇用率の設定は各国によって異なり，また日本では年々改定されている。雇用率が上がるのは，障害者の数が増えたからなのか。果たしてどのように雇用率を算定しているのか。その妥当性はどう担保されるのか。その値によって就職できるかどうかが左右される障害者にとっては，重大な問題である。

また割当雇用制度は，雇うべき障害者の数を規定する一方で，それ以上は雇わなくていいという企業に対する免罪符を与える側面がある。そうなると，当該企業が個々の障害者を雇うかどうかは，労働者としての個人の資質とは別の部分で決まることになってしまう。

第4章　就労・雇用支援

　さらに，割当雇用制度が最も問題とされるのは，いわゆる積極的差別是正制度（アファーマティブアクション）としてとらえられる点である。このような問題は，特に公民権運動下で行われたアメリカの大学入試制度における人種枠や女性枠の設定にみられたものである。

　このような措置は，一見するとマイノリティの権利を保障するための手段のようにみえるが，実際には，マジョリティの権利を侵害する逆差別の側面がある。つまり，事前の枠を設けることにより，それぞれの集団を別の基準で競わせることになり，その結果，どちらかの集団の方の倍率が高くなる。それが，マイノリティとマジョリティのどちらの側であっても，倍率が高くなった方がもう一方に比して不公平な状態となるのである。

　アメリカの大学入試制度における積極的差別是正制度は，これらの措置への批判から現在は行われていない。雇用率制度は，従業員の中の一定数を障害者に割り当てるという点で，同様の問題が指摘される側面があるのである。

　こういった割当雇用制度に対して，現在多くの国々で取られている障害者雇用施策は，差別禁止方式によるものである。差別禁止がなぜ障害者雇用施策になるのかといえば，障害者の雇用が進まない背景には，障害者に対するさまざまな差別があり，それを是正することで，障害者の雇用を促進するというよりも公平な競争の実現をしようと考えるからである。仮に障害者が障害のない者に負ける（採用されない）ことがあっても，それが公平な競争の結果ではあれば，それは差別ではないし否定されるものでもないということだ。

　多くの差別にさらされている障害者の状況を考えれば，差別禁止方式を採ることは少なからず障害者の雇用状況を改善するものになるし，公平な競争の結果であれば，障害のない者にとっても不公平とはならない。いってみれば，差別禁止方式による障害者雇用施策は，積極的差別是正政策の課題を克服するためのものとして位置づけることができるといえる。

　もちろん，差別禁止方式による障害者雇用施策に問題がないわけではない。1つには，そもそも差別自体の確認と実証が難しいということがある。差別を禁止するからには何が差別であるかを明確にし，相手の行為を差別として認定するシステムが必要となる。しかし，就労・雇用においては元来さまざまな形で評価が

127

存在し，その正当性すら明確にすることが難しい中で，そこに障害者差別があるかどうかを確認することが難しいことは想像に難くない。

また，差別禁止方式が公平な競争を実現するためのものとするならば，障害によってそれより先に生じているハンデをどう評価すべきなのかも課題である。つまり，スタート地点に立った時点で障害のために大きなビハインドがあった場合，あるいは障害のために速く走れないことが明確なときに，スタート地点を揃えたり，あるいは障害のない者よりも前の位置からスタートしたりするような措置は，どこまで正当化できるのかということである。

先述した合理的配慮の規定は，このような点について，配慮を求めることができるとするものである。しかしながら，その前提として，（少なくとも理念上は）当該障害者が就労可能な程度の基本的能力を有していることがある。つまり，その障害によるビハインドが，就労能力以外の部分に影響することで本来ある就労能力を発揮できないときには，それに対する配慮を求められるとするものであるが，果たしてそのような分別は可能なのであろうか。

このように，差別禁止方式によるものについても，障害者雇用施策には多くの論点や課題が指摘されている。しかし障害者の権利とともに社会的責任という点を踏まえ，障害者だけを特別扱いするのではなく，全体としての公平性の観点から，差別禁止方式が多くの国の障害者就労・雇用施策の中心的な機能の1つとして採用されている状況がみられる。

（3）障害者の「働き方」についての議論

ここまで障害者の就労・雇用支援政策について考えてきた中で，最後に政策対象としての障害者の「働き方」について考えておきたい。

前述したとおり，現在の障害者就労支援においては一般就労が第一義的に目指されている状況がある。労働市場から排除されてきた障害者の状況を考えれば，政策的にその一般就労が後押しされることを肯定的にとらえることもできる。

しかしながら，実際には行政による雇用率水増し事件[7]が示すように，雇用する側の障害者雇用に対する態度はなかなか好意的なものとは言い難い。雇用率達成企業においても，少なくない企業が義務感や法令遵守の観点からその実現に取り

組んできたのではないだろうか。障害者を雇用することは社会的責任の一環としてもとらえられている向きもある。

　ただ，ここで本当に一般就労だけが目指すべき方向性なのかという点について，十分な議論がなされていない点にここで疑問を呈したい。

　というのも，そもそも障害者の就労・雇用政策とは何を目的としているものなのか。たとえば，総合支援法は，それ自体が就労支援に特化した法律ではなく，その目的は以下のようになっている。

> 障害者及び障害児が基本的人権を享有する個人としての尊厳にふさわしい日常生活又は社会生活を営むことができるよう，必要な障害福祉サービスに係る給付，地域生活支援事業その他の支援を総合的に行い，もって障害者及び障害児の福祉の増進を図るとともに，障害の有無にかかわらず国民が相互に人格と個性を尊重し安心して暮らすことのできる地域社会の実現に寄与すること（第一条「目的」より抜粋）

　一方で，雇用促進法における目的は，以下のとおりである。

> 障害者がその能力に適合する職業に就くこと等を通じてその職業生活において自立することを促進するための措置を総合的に講じ，もつて障害者の職業の安定を図ること（第一条「目的」より抜粋）

　これらの法律の目的からわかることは，まず雇用促進法はそもそも障害者の雇用，すなわち一般就労を目指したものであり，その職業生活の安定を図るためのものである。言い換えれば，当該法は一般就労のみをその射程におくことが妥当だといえる。

　それに対して，より障害者の生活全般を包括的に支援する法律である総合支援法においては，就労・雇用のみがその目的なわけではない。さらにいえば，当該法の基本的理念には障害者基本法があり，障害者の尊厳を守り，その存在が尊重される生活を実現することこそがその目的だといえる。

　このように，障害者の就労支援政策といってもいくつかの側面がある。つまり障害者の就労支援においてもその目的はいくつかあり，一般就労とそれによる経済的自立のみが目指されるわけではないということだ。

　先にも示したように，そもそも就労には経済的な自立以外にもさまざまな「効

用」が指摘される。社会参加や役割獲得がその例で，社会の一員として何らかの役割を果たすこと，家族や支援者以外の社会的関係を築くことも，就労を通じて障害者が得ることができる「効用」である。あるいは，社会的に排除されやすい立場にいる障害者だからこそ，そういった経済的側面以外の「効用」がむしろ重視されることもあるだろう。

しかし，現在の障害者就労支援政策は，その比重が一般就労の実現へと傾倒しており，一般就労以外の働き方やその生活上の意義といった点が軽視されている向きがある。障害者支援の一端として一般就労支援があることは必要であるが，それ以外の働き方を実現するための支援も同じ就労支援という枠組みに包摂され，結果的に一般就労支援の陰に追いやられているようにみえてならない。

就労・雇用支援をさらに詳しく学びたい人のために
──合理的配慮は日本で通用するのか

障害者の就労・雇用施策の課題として，最後に，改めて合理的配慮の規定について述べておきたい。ここまで，たびたび合理的配慮の規定について言及し，またかという感があるかもしれないが，それだけ合理的配慮の規定が，現在の日本の障害者の就労・雇用施策において中心的なトピックの1つであり，実際に障害者の就労・雇用に影響を与えるものであるのだと理解してほしい。

そのような合理的配慮の規定の重要性の一方で，実際にこの規定が日本において実効力をもったものとして通用するのかという課題について考えてみたい。

（1）日本における合理的配慮の規定

① 法制度化への展開

合理的配慮は1960年代のアメリカにおいて使われ始めたとされる概念である。しかし，それが広く知られるようになったのは前述の ADA 法で，ここから広く世界的に知られる概念となっていった（山村 2011）。

それが制度としての展開をみせたのは，やはり2006年の障害者権利条約によるところが大きい。同条約に署名した国々での批准が続き，日本が批准した段階ですでに100以上の国・地域が合理的配慮の規定（あるいは同様の制度）を法制度化

していた。

　日本における展開の速度があがったのも同条約への批准に関連した議論の中であったが，それが本格化するのは現在の障害者差別解消法の制定が議論された頃であり，他の国々に比べれば遅い状況にあったといえる。

　日本においては，合理的配慮の規定をどのような形で法制度化するのか，その基本的な枠組みの選定から考える必要があった。というのも，日本ではそれまで障害者に対する差別を禁止する法律が存在しなかったためだ（長瀬ほか 2008）。合理的配慮の規定は差別禁止規定であり，その基盤的法律が存在しなかったことは，日本において同規定の法制度化に時間がかかった理由の1つであったといえる。

　結局，日本では差別解消法という形で，合理的配慮の法制度化にこぎつけた。その過程では，差別の「禁止」を謳っていないことへの批判をはじめとしてさまざまな議論が取り交わされたが，最終的には「差別の解消を目指す」という目的のもと，条文内に「障害を理由とする差別の禁止」や「障害者の権利利益を侵害してはならない」といった文言を盛り込むことで落ち着いた。

　差別解消法は，2014年から段階的に施行され，2016年には完全施行となった。この移行期間中に，関連する雇用促進法その他の法律においても改正が行われ，障害者関連施策全体において障害を理由とする差別の禁止と，合理的配慮の規定の導入が進められた。

② 法律における合理的配慮の規定

　障害による差別の禁止に係る中心的な法律となった差別解消法では，合理的配慮は次のように説明される。

　（行政機関等または事業者は，）その事務又は事業を行うに当たり，障害者から現に社会的障壁の除去を必要としている旨の意思の表明があった場合において，その実施に伴う負担が過重でないときは，障害者の権利利益を侵害することとならないよう，当該障害者の性別，年齢及び障害の状態に応じて，社会的障壁の除去の実施について必要かつ合理的な配慮をしなければならない（第七条および八条より抜粋）

また，合理的配慮の提供のための具体的な行動指針として，第五条において次のように定めている。

> 行政機関等及び事業者は，社会的障壁の除去の実施についての必要かつ合理的な配慮を的確に行うため，自ら設置する施設の構造の改善及び設備の整備，関係職員に対する研修その他の必要な環境の整備に努めなければならない（第五条）

差別解消法は，障害者に対する差別の包括的な禁止とそのための取り組みを示したものであり，合理的配慮の規定はその一部にすぎない。そのため，同法における合理的配慮に関する記述は上記表現の中に収められている。

一方で，合理的配慮の規定が最も大きな影響を与える就労場面に係る法律として，差別解消法の成立・施行によって大きな修正を求められた雇用促進法では，合理的配慮の提供における，より詳しい定めがある。

雇用促進法では，第三十四条から第三十六条にあたる第二章「障害者に対する差別の禁止等」において，まず募集や採用における均等な機会の提供を定め，さらに賃金や教育訓練の機会，福利厚生等の待遇について，労働者が障害者であることを理由とする不当な差別的取り扱いを禁止している。さらに第三十六条では，上記のような項目の確保や職務の遂行に必要な「障害の特性に配慮した必要な措置」を講じることが定められている。

その他，雇用促進法の指針となるものとして「障害者差別禁止指針（平成27年厚生労働省告示第116号）」が出されており，雇用促進法で障害者に対する差別的取り扱いと必要な措置の提供を定めた各項目を，さらに細かく分類し，それぞれに必要な対応を示している。

これらを中心とした法制度により，障害者は就職・就労において自らが必要とする配慮（必要な措置）を相手に要求することができることになる。また，それに対して「過重な負担」を負わない限り，雇用する側にはその提供が求められることとなる。特に，就職（雇用側からすれば募集と採用）の段階での配慮の要求と提供については，指針において「相互理解の必要性」とそのために障害者からの問い合わせに対する「説明の重要性」までが明記されている。

（2）日本の合理的配慮規定の課題

　このように，時間をかけて差別解消法として法制度化された合理的配慮の規定であるが，法律の成立以前からいくつかの点で問題指摘がされてきた。

① 罰則規定の不在

　差別解消法における合理的配慮規定の課題の1つは，差別禁止規定であるにもかかわらず罰則規定が存在しないという点である。合理的配慮に限らず，何かを禁止する規定には基本的に罰則規定が伴う。それがなければ，実際的に禁止された行為に対する抑制機能が生じないためである。

　しかし，日本の差別解消法では，罰則規定は秘密保持違反等に限定され，合理的配慮あるいはその他の差別行為に対する罰則規定がない。また，それ以外にも，合理的配慮の提供を正当な理由なく拒否した場合の雇用する側に対して，実質的な不利益が生じるような制度規定がない。このことが，差別解消法の形骸化が指摘される理由となっている。

　合理的配慮の概念が生み出されたアメリカでは，合理的配慮規定の違反については，基本的に障害者の側からの訴えによる裁判によって決着される。その前段階として，EEOC（Equal Employment Opportunity Commission：雇用機会均等委員会）に対して訴えが可能で，そこでは雇用主との調整が図られたり，合理的配慮規定の違反として訴えることが可能かといったスクリーニングの機能が提供されたりする。そして，最終的には裁判に訴え，差別（合理的配慮の拒否）によって障害者が受けた損害に対する賠償を求める，という流れになる。これが，実質的な罰則規定に当たることになる。

② 申立経路の整備における課題

　障害者に対する差別行為に対する訴えについては，アメリカにおける EEOC のように，その窓口となる存在が重要となる。なぜならば，1つには障害者は障害のない者よりも社会的関係性が乏しい場合が多く，その点でアクセシビリティへの配慮が必要と考えられるためである。また，障害者と雇用する側という個人的な関係における調整を，制度によってシステム化されたより公正な手続きへと移行させることにもなる。

　しかし，日本の制度の場合，実際に合理的配慮の提供に関する差別があった場

合，誰がどこにその訴えを起こすのかという経路が確保されていない。政府が示す指針では，国や自治体，事業主が相談窓口を設置し，対応する職員が適切に対応することができるようにするとしただけで，実際の対応は現場に丸投げされた形である。

この背景には，差別解消法による新たな機関の設置は行わないという政府の方針がある。この方針からは，合理的配慮に関する差別やそのおそれが生じた際には，障害者が個々の状況に応じた手近な相談機関に助けを求めることが想定されているようにもみえる。しかし，指針の言葉を借りるならば「障害者の生活に密着した」それら機関が連携するための機関として位置づけられた障害者差別解消支援地域協議会も，「組織することができる」とされるにとどまっている。

③　審査機関の不在

申し立て窓口の不備と同様の指摘は，差別行為の審査機関についてもいえる。誰が最終的にその判断を下すのか，という点について，もちろん裁判による審理という最終的な方法は用意されているが，裁判をするということになれば大ごとである。アメリカでも，裁判までいった例では，基本的には障害者と雇用する側の交渉が決裂した状態，すなわちその先の継続的な就労は難しい状態で，差別があったかどうかの判断と，それに伴う損害賠償の有無や金額が争点となる場合がほとんどである（山村 2011）。

しかしながら，合理的配慮の規定の本来の目的の1つは，障害者がその権利を行使し，尊厳ある生活を維持するためのものであって，前述の厚生労働省の指針においても，「相互理解」の重要性が示されている。そうであるならば，完全な決裂の前の段階として，障害者と雇用する側との相互理解を促進し，調整を図るための機関が必要であり，それが実質的に，裁判に至る前の段階で合理的配慮の規定に反したものであるかを判断する審査機関としての役割を果たすことになると考えられる。

前述の，雇用する側が設ける相談窓口や対応は，それ自身が雇用する側の組織の1つであるという点で，最終的な審査機関としてはふさわしくない。これに対して政府は，都道府県労働局職業安定部を通じて都道府県労働局長による助言や指導，勧告のほか，障害者雇用調停会議による調停という方法を用意している。

第4章　就労・雇用支援

　この障害者雇用調停会議では，法律上の義務の履行，すなわち合理的配慮の規定に基づく差別のない対応を確保するための措置として助言・指導・勧告を行えることになっている。しかし，そこにどの程度の実際的な影響力があるのかはまだまだ不明確である。さらに，前述した最も合理的配慮の保障が難しい部分である募集や採否判断における事案は，この調停会議では対象外とされている[8]。その点からも，十分な審査体制を整えているとは言い難いといえるだろう。

④　「相互理解支援」の体制

　今回，差別禁止法により，障害者への合理的配慮の提供が過重な負担がない限り義務づけられたことは，多くの雇用主や雇用や待遇に係わる管理職などにとって，必ずしも十分に準備され万全の体制で臨んだことではなかっただろう。

　実際，合理的配慮の概念の重要な点は，それが完全に個別化されたものであるという点である。個々の障害者の障害の状況，置かれている環境，生活の状況に加え，就労の条件や物理的環境もさまざまである。当然，そこで必要とされる配慮は完全に個別的で，いわばオーダーメイドされるものだといえる。そのため，雇用する側にとっても，ある程度の想定は可能としても，基本的には就労を希望する障害者が来てみなければどのような配慮を求められるかはわからない。

　そういった状況で，雇用する側にとっては障害者差別とならないように，しかし一方では障害者の特別扱いにならないよう配慮を提供していくためには，障害に対する知識などのさまざまな情報が必要となり，障害者との配慮の実現に向けたコミュニケーションについて支援が必要となることが考えられる。

　あるいは，障害者の側にとっても，合理的配慮の規定ができたからといって，すぐさまそれを上手に活用できるというものでもない。障害者の中には，どんな配慮が必要なのかだけでなく，自分の障害についての説明にも困難を抱える場合がある。しかし，合理的配慮は障害者の側から求めることが前提の概念であり，要求がなければ配慮の提供がないことも差別には当たらない。

　このような状況を考えれば，実際の就職や就労の場面において，障害者と雇用する側の仲介役となる支援が必要となることが考えられる。しかし，現在の障害者就労支援制度の中では，そのような支援が十分に体系化されていない。ジョブコーチ他の就労支援サービスにおいて実質的に支援が行われる状況は，部分的に

135

は考えられるが，すべての障害者や雇用主などが必要な場合に確実に支援を受けられる状況にはなっていない。

　なによりも，そういった支援は，これまでの障害者就労支援の体制から考えて，障害者の側の支援者である。しかし，合理的配慮の実現とその前提となる相互理解の実現には，障害者だけでなく雇用する側に対しても，必要な支援や助言，情報提供が行われる必要があるだろう。

（3）合理的配慮の規定の限界

　合理的配慮の規定は，障害者の就労・雇用における革新的な概念の1つであるが，もちろん完璧なものではなく，その限界についても十分に理解する必要がある。

① 就労場面における差別認定の難しさ

　もともと，差別は時にその認定が非常に難しくなるものである。その行為の裏にある人々の「意図」を明らかにすることが難しいためである。たとえば明確な暴力行為であっても，その行為自体は目に見えるものだし，それを暴行といった犯罪行為として認定することもできるだろう。しかしそれが，相手が障害者だからという差別行為であるかどうかは，行為者自身がそう主張しない限りは証明が難しい。

　合理的配慮の規定においてもこの点は同様である。特に，採否決定における差別の認定は難しいとされる（関川 1999）。なぜなら，採否決定はさまざまな条件を鑑みて決定されるものだからである。障害のあるAと障害のないBのうちでBを採用するという選択に，Aに障害があることが影響していないということを示すことはどのようにして可能になるのだろうか。求人募集の段階で一方的に障害者からの応募を受けつけなければ差別行為とされるだろうが，応募を受けつけ，面接や試験をしたうえで（その際に障害への配慮をしたうえで），最終的な結果が障害者の採用を見送るものであった場合，どのような説明をされたとしても，その決定に障害者であることが影響したのではないかという疑念を拭い去ることは難しいだろう。

　採否判断における障害者差別の認定は，アメリカでも難しい課題の1つとしてとらえられており，実際に差別が認定される例は非常に少ないといわれる（山村

第4章　就労・雇用支援

2012）。評価における差別認定の課題は，採否判断だけでなく昇進などにおいても指摘することができるが，採否判断の場合にはそれ以前の実績がないだけにさらに認定が難しいといえる。

② 「能力」の範囲

　合理的配慮の規定は，障害者が障害のない者との公平な競争を実現するための概念であり，単に障害者への特別扱いをするためのものではない（長瀬ほか2008）。つまり，配慮がある状態で競争が行われ，その結果障害のない者が勝つことも当然ある。

　このような同概念の特徴は，就労という場面においては，就労における「能力」をどうとらえるかという課題につながる。たとえば，合理的配慮の概念には「他の者との平等を基本」とすることが明示され，アメリカのADA法の説明においても「基幹的能力（essential ability）」を有していることが合理的配慮を要求する際の条件となっている（山村 2014）。つまり，就労の必要な能力を十分に有しながらその実行において障害が障壁となる場合においてのみ，その障壁を取り払うための配慮が合理性をもつということである。

　では，この「基幹的能力」とは，どのようなものが含まれるのか（あるいは含まれないのか）。ここで，合理的配慮の具体例としてあげられている勤務時間や休憩の調整について考えてみる。特に精神障害などの長時間の労働に困難を抱える障害の場合に，勤務時間を短縮したり，必要な休養をとれるようにしたりできるように業務規程を調整することは合理的配慮に当たるとされている（山村 2011）。

　この場合，労働（可能）時間は基幹的能力の範疇ではないと解釈することができる。そうでなければ，配慮によって調整することはできないはずだからである。しかし，一定時間以上の勤務が条件となる雇用はどう考えればいいのか。たとえば「○時間以上勤務可能な方」といった求人や正社員などの場合である。

　このような，何が（どこまでが）基幹的能力であるかという判断に係る課題は，最終的には前段にあげた審査機関や仲裁のための機関の必要性へと集約されるだろう。しかし，少なくとも合理的配慮の規定が実行される就労の場において，どのように理解されるのかという点についても，日本では十分な調整と対策が取られていないといえる。

137

基幹的能力の問題を多少なりとも解消するための方策として，特定の業務に限定した雇用が考えられる。業務内容を極力限定し，その業務だけに専従するような働き方を設定するのである。それにより，求められる能力をより具体的かつ限定的にすることで，障害の基幹的能力に対する影響も，より判断しやすくなると考えられる。

　こういった方法は，障害者の就労支援においては仕事の創出や業務の切り出しと呼ばれ，障害者が就労可能な環境を作るための1つの手法として知られている。しかし一方で，一般就労の場ではそういった働き方は必ずしも一般的でない。このような就労・雇用方法を障害者就労・雇用の中で実現することができれば，合理的配慮の規定の効力を高めることができるだろう。

　以上のように，日本において合理的配慮の規定が，その効果をもって運用されるためにはさまざまな課題が指摘される。さらに，合理的配慮の規定に関する機能的・構造的課題だけでなく，雇用主と労働者の関係や働き方などにおける日本的文化と，この規定の基本的理念の間にある矛盾は，今後さまざまな形で同規定の「使いづらさ」として顕在化してくるだろう。

　しかし一方で，すでにこの規定は動き出している。今後は，実際の運用の中で出現し指摘されるさまざまな課題にこたえていく形で，徐々に合理的配慮の規定が形作られ，より成熟していくことを期待すべきであろう。同時に，それがこの規定の形骸化につながらないように注視していくことも求められるといえる。

　注
(1)　本章では就労の語句を，原則として一般就労を示すものとして用いる。ここでいう一般就労とは，雇用契約に基づく就労を指す。
(2)　2018年までのデータとして，2005年以降の障害者就労数は15年連続して過去最高を記録しており，2018年度には民間企業で約53.5万人，国・地方自治体・公共団体で約5.2万人となっている（厚生労働省 2019）。
(3)　この説明からわかるように，合理的配慮は必ずしも就労場面においてのみ適用されるものではない。ただし，その性質上，就労との関係が最も強くなるものである。
(4)　20歳前傷病による障害基礎年金受給者（20歳前に障害の認定を受け，20歳になると

第 4 章　就労・雇用支援

同時に障害基礎年金受給者となった者）については，本人による保険料納付期間がないことから，所得に応じて障害年金の 2 分の 1 もしくは全額の支給停止とする制度が設けられている。また，一部では就労によって障害等級が下げられることで，実質的な障害年金の減額や停止になるといった指摘もされる。

(5)　ただし，米澤（2013）では同時に，社会的企業の定義が地域や学問領域によってもさまざまな意味を伴っていることを指摘し，同著でその分析を試みている。

(6)　支援費制度は2003年から施行された，身体・知的障害児・者を対象とした社会サービス給付制度。障害者は利用できる支援費の額が定められ，その中で事業者との契約によりサービスを利用するという方式が初めて導入された。

(7)　2018年 8 月に発覚した，行政機関において障害者雇用数の水増しが行われていた事件。厚生労働省の発表と再調査に端を発し，省庁のみならず地方自治体その他の公共機関における水増しが次々と発覚し，公的機関における障害者の実雇用率は，当初示されていた数値の半数ほどであったことが判明した。また，水増しの手段についてもそこに意図的・作為的な水増しがあったことが示され，さらなる批判を受ける結果となった。

(8)　これは同調停会議が雇用促進法によって規定された制度であり，まだ契約関係が発生する前の段階であることなどから，委員による調停になじまないとされるためである。

引用・参考文献

厚生労働省（2019）『平成30年障害者雇用状況の集計結果』（報道発表資料）。

障害者職業総合センター（2017）『障害者の就業状況等に関する調査研究』137。

新宿区（2017）『新宿区障害者生活実態調査』（https://www.city.shinjuku.lg.jp/fukushi/index06_11.html）。

関川芳孝（1999）「第 7 章　障害をもつ人に対する雇用平等の理念」荒木兵一郎・中野善達・安藤丈弘編『講座　障害をもつ人の人権 2 ——社会参加と機会の平等』有斐閣，168～195頁。

中原耕・山村りつ（2007）「障害者自立支援法——その概要と問題点（特集　障害者支援はいま）」『Int'lecowk』62(11・12)，23～30頁。

長瀬修・東俊裕・川島聡（2008）『障害者の権利条約と日本——概要と展望』生活書院。

山村りつ（2009）『「当事者に聞く精神障害者の就労における困難と求める支援に関する調査」報告書（最終版）』。

山村りつ（2010）「当事者にとって精神障害を開示することの意味とは——就労上の課題に関するインタビュー調査の再考から」『障害者問題研究』39(2)，146～154頁。

山村りつ（2011）『精神障害者のための効果的就労支援モデルと制度——モデルに基づく制度のあり方』ミネルヴァ書房。

山村りつ（2012）「『合理的配慮』の運用における精神障害者のための配慮──アメリカの裁判記録のレビューから」社会政策学会『社会政策』3(3)，116〜126頁。

山村りつ（2014）「わが国の合理的配慮規定の法制度化とその実効性の展望」『賃金と社会保障』1615/1616，12〜24頁。

米澤旦（2013）「ハイブリッド組織としての社会的企業・再考──対象特定化の困難と対応策」『大原社会問題研究所雑誌』(662)，48〜60頁。

第 4 章　就労・雇用支援

── コラム④ ──

教　育

　本書では十分にとらえることができていないが，「障害者政策」を掲げる
うえで教育の問題は外すことができない。このコラムでは，障害児・者に対
する歴史的な経緯を簡潔に述べ，現在においてどんな課題があるのかを紹介
する。

　日本の障害児教育は戦前から存在する。特に早くから取り組まれていたの
が，視覚障害児や聴覚障害児に対する教育だ。たとえば，日本で最初の障害
がある子どもを対象とした機関として古川太四郎によって設置された京都盲
唖院がある。1880年に東京でも中村正直や山尾庸三らによって楽善会訓盲院
が設置されている。身体障害児，知的障害児については，教育と福祉の境界
線は今よりもずっと曖昧だった。著名な施設を紹介しよう。身体障害児につ
いては，柏倉松蔵による柏学園があった。柏倉はもともと体操を教えていた
教師で，東京帝国大学で研究をしながら，肢体不自由児施設，柏学園の運営
に乗り出した。この学園は日本初の肢体不自由児を対象とした福祉施設であ
り，教育施設でもある。また，柏倉の医療体操の実践は理学療法の歴史的な
原点ともいわれる。ただし，柏学園は法律上の学校ではなく私塾であった。
知的障害の分野では石井亮一による滝乃川学園，脇田良吉による白川学園が
著名である。戦前の知的障害児・肢体不自由児は有志によって支えられてい
る部分が大きく，教育の場は極めて少なかった。

　戦後，障害児教育の義務化が進む。ただし，すべての障害種別で均等に義
務化が進んだわけではない。1947年に教育基本法が制定されると障害児教育
も義務教育の仲間入りをした。ただし，戦前から教育機関が整備されていた
視覚障害・聴覚障害については比較的スムーズに義務化が実現していたもの
の肢体不自由児・知的障害児・病弱児のための学校はほとんど整備されてい
なかった。教育基本法は，障害児教育の義務化についてはそのスタートを政
令で定めるという但し書きを定めており，戦前の蓄積がない分野では義務化
が遅れることとなった。この状況が改善するのは，1956年に公立養護学校整

141

備特別措置法が制定されて以降のことである。こうして，盲・聾から約30年遅れて，肢体不自由児・知的障害児・病弱児への教育の就学義務化が1979年に実現する。この時にはすでに分けて教育することが差別につながるという考え方もあり，義務化は関係者の中で大きな議論を巻き起こした。

　障害児教育の最近の節目としては，学校教育法改正の2007年以降，それまで「特殊教育」と称されてきた障害児教育が「特別支援教育」に改められたことである。これは，単なる呼称の変更ではない。特別支援教育の概念の特徴はこれまで障害ごとに形成されてきた障害児教育を改め，さまざまな障害を包括する理念である。また，従前の肢体不自由・知的障害・視覚障害・聴覚障害・病弱といった障害に加えて，学習障害や ADHD（注意欠陥・多動性障害）などの発達障害を対象としているという点である。さらに障害者権利条約や障害者差別解消法によって，障害がある児童と障害がない児童ができるだけ切り離されないようにすること，学校の種別を問わず必要な合理的配慮を提供することが求められている。かかる潮流の中で特別支援学校には地域のセンター的な機能がますます求められていくだろう。

　さらに，障害をもつ人に対する教育が求められているのは，特別支援学校だけではない。小学校・中学校・高等学校の中にも発達障害をもっている人は多い。特に大学ではカリキュラムが一律ではないなどの要因によって，それまで何とか生活してきた発達障害をもつ学生が一気に課題に直面することも多く，キャンパスソーシャルワーカーなどによる支援が求められるケースもある。

第5章

権利擁護

1 権利擁護の意義と役割

(1) 序 説

　権利擁護そのものは，障害者とのみ結びつくものではなく，障害のない者にとっても時として必要とされる。なぜなら，「権利」自体が法制度の下で承認され行使される観念的存在であるため，たとえ障害がなくても，法的な知識や理解を伴わないと，自己が「権利」の主体であることを観念できず，あるいは観念できたとしても，その行使のための手続きをとることができないため，権利が擁護されない事態を生じることが十分あり得るからである。弁護士等の法律専門職が存在する所以でもある。

　しかし，障害のない者にとっては，自己の意思に基づいた権利の取得や行使が可能であるため，その懈怠についてはあくまで自己の責任に帰するものとされるし，権利擁護に向けたサービスの選択や注文もまた自己の意思に基づくことが可能である以上，結果として権利が擁護されなかったことも自己責任として処理されるにすぎないこととなる。

　他方，障害者にとっては，さまざまな社会的障壁によって権利の取得や行使が妨げられている限り，これを自己責任に帰せしめることができない。とりわけ，判断能力が不十分な知的障害者や精神障害者にとっては，そのことが（契約を中心とする）私的自治の世界への参入障壁となり，ひいては，当事者の対等性を基盤とする民事司法（紛争解決）の世界からも事実上排斥されることにもつながる。

　そこで，障害者にとっての権利擁護のあり方としては，第1に，私的自治や民

143

事司法からの排斥を前提として，障害者の権利擁護を一定の保護者に委ねる方向性（保護の方向性）が，第2に，障害者の自己決定を支援することで，私的自治や民事司法への参入を促進する方向性（自律の方向性）が，模索されることとなる。

　本章では，禁治産制度を起源とする成年後見制度がやがて権利擁護制度へと形成・拡大していく過程を跡づけるとともに，障害者権利条約（Convention on the Right of Persons with Disabilities）を契機とする障害者差別解消法，障害者雇用促進法その他の差別禁止法制，さらには障害者に対する重大な人権侵害への対応としての障害者虐待防止法その他の虐待防止法制を広義の権利擁護の仕組みとして位置づけ，概観を試みる。

（2）憲法・法律における「擁護」・「権利擁護」概念の展開

　元来，一般用語としての「擁護」とは，手で取り囲む，抱くの意味をもつ「擁」の字を用いることで，「かかえてまもること。かばいまもること。たすけまもること」を意味するなどと説かれるが，このような意味をもつ「擁護」が法に用いられる大きな契機となったのは，戦後の1946年制定の日本国憲法がその99条において，「憲法を尊重し擁護する義務」を定めたことである。そして，この日本国憲法の精神を受ける形で，1949年制定の弁護士法には，その冒頭に当たる1条1項において，「弁護士は，基本的人権を擁護し，社会正義を実現することを使命とする」との定めを置くに至った。

　このように，当初，憲法レベルで用いられた「擁護」の語は，1960年代以降，市民間レベルにおける消費者の利益「擁護」との文脈で法律に用いられるようになる。1968年制定の消費者基本法1条が「消費者の利益の擁護及び増進」との目的を掲げるほか，1970年制定の障害者基本法27条にも，国および地方公共団体が果たすべき目的として，「障害者の消費者としての利益の擁護及び増進」を掲げているのがこれである。

　さらに，平成時代に入ると，各種の法律に「権利擁護」の語が直接用いられるようになる。1997年制定の介護保険法115条の45第2項2号が，「被保険者に対する虐待の防止及びその早期発見のための事業その他の被保険者の権利擁護のため必要な援助を行う事業」と定めるほか，2005年制定の総合支援法（障害者の日常

生活及び社会生活を総合的に支援するための法律）にも，「障害者等の権利の擁護のために必要な援助」との用語がみられる。また，2000年制定の児童虐待防止法（児童虐待の防止等に関する法律）や2005年制定の高齢者虐待防止法（高齢者虐待の防止，高齢者の養護者に対する支援等に関する法律），2011年制定の障害者虐待防止法（障害者虐待の防止，障害者の養護者に対する支援等に関する法律）などの各種虐待防止法制中にも，「権利利益の擁護」なる語が用いられている。

今日ではもはや，「権利擁護」の語が1つの法律用語として定着するに至っているといえよう。

（3）権利擁護の法的意義と役割

しかしながら，以上の展開にもかかわらず，「権利擁護」の法的意義はいまだ解明されているとは言い難い状況にある。

たとえば，特定の個人が有する土地の所有権や金銭の支払いを目的とする債権（貸金債権や売買代金債権等の金銭債権）のような民法上の権利は，民事裁判においても法的に主張され得る権利として，国家の強制執行制度を背景に，その直接的な保護が予定されている。これは，かかる権利の根拠となる民法上の諸規定が「権利擁護」の機能を果たしているとも考えられる。

しかし，前述の法律にみられる「権利擁護」の語は，そのような権利の司法的な救済を指して用いているものではない。これらの法律がその適用対象として想定するのは，消費者や要介護者，児童，高齢者，障害者などといった「バルネラブル（vulnerable，脆弱）な人々」であり，そのような人々にとっては，たとえ権利を有していても救済を求める術をもたなかったり，そもそも権利を取得する術すらもたなかったりするため，権利の救済を本人の自由意思に委ねる私的自治の前提がそもそも成り立たないきらいがある。

そこで，これらの人々に対しては，民法的な権利保護とは別に，権利の取得や行使を容易ならしめるための制度や個別的支援が求められることとなる（秋元2015）。その総体を示す概念として用いられるのが「権利擁護」であると，ひとまず指摘することができる。

2 形成と展開——保護の客体から権利の主体へ

　この意味における「権利擁護」の中心的な制度は，民法中に定めを置く成年後見制度である。以下では，まず，この成年後見制度の形成過程を概観する。

（1）成年後見制度の形成
① 禁治産制度
　現在の成年後見に相当するかつての制度は，禁治産制度などと呼ばれていた。これが，100年以上前の明治時代（1898年）に民法が施行された際の最初の制度である。

　すなわち，保護すべき本人を禁治産者や準禁治産者と呼び，その者に対し，家庭裁判所が（準）禁治産宣告を行うという仕組みであった。禁治産者とは，財産を管理し，治めることが禁止される者という意味である。

　実際，禁治産者自ら締結したすべての契約は，これを保護者である成年後見人が取り消せることとなっていた。つまり，禁治産者本人の自己決定は尊重されず，その契約は，基本的に，包括的な代理権を与えられた後見人が締結し，その財産はもっぱら後見人が管理するという仕組みであった。

　そのため，本人を保護するという制度本来の趣旨から離れ，年老いた禁治産者の家族が，禁治産者の財産の減少を防ぐことで，将来その家族が相続することとなる財産を保全するために禁治産宣告の申立てを行うといった運用が行われていたとされる。

　また，他方で，当時は，この禁治産宣告が戸籍に記載される扱いとなっていたため，そのような記載によって，いわば戸籍に傷がつくことを嫌い，あえて家庭裁判所に申立てを行うことを避ける傾向が強かったとも言われている。

　実際，この禁治産制度は，現在の成年後見制度ほどには利用されていなかった。[1]
② 聾啞者・盲者への適用除外
　しかも，当初，禁治産者に準じて保護される準禁治産者の対象として，身体障害者としての聾啞者や盲者が掲げられていた。

146

元来，判断能力が乏しいがゆえに適切な契約を締結できない者を保護するのが禁治産制度の目的であるから，耳が聞こえなかったり，目が見えなかったりしているだけで，判断能力には何ら問題がないような者までをも準禁治産者とするのは，不必要であるばかりか，差別の助長にもつながりかねない。

そこで，一般財団法人全日本ろうあ連盟を中心とした聾唖者による10年近い法改正運動の成果として，1979年，聾唖者・盲者への適用を定めていた民法11条からようやくこれらの者が削除され，準禁治産制度の適用除外とされた（野村1979）。

③　現行成年後見法の制定

抜本的な改正により現行の成年後見制度の基礎が築かれたのは，禁治産制度から100年以上が経過した1999年制定の法律によるものである。この改正法は，2000年4月1日より施行されているため，その前後によって制度の内容が大きく変化している。

従来の制度があまり利用されてこなかった前述の事情は，認知症等の原因で判断能力が現に低下している者を支援する仕組み全般を否定する理由にはならない。とりわけ，1999年の改正法と同時期に制定された介護保険制度は，このような者が介護業者との間で契約を行うことを前提としているため，そのような契約を行ううえでも，何らかの支援が必要となる。

そこで，改正法は，従来の禁治産制度を抜本的に見直し，制度の現代化を図った。

主な改正点としては，第1に，後見開始段階における障害を取り除く趣旨の改正として，禁治産など，社会的偏見を招く用語の変更や，成年後見登記制度の創設とこれに伴う戸籍記載の廃止，市区町村長などへの申立権者の拡張を，第2に，弾力的運用を確保する趣旨の改正として，補助類型の創設，保佐人・補助人への取消権・追認権・代理権の付与，複数後見人・法人後見人の許容，配偶者後見の廃止に伴う職権による後見人の選任を，第3に，後見事務処理の適正化を図る趣旨の改正として，身上配慮義務の法定，保佐監督人・補助監督人の創設，居住用不動産の処分についての裁判所の許可制度の創設を，第4に，自己決定の尊重や残存能力の活用，ノーマライゼーションといった新しい理念との調和を図る趣旨[2]

の改正として，本人意思尊重義務の法定，日常生活に関する行為の尊重，補助開始審判と代理権付与審判における本人の同意の要求，保佐人・補助人の同意に代わる審判制度の創設，任意後見制度の創設を行った（小林ほか編著 2017）。

これが現在の成年後見制度であり，以下に述べる点を除き，大きな改正を受けることなく今日に至っている。

④ 障害者権利条約と意思決定支援

国連の障害者権利条約（以下，条約）は，2006年12月に国連総会で採択され，2008年5月に発効したが，日本もこの国際的時流に乗り，後述する国内法整備の後，2014年1月に批准した。条約は，その12条において，障害者の法的能力（legal capacity）の平等の確保を締約国に要求するとともに，さらには，その帰結として，条約の一般的意見（general comment）第1号（以下，一般的意見）が強調するように，障害者の法的能力の否定につながる代替意思決定（substitute decision-making）制度を廃止し，これを意思決定支援（supported decision-making）制度に置き換えることをも要求しているものと理解されている。

とりわけ，本人が締結した契約を行為能力の制限を理由に無効化するとともに，法定代理人を通じて代替意思決定を行う成年後見制度は，見直しを要求する主なターゲットとして狙い撃ちされている。そのため，意思決定支援制度への組換えをも視野に入れた再改正論議が，障害者権利条約への批准に伴い世界規模で活発化している。[3]

もっとも，こうした動向の一方で，批准国に義務づけられた条約の実施状況に関する日本政府の報告書（2016年提出）は，あくまでわが国の成年後見制度は条約に適合しているとの見解に依拠しており，そのため，条約を直接の契機とする抜本的な法改正の論議には結びついていないのが現状である。

⑤ 成年後見制度利用促進関連2法

そのため，その後，成年後見制度に関して政府を動かしたのは，議員立法により2016年に成立した成年後見制度利用促進関連2法によるものであった。[4]

これは，公益社団法人成年後見センター・リーガルサポートや日本成年後見法学会等，成年後見人の供給母体としては近年で最も多い司法書士が関与する諸団体の推進運動によるものとされる（立法に関与した衆議院議員による，大口ほか

〔2016〕参照）。

　この関連 2 法のうち，成年後見事務円滑化法は，民法の規定を直接改正し，成年後見人による郵便物等の管理を可能にするための郵便転送に関する規定（民法860条の 2，860条の 3）と，成年被後見人の死亡後も成年後見人に一定の事務を行う権限を付与する死後事務に関する規定（同873条の 2）とを新設した。

　また，関連 2 法のうち，成年後見制度利用促進法は，ノーマライゼーション，自己決定権の尊重，身上保護の重視等といった基本理念を踏まえた成年後見制度の利用促進に関する施策を，同法11条に列挙された基本方針に基づいて推進するものとし，その施策の総合的・計画的推進を図るため，政府が成年後見制度利用促進計画を作成するものとしている。これに基づき，2017年 3 月24日，(1)利用者がメリットを実感できる制度・運用の改善，(2)権利擁護支援の地域連携ネットワークづくり，(3)不正防止の徹底と利用しやすさとの調和をポイントとする成年後見制度利用促進計画が閣議決定された。

⑥　欠格条項等の適正化

　前記の利用促進法（11条 2 号）や利用促進計画（3(7)）には，成年被後見人等の権利に係る制限が設けられている制度（いわゆる欠格条項）の見直しに関する定めがある。後見制度を利用したことによる副作用として，各種の欠格事由があるところ，そのうち，選挙権については，憲法上の政治的自由を侵害するものとして問題視され，各種の憲法訴訟を引き起こしてきた。ダウン症による知的障害をもち，成年後見制度を利用した結果，選挙権を失った女性からの選挙権確認請求訴訟につき，東京地方裁判所2013（平成25）年 3 月14日判決は，この規定を違憲無効とする画期的判決を下したことから，この判決を受けて同年 5 月にこの規定は削除され，成年被後見人の選挙権を回復させる結果をもたらした。

　したがって，上記の見直しは選挙権以外の欠格事由につき行われ，近時，これを是正するための法律（成年被後見人等の権利の制限に係る措置の適正化等を図るための関係法律の整備に関する法律〔成年被後見人等権利制限適正化法〕）が制定された（令和元年 6 月14日法律第37号）。同法によれば，原則として現行の欠格条項を削除し，併せて，心身の故障等の状況を個別的，実質的に審査し，制度ごとに必要な能力の有無を判断する規定（個別審査規定）を整備することで，従前の扱いを適

正化するものとされている。

⑦　現在の利用状況と障害者政策としての位置づけ

　現行の成年後見制度は，施行された2000年以降，2012年までは利用数が年々増加し，保佐や補助を併せると，年間3万件を超える申立てがある。禁治産制度と比べるならば，相当数利用されていることは疑いのないところであるが，それでもなお，潜在的に保護すべき者の推定数，たとえば，500万人ほどいるものと推計されている認知症高齢者の数と比べてみても，累計の制度利用数が20万件を超える程度であるのと比べたとき，むしろいまだ十分には利用されていないとの評価が可能である。[5]

　しかも，成年後見制度は，必ずしも（狭義の）障害者のみを対象とするものではなく，むしろ現在の利用者の多数は認知症者であること（2018年の統計では全体の63.4％を占めている）からすれば，障害者政策としての位置づけは弱いともいえる一方，障害者運動の成果であることが明確な②のほか，④もまた，権利擁護活動に情熱をもった弁護士や知的障害者の支援団体である手をつなぐ育成会が「成年後見制度選挙権を考える会」を組織し勝ち取った勝訴判決に基づくものであり，これもまた障害者運動の成果といえる。[6]　また，近時の動向である⑥⑦は，⑤で述べた障害者権利条約の間接的な影響に基づくものといえ，条約自体が世界規模での障害者運動の成果であることに鑑みれば，成年後見制度はもはや障害者政策の視点を抜きに設計することは許されないものといえ，その限りで障害者政策としての位置づけが可能である。

（2）日常生活自立支援事業の形成

　1999年10月，国庫補助事業として，介護保険制度の要介護度認定の開始と合わせてスタートしたのが，地域福祉権利擁護事業である。各地域の社会福祉協議会が実施主体となり，基本サービスとしての福祉サービスの利用援助のほか，オプションサービスとしての日常的金銭管理サービスや書類等預かりサービスを行う。

　また，翌2000年6月の改正社会福祉法により，同法2条3項12号にいう福祉サービス利用援助事業の1つとして位置づけられるに至った。

　そして，2007年には，事業に対し名称が大きすぎる，利用者にわかりにくな

どの指摘を受け，利用促進の観点から，日常生活自立支援事業へと名称変更し，今日に至っている。[7]

今日では，成年後見制度よりも簡便に利用できる権利擁護の仕組みとして，そのオルタナティブとして位置づけられることが多いものの，元来は介護保険制度とのつながりで導入された別個の仕組みであった。しかも，当初，典型的な福祉サービスの事業主体である介護施設への入所契約において利用を想定していた成年後見制度は，実務上，身元引受人等による入所契約が許容されたことから制度利用が回避され，施設介護と成年後見制度とのつながりが必然的ではなくなったために，独自の適用領域をもつものとして発展していったものといえる。

（3）差別解消法制の形成

① 概　説

障害者差別の禁止それ自体は，2004年の改正障害者基本法の3条3項に，「何人も，障害者に対して，障害を理由として，差別することその他の権利利益を侵害する行為をしてはならない」との規定が追加されたことを嚆矢とし，その後，日本における障害者権利条約の批准にあたっての国内法の整備として，まずは2011年8月の改正障害者基本法により，障害者概念につき，いわゆる社会モデル（同法2条1号，第1章「障害者政策の構成」参照）を採用するとともに，合理的配慮（reasonable accommodation）（川島ほか 2016）の否定も差別となることが明確化された。

そして，かかる差別禁止を具体化するため，2013年6月に差別解消法（障害を理由とする差別の解消の推進に関する法律）と改正雇用促進法が制定・公布された（障害者差別解消法解説編集委員会編著 2014）。これによる差別禁止と合理的配慮提供義務（障害者雇用促進法36条の2，36条の3）の規定は，約3年の準備期間を経て，2016年4月1日，施行されるに至った。

② 合理的配慮をめぐる裁判例

ここでは，上記合理的配慮提供義務の違反に対する司法上の救済につき，近時の民事裁判例を紹介する。

a 神戸地尼崎支決2012（平成24）年4月9日労働判例1054号38頁〔阪神バス事件〕

b 京都地判2016（平成28）年3月29日労働判例1146号65頁〔O公立大学法人事件〕

c 東京地判2016（平成28）年12月19日 WestlawJapan〔平成28年(ワ)第1151号損害賠償請求事件〕[8]

d 岡山地判2017（平成29）年3月28日労働判例1163号5頁〔学校法人原田学園事件〕

e 高知地判2018（平成30）年4月10日 LLI/DB〔平成27年(行ウ)第3号公共職業訓練不合格処分取消等請求事件，平成27年(ワ)第374号損害賠償請求事件〕

　以上の5つの裁判例は，改正雇用促進法の施行前後にまたがっており，必ずしも同法上の合理的配慮提供義務に即した判断ではないものの，裁判例cを除き，合理的配慮に関する障害者側の主張を一部認めており，注目に値する。その具体的救済として，労働上の地位確認や処分無効のほか，不法行為による損害賠償（慰謝料）までが認められており，行政法的アプローチが基本とされる差別解消法制の中でも，民事法的アプローチが有効となり得ることを示している（富永2016）。今後，制度が定着し，相談窓口も充実し，裁判例が積み重ねられてくると，国家賠償を含めた不法行為責任の追及が容易になる可能性もあるとはいえ，その動向が注目されよう。

（4）虐待防止法制の形成

　1990年代に次々と発覚した，滋賀サングループ事件や水戸アカス事件，白河育成園事件等に代表される数々の障害者虐待事件（毎日新聞社会部取材班 1998，副島 2000，サン・グループ裁判出版委員会編 2004，水戸事件のたたかいを支える会編 2006）は，マスコミでも大きく取り上げられ，社会問題化するとともに，弁護士等を通じた救済活動にあたり，現行の法律による対応の限界を明らかにした。
　ところが，2000年代に入り，児童虐待防止法，DV防止法（配偶者からの暴力の

第 5 章　権利擁護

防止及び被害者の保護等に関する法律，2001年10月施行），高齢者虐待防止法といっ
た各種の虐待防止法制が整備される中，法制度の検討が遅れていた。

　障害者虐待防止法の制定に向けた議論は，2008年以降にようやく進められるこ
ととなった。与野党それぞれが作業チームを設置し，2009年 7 月に 2 つの法律案
が国会に提出されたものの，その際は審議されることなく廃案となった。

　その後，改正障害者基本法の協議と時を同じくして，障害者虐待防止法につい
ても与野党で協議が行われた。2011年 6 月に与野党の合意が成立したことを受け
て法律案が国会に提出され，全会一致により障害者虐待防止法は可決・成立した
（同年 6 月24日公布，2012年10月施行）（日本弁護士連合会高齢者・障害者の権利に関す
る委員会編 2012，障害者福祉研究会編 2013）。

3 ｜ 概要——成年後見とそのオルタナティブ

（1）成年後見制度

　成年後見制度の概要については後記引用・参考文献（小林ほか編著 2017）や民
法の教科書・基本書にあたっていただくとして，以下では，障害者政策としての
理解に必要な範囲でポイントにふれるにとどめる。

　行為能力制度としての成年後見制度は，未成年者・成年被後見人・被保佐人・
被補助人という 4 つの「制限行為能力」者の類型を定める。このうち，未成年者
以外の類型を，本人の事理弁識能力（判断能力）の程度に応じて 3 つに区分した
ものが成年後見制度の対象となる。

　「制限行為能力」の具体的意味は，後見人等の保護者に無断で行った契約は，
取消しができるということ（取消権の付与）を意味する。保護者は，その他，法
定代理権等の保護手段を活用しつつ，保護すべき成年者の財産管理と身上保護と
を適切に実現することとなる（図5-1）。

　もっとも，成年後見制度は，単に判断能力が不十分であるという実質的な要件
だけではなく，常に家庭裁判所の審判を経てはじめて制度が開始され，しかも，
その審判が登記に反映される結果，その者と取引をする相手方にとっても，その
者が制限行為能力者か否かを画一的に判別できるようにしている点に特徴がある。

153

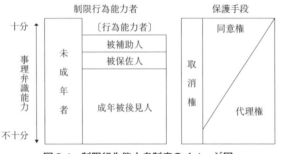

図 5-1 制限行為能力者制度のイメージ図
出所：筆者作成。

本人の保護だけでなく、その者と取引しようとする相手方の立場にも配慮した制度設計となっている。

ただ、その反面、家庭裁判所の開始審判は、法が定める一定の者からの申立てがない限り行われることがない。このような、いわゆる申立主義の下では、判断能力が低下したにもかかわらず、申立権をもつ一定の親族が申立てを意図的に行わないことで制度の開始を妨げることも可能となってしまう。

このことが、制度の利用がいまだ振るわない1つの原因となっているものの、他方では、近年、擁護者による虐待のケースなど、身内による申立てが期待できない場合に、精神保健福祉法等を根拠とする市区町村長の申立てによって制度が開始するケースが非常に増えている。[9]

(2) 任意後見契約

以上に述べた成年後見制度は、民法の規定に基づき、いずれも裁判所によって保護者が直接選任される仕組みとなっており、これを法定後見制度と総称している。

これに対し、現在では、保護者を本人自ら委任するという仕組み、いわゆる任意後見制度も存在する。わが国の任意後見制度は、民法上の委任契約を基礎としつつも、その契約の効力の発生を、家庭裁判所による後見監督人の選任にかからしめるという仕組みとなっている。

この監督人を任意後見監督人と呼んでいるが、家庭裁判所への申立てに基づい

第 5 章　権利擁護

てこの任意後見監督人が選任されないと，その委任契約，すなわち，任意後見契約が効力を生じない扱いとなっている。しかも，この任意後見契約は，公証役場で公証人によって作成される公正証書によって行われる必要がある。これらの点において，本来は当事者の自治に委ねられるはずの一般の委任契約とは異なる扱いを受けている。

（3）他の権利擁護制度

①　日常生活自立支援事業

　今日，成年後見以外の権利擁護制度としてあげられることが多いのが，日常生活自立支援事業である（東京都社会福祉協議会編 2016）。

　前述のとおり，その基本サービスは，一般に利用が容易ではない福祉サービスの利用援助であり，あくまで本人が行う手続きを支援するにすぎない点からすれば，代理や同意・取消しを保護手段として職務を行う成年後見とはもとより射程が異なるともいえるものの，オプションサービスとしての日常的金銭管理サービスや書類等預かりサービスまで視野に入れるならば，そこでは，年金・手当の受領，税金・社会保険料等の支払い，預貯金の預入れ・払戻しといった代理行為を含む日常的な金銭の管理や，あるいは重要書類等の保存など，財産管理権（民法859条1項）を有する成年後見人に類する行為の権限が付与されており，その限りで成年後見と共通の射程をもつ制度となっている。

　もっとも，あくまで本人と実施社会福祉協議会等との契約に依拠するため，本人の利用意思と契約締結能力とが問われる点，また，日常生活の範囲を超えた重要な財産行為への利用が想定されていない点において，制度利用の限界がある。すなわち，この支援事業は，成年後見制度の全面的な代替ではなく，広義の成年後見制度のうち，任意後見の，しかも，日常生活に関する行為の範囲をカバーするものにすぎない。

　そうではあっても，任意後見において要求される公正証書の作成や後見監督人の選任などの一定の手間や費用が省けるうえに，社会福祉法人である各都道府県の社会福祉協議会を実施主体として，その委託に基づく各市区町村の社会福祉協議会等においてサービスを提供する体制，すなわち，公的な福祉サービスの延長

で地元の社会福祉協議会が関与する体制がとられている点において，利用者の信頼を得やすい仕組みとなっており，いわば簡易任意後見制度としての実質を有している。しかも，本人の自己決定・意思決定を支援し，かつ，能力制限を伴わない点において，後述する障害者権利条約の理念にも合致しており，その利用者数は年々増加し続けている。[10]

② 民事信託

　さらに，近時は，信託の法制度を利用した成年後見の代替を行う仕組みとして，民事信託ないしは家族信託が普及し始めている。これは，信託という法制度の特性が，委託者・受託者・受益者という当事者構造を作出して，委託者の財産名義を受託者に移転させ，受託者において受益者の利益を図るためにその財産の管理・処分をする義務を負わせることを通じて，民法の世界では強行法規の壁に阻まれて実現が困難であったことを実現可能にする点にあるところ，この特性を，成年後見の仕組み作りに応用したものとなっている。信託法そのものには固有の制度目的があるわけではなく（信託法1条参照），私法上の法律関係を新たに創出するうえでのデバイスにすぎない。ここでは，従来の成年後見人的立場を受託者に担わせることで，家庭裁判所の司法的介入を回避する仕組み作りを可能にしている。

　日本における信託法の歴史は，大正時代の1922年（旧信託法）にまで遡ることができるものの，当時は悪質な信託業者の取締りに力点があり，信託業法による規制とあいまって民事信託はほとんど活用されてこなかった。ところが，2006年の信託法全面改正（新信託法）による規制緩和が実現したのを契機として，信託法のルーツである英米法の国々で現に活用されている家族信託を日本にも導入し，普及させようとの動きがにわかに活発化してきた。

　契約ベースで公示手段もないため，その利用実態を数値化することはできないものの，多くの関連書籍が発刊され（新井ほか編著 2016，田中編著 2018，遠藤 2019など），成年後見制度に対するネガティブキャンペーンとともに，テレビをはじめとするマスメディアもこれを多く取り上げるに至っていること，また，後述するような裁判例が報告されて紛争化している状況がみられることに照らせば，成年後見制度の利用に代えて，すでに相当数の利用がうかがえるとともに，制度

普及の過渡期にあり得る現象として，かえって紛争を引き起こすような制度の不適切な利用の実態もうかがい知ることができる。

③　地域連携ネットワーク

最後にあげる地域連携ネットワークは，前述した成年後見制度利用促進計画の3つの柱の1つとして掲げられているものである。それゆえ，成年後見制度以外の権利擁護制度というよりも，成年後見制度の利用を促進するための社会的インフラとして，民法の本来的ルールの外にあって成年後見制度の機能を活性化させるべく構築が期待されているものとして位置づけられる（成年後見制度利用促進体制整備委員会 2018）。

これによれば，地域連携ネットワークは，全国どの地域においても必要な人が成年後見制度を利用できるよう，各地域における相談窓口を整備するとともに，権利擁護支援の必要な人を発見し，適切な必要な支援につなげる地域連携の仕組みと定義される。

すでにみられる保健・医療・福祉の連携に司法（裁判所）を加えることに仕組み作りの力点があり，ネットワークの構成要素として，(1)権利擁護支援が必要な人について，本人の状況に応じ，後見等開始前においては本人に身近な親族や福祉・医療・地域の関係者が，後見等開始後はこれに後見人が加わって，協力して日常的に本人を見守り，本人の意思や状況を継続的に把握し，必要な対応を行う仕組みである「チーム」，(2)後見等開始の前後を問わず，「チーム」に対し法律・福祉の専門職団体や関係機関が必要な支援を行えるよう，各地域において，専門職団体や関係機関が連携体制を強化し，各専門職団体や各関係機関が自発的に協力する体制づくりを進める合議体である「協議会」，(3)専門職による専門的助言等の支援の確保や，協議会の事務局など，地域連携ネットワークのコーディネートを担う機関である「中核機関」の3つを想定する。これら諸要素の活動を通じて，成年後見制度の利用促進のほか，広報・相談・後見人支援といった機能を果たさせ，併せて，不法防止の効果を期待するものとなっている。

もっとも，これらは，2017年3月に閣議決定された利用促進計画に基づく動向として，その具体的取り組みは緒に就いたばかりである。2018年以降，厚生労働省の成年後見制度利用促進専門家会議の下で施策の進捗状況を把握・評価し，必

要な対応を検討しているが，前述の「中核機関」の全国的な普及にはまだしばらく時間を要するようである。

（4）差別解消法制

　この点は，第1章「障害者政策の構成」・第4章「就労・雇用支援」ですでに詳しく取り上げているので省略する。

（5）虐待防止法制

　障害者虐待防止法は，他の虐待防止法制と同様に，規制の対象となる虐待を定義づけて，その虐待を発見した者に市町村等への通報義務を課し，通報等を受けた市町村等において虐待を受けた障害者に対する保護等の措置を講ずることを基本的なスキームとしている。

　もっとも，障害者や障害者虐待の特性に対応して，虐待を受けた障害者の保護のためだけでなく，総合支援法等に基づく自立の支援のための措置も講ずるものとしている点（障害者虐待防止法1条，19条，41条など），規制の対象となる虐待として，他の虐待防止法制にみられる一連の虐待（身体的虐待・ネグレクト・心理的虐待・性的虐待・経済的虐待）を精緻化させ，「正当な理由なく障害者の身体を拘束すること」（身体的虐待の一種）や「不当な差別的言動」（心理的虐待の一種）も虐待に当たることが明示されている点（同法2条7項1号・3号など），虐待を受けた場所として，家庭内や施設内だけでなく，企業内での使用者による虐待も規制の対象としている点（同法2条8項，21条以下），高齢者虐待の場合には「生命又は身体に重大な危険が生じている場合」に限定して課している通報義務（高齢者虐待防止法7条1項。その他の場合は努力義務にとどまる〔同条2項〕）を，障害者の権利擁護をより確実に行う観点から，すべての場合に課している点（障害者虐待防止法7条1項，16条1項，22条1項）に特徴がある。

　また，障害者虐待の防止等を図るために成年後見制度の利用促進を行う国・地方公共団体の責務（同法44条）を定めるとともに，虐待の通報や届出があった場合や，障害者が財産上の不当取引の被害を受け，または受けるおそれのある場合について，市町村長等が適切に後見等開始審判の請求（申立て）を行うことも求

められており（同法9条3項，43条2項），すなわち，ここでは，第三者からの財産被害（これも経済的虐待の一種ととらえられる）を含め，虐待防止目的での成年後見制度の利用が企図されている。

4 | 課題——意思決定支援との相克

（1）成年後見制度の利用目的の多様性

ここで，翻って成年後見制度の目的について考えてみたい。なぜなら，成年後見制度の目的は，本人の保護や権利擁護という抽象的な表現を超えて，それ以上に明確な統一のイメージが語られているわけではないように思われるからである。

この点はまず，判断能力が低下するにつれて，財産を騙し取られたり，あるいは管理がおろそかになって奪われたりというリスクが高まってくるため，それを防ぐために後見人をつけるとの目的（詐取・奪取の防止）での利用は正当であろう。

また，成年後見制度を利用したことによる副産物たる弊害としての，成年後見人等の保護者による横領や背任を防止するとの目的も重要である。この点を防止できないと，成年後見制度に対する信頼が損なわれ，制度利用を後退させる一因となるからである。ところが，実際には，マスコミ報道にみられるように，親族後見人や，時には専門職後見人でさえ，本人の財産を横領するケースがみられるようであり，その防止は喫緊の課題といえる。

これに対し，本人が財産を浪費するのを防止するとの目的での利用は，後見人の本人意思尊重義務（民法858条）に抵触する。生活を圧迫しない範囲での浪費は，それが本人の意思に合致し，本人に主観的な利益をもたらすものである限り，許容されるべきものといえる（いわゆる愚行権）。

さらには，成年後見制度が不法行為を防止する役割を担うべきかといった問題が考えられる。前述の詐取・奪取の防止のほか，虐待防止のための利用は考えられるものの，本人たる障害者が不法行為の被害者になったり，あるいは逆に加害者になったりすることを防止する役割は，親族の同居人以外，とりわけ，専門職の後見人にはおよそ期待ができないものと思われる（最高裁2016〔平成28〕年3月

１日判決〔JR東海事件〕参照)。

(2) 障害者権利条約と意思決定支援

　以上に加えて，近年は，わが国が2014年に批准した障害者権利条約との関係で，本人の意思決定を支援することを正面から制度の利用目的とすべきかが問題となっている。なぜなら，同条約12条には，法的能力の平等が謳われており，その関係で，現在の成年後見制度は，とりわけ成年後見類型において，後見人に一律に包括的な代理権を与えている点などが同条に抵触するのではないかが問題視されているからである。

　この条約から，基本的に，本人の自己決定が尊重され，後見人による代理は例外的なものとされると，成年後見制度の役割は，本人の意思決定を支援することに力点が置かれることとなる。意思決定の代行から意思決定の支援へという流れである。

　しかし，意思決定支援といえども，制度濫用の危険はやはりつきまとうであろう。成年後見人が法定代理人の立場で濫用を働くことがあり得るのと同様に，これを支援者の立場に代えたところで状況はさほど変わらないものといえる。

　したがって，仮に意思決定支援を成年後見制度の新たな目的に据えたとしてもなお，濫用防止のための制度的な仕組みが大きく変わることはないものと思われる。

(3) 成年後見制度の課題

　最後に，現行の成年後見制度が抱える課題についてあらためて言及したい。

　すでに述べた中でもさまざまな課題にふれたものの，現行の成年後見制度は，制度の利用を促進すべき観点から，いまださまざまな課題に応えていかなければならない。

① 後見の社会化

　まず，「後見の社会化」という目標ないしは課題がある。

　配偶者をはじめとする親族に委ねていたかつての成年後見は，すでに超高齢社会に突入したといわれるわが国において，その一部を家族から社会や国家に移行

上の後見を，法的にどう処遇し，規律していくかは非常に大きな課題といえる
（櫻井 2018）。

> ### 権利擁護をさらに詳しく学びたい人のために
> ──民法は権利擁護の盾となり得るか

（1）民法体系における成年後見制度の位置づけ

① はじめに

　成年後見制度の前身である，前述したかつての禁治産制度において，禁治産者
本人はもっぱら保護の客体にすぎなかった。

　しかし，現在の成年後見制度における本人，いわゆる成年被後見人等は，保護
の客体というにとどまらず，権利の主体としても位置づけられなければならない。

　この観点からは，家族のために本人の財産を保全するといった従来みられた運
用は決して許されるものではなく，あくまで本人の意思に沿いつつ，本人にとっ
て真の利益となるような財産の運用が目指されなければならない。

　そして，1999年の抜本的な制度改正後も，このような制度が，民法という私法
の一般法の中にいまだ置き続けられていることの意味を考えるならば，成年後見
制度は，本人の権利を擁護するための一般的な法的仕組みとして位置づけられる
こととなろう。たとえ，前述の地域連携ネットワークが今後次第に全国的に整備
されていった場合であっても，そうしたネットワークの中心には，やはり民法中
の基本的な法制度としての成年後見制度があるとの点が引き続き意識されるべき
である。

　もっとも，従来，民法が想定する人間像は，「知的・社会的・経済的力の差異
が考慮されていない『抽象的性格』のもの」であり，その背後には，「理性的・
意思的で強く賢い人間像」が想定されていた（星野 1986）。これは，近代私法の
基本原理ともいうべき法的人格・法的能力の平等に根差しており，それ自体とし
て固有の普遍的価値をもつ。

　そのため，バルネラブル（vulnerable, 脆弱）な人々を想定した権利擁護の仕組
みは，こうした民法の人間像と相容れないのではないかが問われよう。

　実際にも，労働者は労働基準法や労働契約法をはじめとする一連の労働法制，

させなければやがて破綻してしまうことは明らかである。

すでに親族以外の第三者後見が7割を超える程度にまで増加したのは、そうした状況を示しているし、2017年3月24日に閣議決定された成年後見制度利用促進基本計画において今後の施策目標として掲げられた、いわゆる地域連携ネットワークの整備も、後見の社会化を示す動向の1つといえる。

また、その財政についても公的機関が負担する、いわゆる公的後見の整備も喫緊の課題といえる。

② 成年後見3類型論と一元論

次に、成年後見制度の現在の3類型を改めるべきであるかとの点も、1つの大きな課題である。

現在の3類型は、事理弁識能力の程度による類型化であり、3つの類型間に連続性がみられるものの、現実には、保護者側にとっての都合からか、成年後見類型が全体の8割程度と、かなりアンバランスな利用状況となっている。

これを、ドイツのように類型化を辞め、一元的な制度に統合するならば、その保護手段を裁判所が個別に検討することで、本人保護の必要性に応じた対応が可能になるともいえ、こうした一元的な制度を導入するのが望ましいとの見解がみられる。

他方で、わが国の成年後見制度の母国の1つであるフランスなどは、いまだ複数の類型を維持しており、ヨーロッパの多くの国が採る類型論と、ドイツやイギリス・アメリカなどが採る一元論との間での優劣が論じられている。

③ 事実上の後見の処遇

これに加えて、いわゆる事実上の後見の問題もある。

全国で500万人程度いるものと推計されている認知症高齢者や、さらには知的障害者や精神障害者のすべてについて後見が開始されているわけではなく、成年後見制度利用は、いまだ20万人程度にとどまっている。

したがって、その多くは、残念ながら、後見開始の手続きを踏まないまま、親族等が当該認知症高齢者の財産管理を事実上代行しているものと思われる。

この場合は、何らの監督もなく、成年後見が開始されている場合以上に横領のリスクが大きいものといえるため、現実には相当程度行われているであろう事実

消費者は消費者契約法をはじめとする一連の消費者法制といったように，バルネラブルな人々の保護は，いわば民法の外側の特別法によって規律されている。同様に，不動産の賃借人のための借地借家法，金銭の借主のための利息制限法なども民法の外側の特別法による規律である。

そのような中にあって，高齢者や障害者の保護に資する成年後見制度がいまだ民法本体に居を有することは，禁治産制度からの惰性というにとどまらない積極的意義，いわば権利擁護の盾としての意義を見出せるのではないだろうか。以下，この点を検討してみたい。

② 検察官の民事法的役割

契約自由の原則（2020年4月1日施行の改正民法521条参照）に代表されるように，私人間の権利義務関係は自己の意思に基づく契約を通じて生成されるのを原則とする。このような私的自治に委ねられた市民社会を基礎づける民法という法律は，極めて自由権的な性格をもち，弱者保護のための社会権的な積極的介入とは相容れないとも思われる。しかし，必ずしもそうとは言い切れない。

21世紀に入り，保証人の保護を民法の内部（2004年改正後の民法465条の2以下）で図ろうとしたのがその一例であるが，明治時代からの原始民法の中にも，同様の配慮がみられたとの事実がまず想起されるべきであろう。

それが，「公益の代表者」（検察庁法4条）としての検察官の民事法的役割である。

検察官というと，犯罪の捜査権限（同法6条1項）のほか，「刑事について，公訴を行い，裁判所に法の正当な適用を請求」する権限（同法4条）を有する者として，その刑事法的役割のみが描かれがちであるものの，民事法上も，親子関係不存在確認訴訟などの人事訴訟において被告とすべき者が死亡し，被告とすべき者がないときは，検察官が被告になるものとされており（人事訴訟法12条3項），民事法的役割がないわけではない。検察官には，ほかに，民法上の権限として，不在者財産管理人の選任（民法25条）や相続財産管理人の選任（同918条など）についての各申立権限のほか，後見等開始審判の申立権限（同7条・11条・15条）も与えられている。

この最後に掲げた権限は，判断能力が低下した者のために成年後見人等を選任

すべく審判の申立てをすることが，まさに公益（不特定多数人の利益）に資するとの法の精神の表れであるとみられる。

ところが，この検察官申立ては，現実にはほとんど機能せず，2009年から2018年までの10年間でわずか18件にすぎなかった。この件数は，全体の申立数（母数）が10年間で33万2634件であったのに比して，全体のたった0.005％にすぎず，特別法上で申立権限が与えられた市区町村長の申立件数が近年飛躍的に増加し，今や全体の21％程度に達している[11]のと比べると，圧倒的に少ない件数にとどまっている。

そして，現実的にも，検察官が刑事事件の処理に忙殺されている現状に鑑みるならば，検察官申立ての数を伸ばすための方策を模索するよりもむしろ，市区町村長申立てのいっそうの活性化や，地域連携ネットワークにおける中核機関に申立権限を与えるなど，検察官申立ての精神を活かしつつ，これを他の公益代表者に移入するなどの新たな仕組みを構想すべきではないかと思われる。

③　権利擁護システムとしての成年後見制度の含意

では，成年後見制度には，以上に述べた検察官申立ての精神を含め，公益的な権利擁護システムとしていかなる意味が込められているのであろうか。

この意味を考えることは，優れて実践的な問題意識へと通じる。

なぜなら，家庭裁判所によって運用された司法制度を経由せざるを得ない法定後見制度については，手続法にもかかわる技術的規定が多く，そこに関係当事者による制度のカスタマイズが入る余地が少ないと考えられる。しかしながら，任意後見契約その他契約の枠組みを用いた他の権利擁護の法的仕組みとの関係では，法定後見によって享受できる権利擁護の恩恵と実質において同等のものを保障できるかが問われざるを得ない。このことは，民法上の成年後見制度の中で中核的に保障されるべき権利擁護の仕組みとは何かをあぶり出す作業へと導くこととなるはずだからである。

この点，前述のとおり，バルネラブルな人々に対し，民法的な直接の権利保護とは別に，権利の取得や行使を容易ならしめるために用意された制度や個別的支援を意味する権利擁護の仕組みとして，成年後見制度はその典型的な形を示すもの，多くの論者によって強調されるように，本人意思尊重義務（民法858条）の

背景にもある1999年改正法の理念の１つである，自己決定権の尊重は，障害者権利条約の批准下にあって，制度の根幹として尊重されなければならないであろう。成年後見人等の権利擁護者が法によって付与された権限を濫用し，本人の自己決定を阻害することがあってはならない。

とりわけ，同居の親族にかかる権限を付与する場合には，その中に含まれる本人の財産を管理する権限（財産管理権）を用い，その財産が将来的には当該親族に相続される見通しの下で，これを本人の意思に沿って運用するのではなく，将来の相続財産が減少することのないよう，財産を保全する方向での運用が志向される懸念がある。このような構造的な利益相反状況を回避するには，親族以外の第三者を権利擁護者とするか，あるいは当該親族を権利擁護者としたうえでこれに適切な監督者をつけることが求められるといえ，これらを公正な司法手続きを通じて実現する成年後見制度は，それゆえに，権利擁護制度としての正当化根拠を見出し得る。

こうした仕組みは，民法中の法定後見のみならず，特別法中の任意後見にも見出される。任意後見契約に関する法律に従って締結される任意後見契約は，家庭裁判所による任意後見監督人の選任を条件として発効し（同法２条１号），この任意後見監督人を通じて家庭裁判所が間接的に監督するもの（同法７条３項）とされている。また，公正証書の方式によらなければならないこと（同法３条），任意後見契約の登記を前提とすること（同法４条１項参照），発効後は任意後見人の解任権を裁判所が行使すること（同法８条）など，民法上の委任契約（民法643条）の特則として位置づけられながらも，公証人・登記官・裁判官といった国家公務員の関与を必須としていることに照らしても，単なる私法上の契約関係にとどまらない公的な仕組みを構築しているのがわかる。これもまた，権利擁護制度としての重要性に鑑みてのことと思われる。本人の意思に基づく任意後見といえども，権利擁護の要請に法定後見との区別はないのであり，その意味において法定後見と任意後見は平準化されるべきであるからである。

これらを踏まえるならば，私法の一般法である民法が定める権利擁護制度としての成年後見制度には，監督の仕組みをはじめとして，本人の意思に基づく任意後見等によっても侵すことができない中核部分，いわば成年後見法の公序たるべ

き部分があるのではないかが問われよう。換言すれば，民法上の法定後見や任意後見契約法上の任意後見よりも簡易な権利擁護システムは，たとえそれが本人の意思に依拠したものであっても拒絶すべきではないかが問題となる。

この問題は，後ほど各論レベルで検討することとしたい。

④　社会福祉制度との連携

なお，ここで，成年後見制度は，権利擁護システムが全体として機能するうえでの十分条件でもないということを確認しておきたい。

広義の権利擁護に向けた制度としては，成年後見制度以外にも，前にふれた雇用促進法を中心とする差別解消法制や虐待防止法制が存在する。これらはいずれも，主として行政的手法による権利擁護の仕組みであって，私法的なアプローチによってはおよそ実現し難い実質的な権利擁護の役割を果たしている。

これらに比して，成年後見制度固有の役割は，主として民事司法の領域における権利擁護に向けた支援に求められる。民事司法は，（理念的には対等な）私人間の紛争解決に向けた国家作用であり，バルネラブルな人々であっても，これを活用して権利擁護を図れるよう支援することに意味がある。いわば社会福祉が民事司法と接点をもつ場面にこそ，成年後見制度固有の存在意義があるのであり，その意味で，成年後見制度は社会福祉制度の一部を構成する。

それゆえ，成年後見制度を構築し運用するうえでは，行政的手法に基づく他の社会福祉制度との連携が模索されるべきであるともいえる。虐待防止のために成年後見制度を発動できるよう，国・地方公共団体に同制度の利用促進を義務づけていること（障害者虐待防止法44条参照）や，障害者の雇用にあたって合理的配慮提供義務を課しており（雇用促進法36条の2，36条の3），これを私法上の効果に結びつけ得ることなど，連携の足がかりはすでに存在している。前述した地域連携ネットワークの構想を含め，成年後見制度を民法上の制度としてのみ矮小化してとらえることは避けるべきこととなろう。

（2）権利擁護の民法理論に向けて

以上の基礎的考察を踏まえて，成年後見制度が権利擁護の民法理論として果たすべき具体的役割をめぐる問題について検討を加えることとしたい。それは，先

第5章　権利擁護

に述べたように，本人の意思に基づいて構築された成年後見以外の権利擁護の仕組みがどこまで許容されるかの問題である。

① 成年後見制度の補充性

　この問題を検討するうえで，避けて通れないと思われるのは，成年後見制度の補充性である。すなわち，成年後見に代わる権利擁護の仕組みが構築された場合に，同制度はあくまで補充的な立場に立ち，その仕組みが存続する限り発動が許されないこととなるのではないかが問題となるからである。日本法上，この原則の存在自体明文化されておらず，その意義自体も明らかではないことから，まずはこの点を確認したい。

〈欧州評議会閣僚委員会勧告〉

　成年後見制度の国際的な基本原則として，1999年の欧州評議会閣僚委員会勧告「無能力成年者の法的保護に関する基本原則（Recommendation No. R (99) 4 of the Comittee of Ministers to Member States on Principles Concerning the Legal Protection of Incapable Adults）」が知られている。その第5原則には必要性（necessity）と補充性（subsidiarity）が，第6原則には比例性（proportionality）が謳われている。

第5原則 ― 必要性及び補充性

1．個別の状況や本人のニーズを考慮して，措置が必要でない限り，無能力成年者に対して保護措置を講じてはならない。しかし，本人の完全かつ自由な同意を得て保護措置を講ずることができる。

2．措置の必要性について判断を下す際には，あまり正式でないあらゆる仕組みと，家族その他の者によって提供され得るあらゆる援助が考慮されなければならない。

（筆者訳）

第6原則 ― 比例性

1．保護措置が必要である場合は，本人の能力の程度に比例し，本人の個別の状況及びニーズに適合しなければならない。

2．保護措置は，本人に対する介入の目的を達成するために必要な範囲でのみ，本人の法的能力，権利及び自由を制限すべきである。　　　　　（筆者訳）

　ここで確認すべきは，上記の諸原則のうち，必要性と補充性は保護措置（成年

後見）が必要ではない場合に関する原則，比例性は保護措置（成年後見）が必要である場合に関する原則であるということ，また，補充性は，あくまで保護措置（成年後見）の必要性を基礎づける要素となるにすぎず，必要性原則に従属する原則として位置づけられているということである。

〈諸外国の立法〉

そして，これらの原則は，欧州各国の成年後見法に多く採用されている。

例えば，2007年に改正されたフランスの成年後見法（民法典428条）には，以下の規定がある（条文訳につき，清水 2009）。

> 第428条　保護措置は，必要な場合において，かつ，代理の普通法の規則，夫婦各自の権利及び義務に関する規則，並びに夫婦財産制の規則，特に第217条，第219条，第1426条及び第1429条に定める規則の適用によって，より強制的でない他の司法的保護措置によって，又は当事者により締結された将来保護委任によって，その者の利益を十分にはかることができない場合でなければ，裁判官によって命ずることができない。
> 2　措置は，当事者の人的能力の悪化の程度に応じて均衡させ，かつ，個別化させる。

これは，後見，保佐および司法的救済（フランスの第3類型）の総称である司法的「保護措置」につき，1項において必要性と補充性を，2項において比例性を，それぞれ定めた規定とされる。

他の欧州諸国も，現在は，この補充性原則に対応する規定を概ね設けているようであり，任意代理や後見以外の法定代理があれば，それらが優先され，他の援助があった場合もそれが優先されるものとされている（ドイツ〔民法典1896条2項〕・オーストリア〔一般民法典268条2項〕・スイス〔民法典389条〕，青木 2016参照）。

もっとも，他方で，それらの代理や援助があれば当然に後見が開始されなくなるとしているわけではなく，一定の評価概念を用いた実質的な判断を経由させている点において共通する。この点は，フランスにおいても，「その者の利益を十分にはかること」ができるといった評価概念を経由しており，同様の状況にある。

第5章　権利擁護

〈日本法への示唆〉

このことは，より制限的ではない他の代理や援助の仕組みを優先させたところで，そこに権限濫用防止等の仕組みが内包されていない場合には，かえって本人の保護を悪化させるといった点に鑑みるならば，当然の処遇ともいえる。

それゆえ，わが国に補充性原則を導入するとしても，同様の評価概念を安全弁として用意するとともに，安易に他の代理や援助を優先させない運用が求められるものといえる。

他方，類型主義を採るフランス法がそうであるように，補充性原則の現れ方として，「より強制的でない他の司法的保護措置」の優先性，すなわち，日本法に応用されるならば，補助では十分な保護を確保できないことを証明しなければ保佐を開始できず，補助でも保佐でも十分な保護を確保できないことを証明した場合にはじめて後見を開始できるものと扱うことは重要であろう。

② 任意後見契約法外の任意後見

以上にみたとおり，成年後見制度の補充性は形式的な原則ではなく，それが成年後見制度に代わり得るものであることの実質的な評価を経由すべきものとされている。そこで，これを踏まえつつ，現に任意後見契約法の外で行われている本人の意思に基づく権利擁護の仕組み（実質的意味における任意後見）について，その評価を加えたい。

〈日常生活自立支援事業〉

まず，日常生活自立支援事業については，前述のとおり，簡易任意後見制度としての実質を有していることから，任意後見契約法上の任意後見制度との抵触が問題となり得る。とりわけ，後者との制度比較においては，正式な監督人を置いていない点が権限濫用防止の観点から問題となり得るものの，実際の運用に即して考えるならば，公益法人としての社会福祉協議会が事業主体であることに加えて，支援計画を作成する専門員と，その計画に基づいて定期的な援助を行う生活支援員との複数体制をとることで，相互チェックによる濫用防止を図る仕組みが内在していること，独立組織である福祉サービス運営適正化委員会への苦情申立ての仕組みが用意されていることなど，監督人に代わる権限濫用防止の仕組みが備わっており，元来が日常的な金銭の管理等にとどまり，多額の財産を扱わない

169

こととあいまって，正当化されるものといえる。

〈民事信託〉

これに対して，後見制度との抵触が問題視され，社会問題化しつつあるのが，前述した，いわゆる民事信託である。とりわけ，近時，相続法秩序との抵触として，いわゆる遺言代用信託による遺留分侵害が正面から問われた裁判例が公表されており，その延長線上には，相続法秩序に準じて，成年後見法秩序への抵触も問題となり得るだけに，この裁判例を紹介して若干の評価を加えたうえで，成年後見法領域への示唆を得ることとしたい。

この裁判例の事案や論点はやや複雑なので簡略化すると，以下のとおりとなる。

亡くなった被相続人Aは，生前，多数の不動産を所有していたところ，Aの3人の子である長男X・次女B・次男Yのうち，B・Yとの間で，A死去の17日前に，Aの全財産を対象とする死因贈与契約を締結するとともに，Yとの間で，A死去の14日前に，Aを委託者，Yを受託者，当該不動産および300万円を信託財産とする信託契約（以下，「本件信託契約」）を締結し，その旨の不動産登記を経由した。本件信託契約においては，当初受益者をAとし，A死亡後はXとBが受益権割合1/6ずつを，Yが受益権割合4/6を取得するが，これらの者が死亡した場合は，Yの子どもらが受益権を均等に取得するものとされていた（いわゆる受益者連続信託〔信託法91条参照〕）。そこで，A死亡後，Xは，これらの死因贈与契約および本件信託契約により遺留分（被相続人の意思によっても奪い得ない相続分）を侵害されたとして，遺留分減殺請求（2018年改正前の民法1031条参照）を行うとともに，本件信託契約は公序良俗違反（民法90条）により無効であるなどと主張し，上記不動産登記の抹消等を求めて訴えを提起した。

これに対し，東京地裁は，「本件信託のうち，経済的利益の分配が想定されない……不動産を目的財産に含めた部分は，遺留分制度を潜脱する意図で信託制度を利用したものであって，公序良俗に反し無効である」と述べるとともに，信託契約の有効な部分に対しても，「信託契約による信託財産の移転は，信託目的達成のための形式的な所有権移転にすぎないため，実質的に権利として移転される受益権を対象に遺留分減殺」を行えるものと述べた。つまりは，信託契約についても民法上の遺留分制度の適用があることを認めたばかりでなく，それを超えて，

第5章　権利擁護

経済的利益の分配が想定されない不動産（Aの居宅や無償貸与地，山林）について形式的な受益権を取得させた部分は，「外形上，Xに対して遺留分割合に相当する割合の受益権を与えることにより，これらの不動産に対する遺留分減殺請求を回避する目的であった」として，公序良俗違反による一部無効をも認めた点に本裁判例の大きな特徴がある。

　この事件は控訴され，上級審の裁判例もいまだ示されていないことから，その先例的価値を過大視することはできないものの，この論理の延長においては，成年後見制度を潜脱する意図で信託制度を利用するような民事信託や家族信託についても，同様に無効とする余地がないかが問われよう。

　この点，現行の信託法は，受益者その他の第三者たる利害関係人が存在し得ることとあいまって，単なる二当事者間の契約関係の規律を超えた組織法的規律を内包している。これは，あたかも会社その他の法人を設立するのに似た法的効果を有しており，つまりは，信託組織の設立ともいうべき法的効果をもたらすものであり，これを安易に無効化するならば，利害関係人への影響が大きいがゆえに，これを回避すべきとの考慮が働くとはいえるものの，成年後見代用の民事信託においては，基本的に，被後見人本人を委託者兼受益者として，本人が保有する財産の管理を受託者に委託するものであり，前述の裁判例にみられる遺言代用信託のように，委託者本人が死亡して複数の相続人が受益者となるケースとは前提となる利益状況がそもそも異なっている。もっとも，そうであるがゆえに，遺言代用信託のように，第三者たる相続人の一部から遺留分侵害額の請求が行われ，相続法の論理に従った遺産の自律的調整の仕組みを内在させているのとは異なり，成年後見代用信託においては，本人の判断能力が低下するにつれて，本人自らの無効主張は期待できず，私法的仕組みを利用した自律的調整はおよそ困難となってくるであろう。

　そのため，財産管理者に対する監督やこれに準じた仕組みを用意していないような民事信託が，実質的に成年後見法秩序に反すると仮に評価されたとしても，司法的関与による成年後見制度の発動がなされていない中，これを本人の自発的な訴えに基づいて救済することがおよそ期待できず，つまり，自律的調整の仕組みはここにおいて機能しないこととなる。そのこと自体が権利擁護制度としての

本質に反し，成年後見法秩序に違うといえるとしても，である。ここに，この問題が解決困難であることの本質が見出されよう[15]。

〈任意後見的運用の評価〉

このように，任意後見契約法外の任意後見的な運用の実務は，日常生活自立支援事業を除けば，契約自由の原則の枠内で自由な仕組みづくりが可能な反面，判断能力が低下した本人の権利擁護を図るという成年後見制度の基本的機能に照らしたとき，本人の自由な意思決定という名のもと，成年後見制度よりもリスクが高い仕組みに本人自身を拘束するといった帰結をもたらしている。しかも，現実化したリスクに対する司法的救済も期待できない。このような状況に対して，民法は全くの無力なのであろうか。

③　治療に向けた方針——法定後見と任意後見の複合形態の導入

最後に，この治癒困難な病理現象に対する処方箋ないしは治癒に向けた方針を示すことで結びとしたい。

この点の管見をあえて示すとすれば，それは，法定後見と任意後見とを完全に二分化するのではなく，これらのハイブリッド（複合）形態をも柔軟に取り入れていくことではないかと考える。現在の法定後見制度が，その前の禁治産制度よりも後見類型間の柔軟性を高めることで制度の利用促進を図ったのと同様に，法定後見と任意後見との間においても柔軟性を高めるべきではないであろうか。

たとえば，諸外国の任意後見制度ですでにみられるように，開始審判によって成年後見が開始するとしても，これによって選任される法定後見人は，被後見人本人が事前に指示した者にするといった仕組み（法定後見人の事前指示[16]）は，日本法にも導入されてよいであろう。

また，民法上の不在者財産管理制度では，不在者が自らの意思で管理人を置いた場合であっても，不在者の生死が明らかではない場合に，家庭裁判所は，利害関係人または検察官の請求により，管理人を改任したり，財産目録の作成や財産の保存に必要と認める処分を命じたりすることができるものとされている（民法26条，27条2項・3項）。これと同様に，本人が自らの意思で受託者や受任者への委託・委任をした場合であっても，その者を改任したり，財産管理に必要な命令を行ったりするような権限を，法定後見の場合に準じて，裁判所に与えるといっ

た対応が考えられよう。これもまた，任意後見と法定後見とのハイブリッド形態
といえよう。もしこれが可能であるとするならば，本人からの委託・委任もなく，
また，法定後見も発動していない中で，同居の親族等が本人に無断で財産管理を
行うという，前述した事実上の後見という別の病理現象に対する処方箋ともなる
であろう。

注

⑴　禁治産制度下で，最も禁治産宣告数が多かったのが，制度廃止直前である1999年の
　2960件であり，最も準禁治産宣告数が多かったのが，1998年の852件であった。

⑵　もっとも，立案当初の理念は，「本人保護（財産，身体）」「本人の自己決定の尊重」
　「取引安全」といったものであり，「残存能力の活用」「ノーマライゼーション」は，
　立案に向けた研究会の座長であった星野英一の意見の影響によるものであるとされる
　（大村 2017）。

⑶　2010年に横浜で第１回大会が開催され，２年ごとに開催されている成年後見世界会
　議は，2018年の韓国・ソウル大会で第５回目となったが，そこでも成年後見制度の条
　約適合性に関する論題が毎回多く採り上げられている。

⑷　①成年後見制度の利用の促進に関する法律（成年後見制度利用促進法），②成年後
　見の事務の円滑化を図るための民法及び家事事件手続法の一部を改正する法律（成年
　後見事務円滑化法）という２つの法律の総称である。

⑸　現在の制度利用状況の実数については，最高裁判所事務総局家庭局「成年後見関係
　事件の概況」（裁判所ホームページ）参照。なお，これによれば，2018年における後
　見等開始原因の多数は認知症（63.4％）であり，次いで知的障害（9.9％），統合失調
　症（8.9％），高次脳機能障害（4.5％），遷延性意識障害（1.3％）の順となっている。

⑹　成年後見制度選挙権を考える会のホームページ（http://www7b.biglobe.ne.jp/~sei-
　nenkoukensenkyoken0201/index.html）参照（2019年５月６日閲覧）。

⑺　もっとも，東京においては，本事業が，不当な搾取の未然防止など，判断能力が十
　分でない者の権利擁護に重要な役割を果たしており，事業名称上もその趣旨がわかる
　方がよいことや，すでに利用者や関係機関の間で名称が定着していることから，従来
　どおり，「地域福祉権利擁護事業」の名称を使用している。

⑻　その後，東京高判2017（平成29）年５月30日 WestlawJapan（平成29年（ネ）第341
　号損害賠償請求控訴事件）は，Ｘらの控訴を棄却した。

⑼　現行制度開始当初の2000年度は，全体のわずか0.5％にすぎなかった市区町村長申
　立ては，その後，年々増加し，2018年には7705件，全体の21.3％にまで達している。

⑽　2001年度は4143件にとどまっていたものが，2017年度には新規契約件数が１万1768

件，同年度末時点の実利用者数は 5 万3484人に達している（社会福祉法人全国社会福祉協議会・地域福祉推進委員会・今後の権利擁護体制のあり方に関する検討委員会 2019）。

⑾　2018年 1 年間に終局した事件の申立数 3 万6186件中，市区町村長の申立ては7705件にも及んだ。

⑿　前述したフランス民法典428条の補充性原則を受けて，同440条が定めている（条文訳につき，清水 2009参照）。

⒀　東京地判平成30年 9 月12日金法2104号78頁。すでに，渋谷陽一郎・金法2106号19頁，小室太一・金法2107号 4 頁，遠藤英嗣・信託フォーラム11号77頁（いずれも2019年）など，評釈・解説が出されている。

⒁　本来，遺留分を算定するための財産の価額に算入できる生前行為としては，「贈与」のみが想定されているため（2018年改正後の民法1044条参照），これを信託に準用した点自体にも先例的意義がある。

⒂　この民事信託と類似した問題状況があるとみられるのが，前述した移行型任意後見における財産管理等委任契約である。これが公序良俗に違反するなどとして無効であるとまでいえるかについては，少なくとも公証実務上は適法であることを前提に運用されている以上（日本公証人連合会編著 2017参照），難しいように思われる。

⒃　フランス民法典448条など，この仕組みを導入する例は多い（山本ほか編著 2014参照）。

引用・参考文献

青木仁美（2016）「成年後見制度における補充性原則の機能」『早稲田大学高等研究所紀要』 8 ， 5 ～25頁。

秋元美世（2015）「権利擁護の理論」秋元美世・平田厚『社会福祉と権利擁護——人権のための理論と実践』有斐閣， 1 ～112頁。

新井誠・大垣尚司編著（2016）『民事信託の理論と実務』日本加除出版。

遠藤英嗣（2019）『新しい家族信託〔全訂〕』日本加除出版。

大口善徳ほか（2016）『ハンドブック成年後見 2 法』創英社＝三省堂書店。

大村敦志（2017）「成年後見問題研究会と星野英一」『法学協会雑誌』134(11)，2254～2280頁。

川島聡ほか（2016）『合理的配慮——対話を開く，対話が拓く』有斐閣。

小林昭彦ほか編著（2017）『新成年後見制度の解説〔改訂版〕』金融財政事情研究会。

櫻井幸男（2018）「高齢者の財産管理に関する法的課題と対応策——『金融搾取』と『事実上の成年後見』に焦点をあてて」『日本大学大学院法学研究年報』48，224～176頁。

サン・グループ裁判出版委員会編（2004）『いのちの手紙——障害者虐待はどう裁かれ

たか』大月書店。

清水恵介（2009）「フランス新成年後見法」『日本法学』75(2)，491～546頁。

社会福祉法人全国社会福祉協議会・地域福祉推進委員会・今後の権利擁護体制のあり方に関する検討委員会（2019）『日常生活自立支援事業の今後の展開に向けて（平成30年度日常生活自立支援事業実態調査報告書）』。

障害者差別解消法解説編集委員会編著（2014）『概説障害者差別解消法』法律文化社。

障害者福祉研究会編（2013）『逐条解説障害者虐待防止法』中央法規出版。

成年後見制度利用促進体制整備委員会（2018）『地域における成年後見制度利用促進に向けた体制整備のための手引き』厚生労働省ホームページ。

副島洋明（2000）『知的障害者 奪われた人権——虐待・差別の事件と弁護』明石書店。

田中和明編著（2018）『詳解民事信託』日本加除出版。

東京都社会福祉協議会編（2016）『地域福祉権利擁護事業（日常生活自立支援事業）とは…——制度を理解するために〔改訂第3版〕』東京都社会福祉協議会。

富永晃一（2016）「障害者雇用の動向と精神障害者の雇用義務化——裁判例の状況（補足）」『詳説障害者雇用促進法〔増補補訂版〕』弘文堂，347～363頁。

日本公証人連合会編著（2017）『新版 証書の作成と文例・家事関係編〔改訂版〕』立花書房。

日本弁護士連合会高齢者・障害者の権利に関する委員会編（2012）『障害者虐待防止法活用ハンドブック』民事法研究会。

野村好弘（1979）「準禁治産制度と法人制度の改正問題」『ジュリスト』696，37～42頁。

星野英一（1986）「私法における人間——民法財産法を中心として」『民法論集第6巻』有斐閣，2～51頁。

毎日新聞社会部取材班（1998）『福祉を食う——虐待される障害者たち』毎日新聞社。

水戸事件のたたかいを支える会編（2006）『絶対，許さねえってば——水戸事件（障害者差別・虐待）のたたかいの記録』現代書館。

山本修・冨永忠祐・清水恵介編著（2014）『任意後見契約書の解説と実務』三協法規，202頁。

コラム⑤ ──

司 法

　2006年に発刊された『累犯障害者』（山本譲司著）は，少なからず社会に衝撃を与えた。そこには，障害とそれを取り巻く社会環境が背景となって罪を犯さざるを得なかった障害者がいることが赤裸々に描かれていた。同書は個別の事件を記述したものであるが，それが特定の個人の問題ではなく，障害者を取り巻く社会構造の問題であることは明らかだった。

　その少し前には，「心神喪失等の状態で重大な他害行為を行った者の医療及び観察等に関する法律」（以下，医療観察法）が成立・施行された。これは精神障害等によって責任能力を問えない状態で重罪にあたる行為を犯した障害者の処遇を定めたものである。医療観察法は，それ自体が賛否を含む多くの議論を呼んだが，その是非や詳細については，紙幅の関係上，ここでは割愛する。

　これらからは，障害者と犯罪・触法行為の関係において，障害者を犯罪に追い込む社会構造（事前）と，犯罪・触法行為が起きてしまった場合のいわゆる処遇（事後）の2つの論点をみることができる。障害者政策はこれにどうかかわることができるのか。

　前者は，山本（2006）も指摘するように，福祉サービスや支援によって防げる部分も少なくなく，総合支援法のような，それら支援を提供する日常生活支援体制が重要となる。しかしながら，そのような予防的対応を完全なものとすることは容易ではない。制度から漏れ落ちる人は常に存在するし，さらに下手に「予防」を謳えば，障害者への非人道的措置が許容されるおそれもある。

　一方で後者の処遇という点については，犯罪までの経緯と障害，それに対する社会的環境などの関係を考慮すれば，同様の事態を避けるための訓練や治療などが考えられる。実際欧米には，犯罪行為の背景に障害による影響が明らかな場合，それに応じた特別なプログラムを刑罰や更生プログラムの代替として命じる司法制度も存在する。ただ，日本ではそのようなシステムは

未発達で，刑務所の一部民営化による独自のプログラムという範囲にとどまっている。また医療観察法以前には，責任能力無しとされた者についてもそれで無罪放免になるかといえばそうではなく，多くはそのまま措置入院となり，時にはそのまま生涯を病院で過ごすことになった。

更生施設出所後の生活についても，その犯罪歴がハンデとなって一般の障害者サービス利用を拒否される例もあり，一部の NPO などで刑余者等への支援がみられるが，あくまでも少数の例である。障害者政策としての取り組みは十分とはいえず，障害によって犯罪に追い込まれる者も，その後の適切な支援がなく二重のハンデを抱えて生活する者もまだまだ少なくない。

ただ，制度や政策の観点からみて難しいのは，そこで障害者に特化した支援やその枠組みを設定することは，一歩間違えれば障害者と犯罪の関連づけを必要以上に強化し，「障害者だから罪を犯す」といった歪んだ認識を助長してしまうリスクもあるということだ。しかし，そのリスクへの懸念が，これまでこの種の議論が十分になされてこなかった一因でもあり，さらに現在の障害者の司法制度の状況を生んでいるともいえる。その点からも，障害者政策はこの問題について正面から議論し，取り組んでいく必要があるといえる。

参考文献

山本譲司（2006）『累犯障害者』新潮社。

第6章

障害者運動

1 障害者運動の意義と役割——社会は変えることができる

　障害者福祉政策は，単に国会の議論の結果として創出されてきたのではなく，少しずつではあるが障害がある人の家族や本人の意見を反映しながら発展してきた。さまざまな関係する政策に家族や当事者の声を届けてきた障害者運動のあゆみをふりかえることで「社会は変えることができる」ということが理解できる。

　本章では，障害者運動の歴史と概要，今後の課題について議論する。特に注目したいのは(1)障害者がいかにして家の片隅で保護される存在から，社会参加する主体へと変貌しようとしたのかということ，(2)障害者が自らに提供される金銭給付や福祉サービスについてどのような主張をしてきたのか，そして現在しているのかという点である。

　障害者運動の担い手となる団体は，障害種別等によってかなり多様である。それゆえ，本章で取り上げることができるのは，非常に限られた内容である。関心のある話題を手がかりに各自でさらに研究を進めてほしい。

2 形成と展開——権利獲得のこれまで

（1）戦後の混乱期と障害者運動（終戦から1960年まで）

　障害者運動は戦前から存在するが，紙幅の都合から本章では戦後の運動を対象とする。障害者運動の最初のうねりは終戦後の混乱の中で起こった。1つは，傷痍軍人による活動である。各地の療養所に入院していた彼らの生活は，敗戦後，

傷痍軍人の対策がGHQの指示により停止したことの影響を受けて悲惨を極めた。多くの患者が白衣を着て街頭に立ち，楽器を演奏するなどして寄付を求めた。その中で彼らは自らの療養生活の向上を求めて政府に働きかける。こうした療養生活の改善を求める運動は，患者運動と呼ばれ，傷痍軍人だけでなく結核患者においても活発化していく。生活保護の水準をめぐって争った朝日訴訟を支援する活動も患者運動の流れの1つに位置づけられる。

　この時期には視覚障害者，聴覚障害者による障害者団体が結成されている。すなわち，日本盲人会連合会（日盲連），全日本ろうあ連盟（ろうあ連盟）である。特に日盲連は身体障害者福祉法の制定に一定の役割を果たしている。初代会長の岩橋武夫が中心となり，アメリカからヘレン・ケラーを招聘し，全国で講演会を行った。こうした活動は，「元軍人だけを優遇することにつながる」として障害者福祉に否定的だったGHQに対して，元軍人だけを対象にするわけではないというメッセージとなった（小西 2012）。視覚障害者はもともと盲人福祉法の制定を求めていたが，国会議員からのはたらきかけを受け，身体障害者福祉法の制定に目標を切り替えた。

　この時期に結成された障害者運動団体として他には，日本肢体不自由児協会（1949年），精神薄弱者育成会（1952年），全国鉄傷痍者団体連合会（1952年），青い芝の会（1958年），全国脊椎損傷者協会（1959年）などがある。各団体の活動について短い説明を付す。日本肢体不自由児協会は，医療費の軽減を政府に要求し，更生医療，育成医療を実現することに一定の役割を果たした。精神薄弱者育成会は知的障害者の子どもをもつ親の団体として発足し，成人の知的障害者の住居として入所施設を要求していた。こうした要求は1960年の精神薄弱者福祉法として結実する。そして，その後のコロニー建設へとつながっていく。知的障害者分野における入所施設中心の政策はこうして形作られていくが，今日では施設から地域生活に移行するための支援の必要性が強調されている。こうした歴史的な事例は福祉サービスが貧弱な中で入所施設に頼るしかない状況があったことを示すと同時に親のニーズと本人のニーズが必ずしも一致しないという教訓も提示している。全国鉄傷痍者団体連合会は国鉄の公務において受傷した障害者が集まったもので，障害者福祉の情報誌である『リハビリテーション』を発行し続けている。

第6章　障害者運動

青い芝の会は脳性マヒ者の団体で時期や地域によって大きく活動内容が変わるが，1970年代以降は社会における差別を激しく告発し注目を集めた。全国脊椎損傷者協会は，その名のとおり，交通事故などによる脊椎損傷者の団体で，労災年金の改善や移動の自由の改善のための活動をしてきた団体である。

（2）1960～70年代における障害者運動のうねり

　1960～70年代の障害者運動は，思い切って分類するならば，異なる３つの流れを包含していたといえる。その１つ目は，障害者の生活拠点として入所施設といった保護的な福祉サービスを求める運動である。２つ目は，障害者を価値のない者とする価値観やそれに基づいた実状を打開しようとする流れである。３つ目は発達保障論を基盤としながら，障害者の教育を受ける権利や労働をする権利の実現を目指したものである。以下では，この３つの流れについて概説する。

　１つ目の流れの例として精神薄弱者育成会や重症心身障害児を守る会がある。両者とも全く地域での生活に関心がなかったというわけではない。しかし，その活動の中心は，親がいなくなった後，安心して暮らせるような施設の建設にあったといえる。精神薄弱者育成会の実現した知的障害者福祉法に基づく入所施設はこの時期に特に増えている。重症心身障害児についても守る会の訴えを受けて国立療養所に病床が設けられていった。守る会では，初期からの地域での療育活動も行っているが，それは，入所できる施設や病院が増えても在宅で重症心身障害児のケアをしている家族が存在するからである。精神保健福祉の領域では，全国精神障害者家族会連合会が1964年に結成されている。家族が運動の主体となり，精神科医療の充実を目指した。その意味では，基本的に入院を肯定した運動であったといえる。ただし，その一方で保健体育の教科書における精神障害者の記述やメディアの精神障害者の報道のあり方についてその偏見を厳しく指摘する側面をもっていたこと，精神科病院における暴力事件などの不祥事については，その是正を求める姿勢をもっていたことも注目に値する[1]。これらの団体の路線は，入所施設から地域へという方針を目指す現在の障害者政策とは反対方向だが，当時は在宅で母親が疲弊し尽くすまで障害者のケアをするか，施設に預けるかという以外に選択肢がない時代であった。このような背景を理解しつつ，一歩踏み込ん

で，親と本人のニーズの違いも峻別する必要がある。

　2つ目の流れの代表には主に府中療育センター闘争の有志グループや青い芝の会をあげることができるだろう（いずれも主力は脳性マヒ者）。府中療育センター闘争とは，大規模な施設における生活環境や職員による対応を人権侵害ととらえ，運営に当事者の視点を反映させることを求めた運動である。後にいくつかの流れに分かれるが，地域生活に向かった当事者もいれば，入所施設の自治会組織の強化に向かった当事者も存在する。[2]

　青い芝の会は，1970年に起こった障害児の親子心中をめぐって社会に対する告発を始める。当時，こういった事件が起こると重度の障害児のケアに疲れ果てた母親を厳しく罰することは「かわいそう」とされていた。だが，彼らは殺される側の立場から，そのような理由で母親を減刑することが自分たちの命の軽視につながっていくとし，殺される側の立場から健常者中心の社会を告発した。他にも優生保護法改正反対や車椅子を利用したままでのバス乗車を認めさせる運動に取り組んだ。さらに彼らは，それまで家庭の片隅で家族の世話になっていた障害者の状況を社会からの排除としてとらえ，地域で生きる権利を主張し，それを保障する仕組みを要求した。[3]

　また肢体不自由者によるバリアフリーのための活動も1970年代に活発になる。障害者の権利意識が1964年における東京パラリンピック等に刺激される一方で，自家用車の普及，地下鉄や地下道の普及・拡大などで障害者にとって移動が難しくなる状況が背景にあった。1970年代後半には，京都市や大阪市で地下鉄にエレベーターを設置することを求める運動が車椅子利用者中心に展開された。

　障害者の社会的排除に抵抗したのは不自由者だけではない。視覚障害者や聴覚障害者の運動事例も紹介しておきたい。視覚障害者に関係して取り上げたいのが，上野裁判である（井上 1980，森 2014）。1973年，高田馬場にあるヘレン・ケラー学院に通う上野孝司（当時42歳）がホームから転落，電車にはねられて死亡した。上野は，ヘレン・ケラー学院ではりや灸の技術を学び，開業の予定も結婚の予定もあった。上野の両親は事故を国鉄の過失によるものとして提訴，国鉄側は，安全を確保するのは個人の責任であって国鉄側に過失はないと主張した。第一審は両親の主張を認め国鉄に賠償金の支払いを命じた。国鉄側は控訴したが，第一審

で提示された賠償額に近い和解金での和解が成立した。また今後，国鉄は安全の確保に努力することが確認され，改善のための委員会には日盲連の会員が参加した。

聴覚障害者も社会参加を促進するためにさまざまな運動を展開した。全日本ろうあ連盟は，長らく活動してきた高田英一によれば，(1)手話通訳制度の確立，(2)自動車運転免許資格の獲得，(3)ろう者を準禁治産者とみなす民法第11条の改正，(4)全国および地方におけるろうあ会館の建設を目標としてきた（高田 2013, 16）。これらのうち，(3)について取り上げたい。当時の民法では，視覚障害者，聴覚障害者を「準禁治産者」として意思決定能力のない人として，彼／彼女らの契約等を制限していた。準禁治産者は家庭裁判所の宣告によって認められる制度であったが，正式な手続きを経ることなく，銀行が聴覚障害者に対して貸しつけを断る，親族が相続に関する話し合いで聴覚障害者を相続の候補から排除するなどの事案が起こっており，視覚障害者についても同様であった。これらの経験をもつ人たちにとって1980年に民法が改正されたことは運動の大きな前進を示すものであった。

3つ目の流れに該当する団体として全国障害者問題研究会（全障研）がある。全障研は既述のように発達保障論をその基盤とし，障害者の教育を受ける権利や労働の権利のための活動を展開した。全障研の運動は多岐にわたり，ここでそのすべてを紹介することができないが，最も重要な運動の成果に障害児教育の充実があげられるだろう。具体的には創立以来，養護学校（現・特別支援学校）の義務制の推進を訴えたこと（1979年に実施），地域格差が顕著だった障害児の後期中等教育（現在の特別支援教育の高等部）の保障を求める運動（1980年代後半から1990年代前半）があげられる。[4] 特に兵庫県では養護学校の高等部に通える生徒の要件を厳格に定めていたが，全障研はこれを撤廃させた。

全障研に近い立場の団体に障害者の生活と権利を守る全国連絡協議会（障全協，1967年結成）やきょうされん（1977年設立，当時は共作連と表記，以下「きょうされん」）をあげることができる。障全協は全障研とともに運動を進めている組織で，全障研が理念的・理論的な検討を中心とするのに対して，運動体としての性格をより強くもっている。きょうされんは，障害者の居場所や就労の場として全国に広がっていた共同作業所の横のつながりをつくり，なおかつ障害者の就労や社会

参加の機会を拡大するための運動を展開している。

（3）障害者諸団体の団結と国際化，自立生活運動の展開（1980〜2000年）

　1980年代以降における特筆すべき特徴として，次の点があげられる。すなわち，第1に日本の障害者運動が国際交流を深めていくこと，第2に国際障害者年を契機として障害別に分かれていた諸団体が団結していくこと，第3に1970年代以降のまちづくり運動や障害者解放運動の問題意識を引き継ぎつつ，自立生活運動が本格的に展開されていくことである。

① 障害者運動の国際化

　海外の障害者による日本への来訪は，正確には1970年代後半から活発化するが，1981年の国際障害者年以降に活発化した。特にアメリカで展開されていた自立生活運動の情報が日本に流入したことは非常に大きなインパクトをもたらした。ここでいう自立生活運動とは，従来の「自立＝経済的な更生」という発想ではなく，自立を自己決定による自律した生活の構築としてとらえ，それを可能にする介助，所得保障などのシステムを求める運動を指す（本項の③でも述べる）。こうした運動の交流の背景には次のような活動があった。

　その1つは Disabled Person International（DPI）の結成である。もともと国際的なリハビリテーションの専門職団体として Rehabilitation International（RI）があったが，その中には障害者の参加もあった。RI に所属していた障害者は自分たちの意見をもっと反映すべきだと RI において訴え，RI の執行委員会の過半数を障害者にすべきだと主張した。しかし，この案は受け入れられず，独自の組織を作るに至った。DPI は，国際障害者年を契機として，シンガポールで国際障害者運動のネットワークとして誕生した。DPI の結成を受けて日本でも DPI に加盟するための組織作りが行われ，1986年 DPI 日本会議が発足した。DPI は現在現在130以上の国と地域が加盟する国際的な NGO となり，DPI 日本会議は，さまざまな障害種別を超えて96団体が加盟し障害者のさらなる権利の獲得に向けて活動している。

　もう1つはミスタードーナツ障害者リーダーアメリカ留学派遣事業である。この事業はミスタードーナツを経営しているダスキンの社会貢献事業の1つであり，

第6章　障害者運動

障害者の海外派遣を支援する事業である。この事業は，毎年，多くの障害者をアメリカなどに派遣しており，日本の障害者運動のリーダーの育成に大きく貢献している。派遣されている障害者の障害種別も肢体不自由者や視覚障害者，てんかんなど，非常に幅広い。また，この事業は日本に自立生活運動を広げるうえでも大きく貢献しており，安積遊歩，阿部司，谷口明広，勝矢光信，今福義明らその後の自立生活運動のリーダーたちがこの事業による支援を受けてアメリカのバークレーでの生活を経験した。そして有償による介助システムの存在を目の当たりにした（廣野 2013）。彼らはアメリカの障害者が堂々と介助者に指示するのを見て驚いた。当時，お金を払って障害者が介助者を使うという発想は希薄であった。また，小泉が回顧しているように「障害者の人からお金を取るなんて」という憐憫の意識も根強かった（小泉 2016, 21）。

② 国際障害者年と障害者団体の団結

　国際障害者年は，障害者運動の国際化を促進しただけでなく，さまざまな障害者団体の団結を促した。前節で示した DPI 日本会議も複数の障害者団体が協議して運営する形をとっており，その一例である。ここでは別の事例として，国際障害者年日本推進協議会（推進協）について簡潔に説明したい。

　まず，推進協が結成された背景について述べよう。結成にかかわった板山によれば，推進協が必要とされた背景は 3 つあった（板山 2011）。すなわち，当時の障害者福祉に関する予算の低劣さ，障害者団体との関係修復，国際障害者年の成功である。障害者福祉予算は当時の社会保障の予算の 1 ％にすぎなかった。この予算を増加させるには，関係者だけでなく当事者団体の結束も必要と考えられた。障害者団体との関係修復とは，次のような意味である。当時，厚生省は1975年に実施する予定であった障害者に関する実態調査をめぐって障害者団体から激しい抗議を受け，結局これを実施できなかったという状況にあった。この調査をめぐって，厚生省とこれに反対する諸団体の対立は極めて深刻であった。かかる状況にあって，実態調査の必要性はなくなることがなく，むしろ国際障害者年を前にしてどうしても実施する必要があった。厚生省の立場からすれば，障害者団体との関係を改善する必要があった。これに加えて，「国際障害者年はお祭り騒ぎ」といった批判がある中で国際障害者年を成功させるためには当事者が主体的に参

185

加することが求められた。ただし，設立にあたっては，伝統があり規模も大きい障害者団体が小さな団体と票の重みが同じであることを不服として，話し合いから抜けるという事態が起こっている。さまざまな背景の団体が協同することが必ずしも容易ではないことを示唆している。

ここで実態調査の実施に関連した障害者団体と行政のやりとりを補足しておきたい。というのも，実態調査を実現する必要性によって，行政が障害者団体の意見を直接聞くという姿勢をみせたのである。そのための機関が1980年に発足した脳性マヒ者等全身性障害者問題研究会であった。この研究会では，年金や等級制度の問題など障害者が地域で生活するうえでの諸問題が討議された。

以上の背景から，1980年4月，推進協が発足した。その活動は広範囲にわたるために要約することが難しいが，国際障害者年の後に続く「障害者対策に関する長期計画」「新障害者対策に関する長期計画」に対して，障害当事者の立場から意見を発信してきた。ただし，多くの障害者団体の要求を反映させるという理由と，これまでの政策との継続性という点から，これらの計画は総論的になる傾向があった。また障害者基本法をはじめとする障害者に関する制度政策に関しても意見や要望を提出し，その改善に貢献してきた。さらに重要な点として，所得保障に関する要望がある。多くの障害者団体が生活保護制度以外の所得保障の必要性を感じていた。この要望はやがて障害基礎年金として結実する（第2章「所得保障」も参照）。年金制度が成立すると入所施設の利用等にあたって本人だけでなく家族の稼得能力に基づいて費用を徴収する仕組みが導入された。これに対し，費用を支払うべきかどうかはあくまで障害者本人の稼得能力だけを考慮すべきであるとする障害者団体は激しく反対した（ただし，知的障害者に関係する団体の中には家族への負担に対して肯定的な意見もあった）。その後，家族からの徴収は撤回された。

この項の最後に推進協がもたらした成果について述べる。推進協は現在，日本障害者協議会（JD）として活動を続けている。また，国際障害者年の後に続く障害者に関する諸計画，なかんずく1993年に始まった「アジア太平洋障害者の十年」における JD および他の障害者団体との共同の経験をもとに日本障害フォーラム（JDF）が結成され，ますます団結と連携を深めている。JDF は現在，障害

第6章　障害者運動

表6-1　日本自立生活センター協議会への加盟要件

1. 意思決定機関及び実施機関が障害者であること
2. 意思決定機関の過半数が障害者であること
3. 権利擁護と情報提供を基本サービスとし，かつ指定されたサービスのうちから2つ以上を不特定多数に提供していること
4. 会費納入が可能であること
5. 障害種別を問わずサービスを提供していること

出所：杉本（2008, 166～167）。

者権利条約の推進および障害者差別の解消を目指して活動を継続している。

③　自立生活の展開と地域における生活支援の本格化

　1990年代に入ると，日本においても自立生活運動が本格化する。ただし，ここで注意しておきたいことは，日本の自立生活運動は，単にアメリカの動向を受けて普及したものではなく，それまでの日本の活動を引き継いだものであるという点である。各地で活動していたグループは，自立生活センターを立ち上げて集結し，日本自立生活センター協議会（JIL）を結成した。その源流はさまざまで，まちづくり運動や公的介護保障運動，青い芝の会などの障害者解放運動といったそれ以前の運動を基盤としているものもある。JIL に加盟するための要件は表6-1のとおりである。JIL 加盟団体は，全国各地に120カ所ある。自立生活運動の意義は，それまで各団体が障害者の地域生活の実現に向けて行っていた努力を定型化した点にある。障害者が主体となり，地域生活を実現するサービスを提供する組織のモデルとなった。

　もう1つ身体障害者によって1990年代に展開された身体障害者の運動を示しておきたい。それは，福祉のまちづくり条例づくり制定運動である。1992年11月にそれまで大阪府でまちづくり運動，障害者解放運動を担ってきた諸団体が加盟，賛同し，「駅にエレベーターを！　福祉の街づくり条例を！　大阪府民の会」（代表：牧口一二）を結成した。この団体の主張を受けて大阪府では建築基準条例を改正し，さらに新たにまちづくり条例を制定した。建築基準条例は罰金等の強制力をもっているものの，障害者のアクセスをすべてカバーしきれなかったため，それとは別にまちづくり条例を制定し，移動の権利性を明確にし，新築建築物のバリアフリー化のための事前協議などを規定した。こうした条例は大阪府にとどまらず，1990年代に多くの自治体に波及していく（尾上 1993）。

ところで，自立生活運動については，精神障害者知的障害の領域では難しいのではないかと考える向きもあろう。しかし，これらの領域でも地域生活の重視や本人の意思の尊重は少しずつ前進した。たとえば，精神障害者の領域では，前の項目で取り上げた1970年代から社会復帰センターが各地で活動を始めている。精神保健福祉においては，長期入院を経験した人が支援を受けながら生活できるように家庭でも病院でもない社会資源が求められていた。1980年代に入ると共同作業所が増加するが，その中には家族会が中心となって運営しているものも多かった。精神障害ならびに知的障害の領域では，運動は本人ではなく親が中心にならざるを得ない側面が身体障害者よりも強かったが，この時期に本人中心の運動が活性化する。

　精神保健福祉の分野では，もともとセルフヘルプグループと呼ばれる当事者のみのグループが形成されてきた歴史がある。また，1970年代以降，精神医療における人権侵害などを踏まえて，精神障害者に対する隔離といわざるを得ないような対策に激しく反対する解放運動も起こった。セルフヘルプグループは，専門家が全く加わらず，疾患をもつ本人のみで構成されるグループである。たとえば，1963年に結成した全国断酒連盟がその例の１つである。他にも1980年に結成した薬物使用障害がある人のグループであるDARC（ダルク）などがある。当事者による全国組織としては，全国精神障害者団体連合会が結成され当事者による活動が活発になっている。

　知的障害の分野の本人活動には２つの流れがある。１つは，手をつなぐ育成会における本人部会，もう１つはピープルファーストの影響を受けた活動である。前者に関しては，1989年に全日本手をつなぐ育成会の全国大会で本人が初めて意見を発表し，1991年の大会では当事者が準備から運営に携わった。1994年の大会では当事者たちが精神薄弱者という呼び方を早く別の言葉に変えてほしい，そしてその際には自分たちの意見を聞いてほしいといった決議宣言を行った（保積2007，13～14）。後者に関しては，1993年にカナダで開催されたピープルファースト世界会議に参加した日本の当事者・関係者を中心として1994年から知的障害者全国交流集会を開催し，1995年以降，ピープルファースト大会となった（保積2007，14）。

第6章　障害者運動

　以上のように，戦後，障害者の権利の保障を求めて始まった運動は，多くの影響を福祉政策に与えてきた。自分の意見を表現することが難しいと考えられてきた人たちも次第に運動の中心を担うようになってきている。なお，1990年代の重要な障害者運動として，無年金障害者問題への取り組みがあるが，これについては第2章を参照してほしい。次節では，2000年代以降の障害者運動の流れを紹介したい。

3 ｜ 概要──障害者運動の現在（2000年代の運動）

（1）障害者自立支援法から総合支援法へ

　2000年以降の障害者福祉政策に影響を与えた流れを大胆に分ければ次の2つの流れを見出すことができる。1つはそれまでの障害者運動の主張を国際的に裏づける障害者権利条約の署名や批准，そしてそれに続く政策の動きである。もう1つは，障害者運動からすれば障害者の地域生活を困難にする障害者自立支援法（以下，自立支援法）をめぐる攻防である。ここでは順序を変えて後者から検討する。

　最初に自立支援法成立の背景について述べておく（堀田 2010，本書の第1章「障害者政策の構成」も参照）。自立支援法の成立は，2005年10月であるが，その2年半前に支援費制度が導入された。それまで障害者福祉では措置制度によって運営されてきた。措置制度とは，行政処分として施設等への入所を決定する仕組みである。この措置制度と合わせて本人の収入に合わせた費用の徴収を行っていた。このような体制を措置制度×応能負担の体制と示すことができる。

　この状況を変化させたのは，2003年の支援費制度の導入である。支援費制度は，措置制度を改めて契約制度を導入するものであった。費用負担のあり方はこの時点では変更がないので，この体制は契約制度×応能負担と表記できる。かかる制度は，契約制度による利用者の選択の幅の拡大，施設中心の障害者福祉の改革を目指して導入された。ところが，支援費制度の導入は2003年4月の直前の同年1月には，ホームヘルパーなどのサービスに上限を設ける議論が厚生省でなされていることが発覚し，障害者運動は激しくこれに反対した。この一連の問題をヘルパー上限問題という。この支援費制度によって特に在宅サービスやレスパイトサ

189

ービスの利用が増加した。それにより導入してまもなくマスメディアによって「予算の不足」が報道されるようになり，厚生労働省は2004年10月「今後の障害保健福祉施策について（改革のグランドデザイン案）」を示した。この文書は将来的に介護保険に統合することを念頭に置きつつ，定率負担を導入する必要性を主張した。こうした背景の中で導入されたのが自立支援法である。成立は2005年10月31日であった。契約制度×応益負担の制度である。サービスの利用上限が設けられ，利用したサービスの量に応じて負担する制度が開始した。

　自立支援法の成立以前から，この法に対する問題点の指摘は多く，障害者運動は活発化していった。その理由は3つある。すなわち，(1)応益負担の導入による経済的負担の増大，(2)障害程度区分の導入によるサービス利用上限の設定，(3)サービス提供事業者への報酬が1カ月単位ではなく1日当たりの利用者で算出となることによる運営の不安定化である。特に，(1)の問題は重く，法律成立前には廃案を求める運動が，法律成立以後も廃止を求める運動が各地で展開された。たとえば，2006年にはさまざまな団体からおおよそ1.5万人が結集した『出直してよ！「障害者自立支援法」10.31大フォーラム』が東京都の日比谷公園周辺で展開された。自立支援法にはその後さまざまな負担軽減策が導入されたが，抜本的な解決には至らず，違憲訴訟へ至ることになる。

　自立支援法違憲訴訟は，こうした運動の集大成といえる。2008年全国各地の障害者が国を相手どって自立支援法の応益負担をなくすことを求めて裁判を起こしたのである。2009年，民主党への政権交代もあり，2010年1月7日，自立支援法違憲訴訟原告団・弁護団と国（厚労省）の間で基本合意文書が取り交わされ，各地の裁判は和解していった。基本合意書は国がこれまでの障害者政策に反省をし，当事者の声を聞いて新しい法律をつくることを約束したものである。

　新しい制度を構築するため，また障害者権利条約のスムーズな批准を目的として内閣府に障がい者制度改革推進本部が置かれ，その中に障がい者制度改革推進会議が設けられた。その中に，さらに自立支援法に代わる法律を検討する総合福祉部会と障害者差別禁止法制のための部会としてこの会議の中に差別禁止部会が設置された。この会議の特徴として，かなり多くの当事者が参加したことがあげられる。従来，当事者参画といっても身体障害者が中心であったが，推進会議で

は，わかりづらい時にはイエローカードやレッドカードをあげることができるルールを導入し，知的障害者などの当事者が実質的に議論に参加できるような工夫がなされた。推進会議総合福祉部会の議論の成果は，「障害者総合福祉法の骨格に関する総合福祉部会の提言」として取りまとめられた（障がい者制度改革推進会議総合福祉部会 2011）。応益負担の廃止はもちろんのこと，制度の理念，対象の把握方法，施設やサービスの体系に至るまで多くの論点を含んだものだった。

　この報告書を受けて制定されたのが2013年に成立した総合支援法（障害者の日常生活及び社会生活を総合的に支援するための法律）であるが，事態は少し複雑である。というのも，総合支援法は障がい者制度改革推進会議の議論を反映したものになっていないとする意見が根強いからである。たしかに新たな総合支援法では，利用者負担を最大で1割の応能負担に改めたこと，対象に難病を加えたこと，重度訪問介護の対象に知的・精神障害者を加えたこと，障害程度区分を改め，障害支援区分としたことなどのいくつかの改善がみられた。しかし，一方で法律の抜本的な改正とはいえず，障がい者制度改革推進会議の報告書の提案を取り入れておらず，軽微な修正にとどまっているという批判もある（佐藤2015）。

　さらに，最近の動向に目を向けると，2016年7月に厚労省に「我が事丸ごと」地域共生社会実現本部が設置され，地域共生社会の実現が目指されている。しかし，ここでいう共生の意味合いとして支援を必要とする人同士が支え合うといった意味合いが前面に出ている。この方針に沿った具体的なサービスとしては共生型のサービス（総合支援法の事業所と介護保険の事業所が一定の条件を満たせばどちらの利用者も受けられるようにしたもの）が導入されている。こういった政策の流れを注視すると同時に，それが障害者運動の求めてきた共生社会と同じかどうかも見極めるべきである。[7]

（2）障害者権利条約・差別解消法と合理的配慮の普及に向けて

　2000年以降の障害者運動を記述するうえで，重要な背景の2つ目は，障害者権利条約（Convention on the Right of Persons with Disabilities）である。以下では，先行する諸研究の知見を参照にしながら，この条約の意義を障害者運動との関係で

明らかにする（松井 2008, 松井・川島編 2010, 長瀬ほか編 2012）。それに先立ってこの条約の成り立ちについて簡潔にまとめると以下のとおりである。1981年の国際障害者年を契機にそのスローガンである「完全参加と平等」を実現すべく1983年から1992年が「国連・障害者の十年」とすることが定められた。しかし，開発途上国では計画の実現がほど遠いことから，1980年代の後半には障害者権利条約の実現を目指す動きがあった。ただし国連総会で十分な支持が得られず，妥協案としてスウェーデン政府の提案により1993年「障害者の機会均等化に関する標準規則」が成立した。

障害者権利条約は，標準規則により実効性をもたせるべく2001年12月にメキシコ政府のイニシアティブで提案された。この条約の成立過程において作業部会には政府代表の他に障害者関係の NGO などが参加し，そのスローガン，「私たち抜きに私たちのことを決めないで（Nothing about us without us）！」が幅広く支持を集めた。日本の場合には，障害当事者として障害者運動ともかかわりのある東を政府代表団顧問とし，また交渉過程において日本障害フォーラム（JDF）からの意見を収集した。条約は，2006年に採択され，2008年に発効した。日本は2007年に署名，2014年に批准した。

条約は前文および50の条文で構成されている。条約のすべてを紹介することはできないので，障害者運動との関係で特に重要な点を紹介したい。筆者の考えでは，それは次の6点である。すなわち，(1)障害の社会モデルの提起，(2)合理的配慮の規定の提起，(3)言語に手話を含めた点，(4)法の下での平等を規定している点，(5)特定の場所での生活を強制されることがない権利を明確にしたこと，(6)条約の実効性を維持するモニタリングシステムの提起をしていることがあげられる。以下ではこれらの点について順にコメントする。

第1に障害の社会モデルの提起とは，これまで医学的問題，個人的な問題という枠組みに閉じ込められがちだった障害の見方を修正し，その転換を迫るものである。日本における具体的な対応としては，障害を医学的に規定していた各法律の定義が改められ，障害が社会的障壁との関連で生起することが明確にされた。

第2に合理的配慮の規定である。合理的配慮とは障害がある人が他の人と同じように，参加できるための環境を調整することである。日本の場合，条約の影響

で成立した差別解消法（障害を理由とする差別の解消の推進に関する法律）によって各種の事業所に合理的配慮の提供義務や努力義務が課されている。この義務は間接的差別を防止するためにあると考えると理解しやすい。たとえば，仮にあなたには全く視力がないが点字は読めることができるとしよう。その状況で大学に入学したいとなると点字の試験の実施を求めるだろう。しかし，仮に大学側が「点字試験の用意はできません。受けたいなら同じ試験を受けてください。試験を受けること自体は拒否していないのでこれは差別ではないですよ」と主張したとする。これが間接的差別である。ちなみに障害を理由に受験それ自体を拒めば直接的差別となる。合理的配慮をめぐる運動が各地で起こっている。たとえば，名古屋城の復元にあたってエレベーターの設置を名古屋市に求めた運動や岡山県の短期大学で視覚障害を理由に事務職員に配置転換された教員をめぐる裁判闘争がこれにあたる。前者の運動では結果的にエレベーターは設置されなかったが，歴史的な建造物を体験する権利をどのように実現していくかについて大きな課題を投げかけた。後者については，配置転換が無効であるとする裁判は勝ち取ったものの，実質的に当該教員は講義を外されたままである。

　第3に手話を言語に含めたことの意義である。手話はこれまで音声言語より劣ったものと考えられ，その使用を禁止されたり，蔑視されたりしてきた。しかし音声言語を獲得するより以前に聴力をもっていない場合には，手話は身についても音声言語は身につきづらい。そのため，書き言葉の使用についても困難が伴い，知的能力が制限されているとみられることもあった。手話が言語としてみとめられたことは，このような状況を改善するための画期的な一歩である。

　第4に法の下での平等を明記している点である（条約，第12条）。この点は，成年後見制度のありように大きくかかわってくる。成年後見制度とは，民法によって規定された判断能力が不十分とされた人の契約やその取り消しを本人に代わって行う仕組みを指している（成年後見制度については第5章「権利擁護」にてより詳細に記述している）。権利条約は，この仕組みの是非やその問題点についての議論を活性化させた。特に大きなインパクトを与えたのは，成年被後見人の選挙権にかかわる問題である。司法書士の岩井は，日本の公職選挙法で選挙が制限される者として成年被後見人があげられていることが，かねてから問題になっていると

指摘している（岩井 2012）。この点は，障害をもつ娘の父親が原告となり公職選挙法による選挙権の制限を違憲として訴えた裁判の判決で，その訴えが認められたことを受けて同法が改正されたことで改善された。

　第5に条約が第19条に規定している地域生活への包容である。この条項においては，特定の生活環境を強制されない権利が明確に規定されている。これにより，地域生活中心の支援の必要性は決定的になっている。もちろん，現在も多くの人たちが入所施設で生活している。しかし，その人たちの生活は何十年も施設に暮らしたままでよいのかという疑問は確実に高まっている。これは障害者運動の主張のうち特に自立生活運動のそれとも一致するところである。この点の重要性と複雑さを示したのは相模原障害者施設殺傷事件後の対応においてであろう。事件後，障害者運動の関係者たちはこの事件は，入所施設が地域から孤立した存在であったり，異質とみなされる存在であったりしたことを強調し，地域生活支援のさらなる充実を求めている（後に「障害者運動をさらに詳しく学びたい人のために」でもう少し掘り下げる）。

　第6に条約の実効性を担保するモニタリングを規定した条文があることである。日本政府は一定期間ごとにこの条約に沿った改善点等を国連に報告しなくてはならない。さらに重要なことに，条約では政府からのレポートを求めるだけでなく，パラレルレポートと呼ばれる民間団体による報告も求めている。障害者運動には，政府の役割として条約をチェックする役割や独自の視点から関連施策の評価をすることが求められている。

4 課題——権利獲得の課題

　ここまで障害者運動の長い歴史を概観してきた。次に，障害者運動がどういった課題に直面しているのかを述べておこう。障害者運動の課題のうち障害者運動が取り組むべき課題については第3節で若干述べた。ここでは，障害者運動の内部にどんな課題があるかを指摘しておきたい。筆者の考えでは障害者運動の課題を3つあげることができる。すなわち，(1)会員の高齢化，(2)障害者運動の継承，(3)事業体と運動体のバランスである。以下ではそれぞれについて議論する。まず，

会員の高齢化である。たとえば，知的障害者の親の会である手をつなぐ育成会の
ホームページでは次のように述べられている。

　　今まで育成会運動を支えてきた会員は団塊以上の世代が多く，社会の趨勢に
　ともない高齢化は着実に進んでいます。一方で，少子化の中にあっても障害児
　の数は増えていると言われていますが，福祉サービスが充実するなか，共通の
　課題のために障害者運動を進める仲間を，若い世代に得にくくなってきていま
　す（全国手をつなぐ育成会連合会　2019）。

　この文章は手をつなぐ育成会が社会福祉法人の法人格を返上することにふれな
がら親の会活動の高齢化を指摘している。さらに，苛烈な差別の中，自分の家族
に必要な社会福祉などの情報を求めて団結してきたが，さまざまな不足はあるも
のの，サービスが充実するにつれて会員が集まりにくくなっている。事情は精神
障害者の親の会でも同様である。
　次に，運動の継承の問題である。先ほどの点とも関係するが，どの分野におけ
る運動でも，次の世代の運動家が求められている。たとえば，肢体不自由者の運
動について述べよう。戦前もしくは戦後すぐに生まれた肢体不自由者が
1970～1980年にかけて障害者運動を活発化させた。彼らは2000年代に入って運動
の第一線を退き，次第に亡くなっている。彼らの意思をどのように継承していく
かが課題となるが，先ほどの引用文と同じ傾向がここでもあてはまる。すなわち，
ある程度，福祉サービスが充実していく中で，障害者運動が人を集める力が低く
なっていると思われる。また，運動の性質も変化していっている。もちろん，時
代が変われば障害者運動は変わっていかざるを得ないだろう。しかし，ほとんど
支援のない中で取り組んできた先達の願いを継承することは必要ではないか。
　さらに，上記の2点ともつながる論点として運動体と事業体のバランスがある。
本章で述べてきたように，障害者運動は次第に自ら福祉サービスを提供する役割
を担いつつある。これには障害者運動の主張がある程度認められた結果として肯
定的な側面もある。また，実際に，彼らが足りないと考えている福祉サービスを
提供することは障害者政策としても望ましい。しかし，他方で，事業体としての

側面の割合が高くなることによって問題が運動体としての活動が鈍りかねないという危惧もある。また，事業体の側面が団体全体に行き渡れば，その団体の当事者の主体性が尊重されなくなる可能性もある。

　以上のような課題を踏まえた場合，さまざまな障害者別に分かれた団体がますます連携を深めること，さらに場合によっては他のマイノリティと必要に応じて団結しながらそれぞれの権利を訴えていくことが求められるだろう。

障害者運動をさらに詳しく学びたい人のために
──障害者運動を知るための2つのトピックス

（1）大阪・京都のエレベーター設置運動

　地下鉄でエレベーターを利用したことがあるだろう。今では当たり前となった地下鉄の設備の1つであるが，その設置にも障害者運動が大きくかかわっている。このトピックでは日本の地下鉄にエレベーターが設置されるいきさつを京都市・大阪市を事例としながら紹介したい。

　京都市のエレベーター設置運動の主人公は長橋栄一である。長橋は1930年生まれ，2012年に81歳で亡くなった。彼の移動への取り組みは，原付免許の取得から始まった。エンジン付きの三輪車を運転することができるよう免許の取得を京都府警に働きかけを始めたのである。この働きかけはおおよそ3年間にわたり，1960年には原動機付き三輪車の免許を1961年には普通自動車の免許を取得した。1967年には自動車を運転する身体障害者のグループ身体障害者自動車協会（後に「愛輪会」）を結成している。

　長橋の活動は多岐にわたり，連携する相手も増えていく。たとえば，1971年にはバスケットボールの活動をはじめ身体障害者スポーツのさきがけとなっている。1973年には，障害者と街づくりをテーマにした車椅子市民集会への参加を果たし，全国の障害者とのかかわりをもつようになった。また，障害者のグループ車椅子と仲間の会を結成し，現在も続くキャンプ活動を展開している。加えて，同志社大学の大塚達雄らとともに，ボランティアの育成にも力を注いだ。さらに国際障害者年を契機として身体障害者が利用しやすい自動車であるハンディキャブの普及にも取り組む。こうした運動の集大成の1つが1984年に設立した日本自立生活

センターである。同センターは前項で紹介した日本自立生活センター協議会
（JIL）の一員として自立生活の拠点となっている。

　こうした多様な活動の中でも地下鉄におけるエレベーターの設置は際立っている。この点について深く掘り下げよう。その際，このテーマに関する唯一の先行研究である森田の業績を参考にする（森田 1981）。最初に京都市の地下鉄構想について述べる。京都市の地下鉄の構想が具体的に提案されたのは，1968年の「将来の本市交通体系の基本構想及びこれに伴う近代的輸送機関の建設計画について」である。この構想は，1971年に運輸大臣（当時）の諮問機関である都市交通審議会が認める旨，答申された。この時点では，北山—竹田間，六地蔵・山科—長岡・六地蔵間の45 kmの大規模なものであったが，その後計画は縮小され，北大路—京都間の6.6 kmでスタートすることになった。1972年に京都市会で設置が可決された。

　この地下鉄の計画に対して長橋ら車椅子利用者とボランティアグループが行動を起こす。1972年の夏ごろ「誰でも乗れる地下鉄にする運動協議会」が結成された。この活動には大塚達雄や嶋田啓一郎といった社会福祉研究者も協力した。この協議会は地下鉄のエレベーター実現に向けて2つの運動を展開する。その1つは，京都市との交渉である。もう1つは，署名活動である。それぞれ具体的に描写している箇所を列挙しよう。

　京都市との交渉としては，1972年12月22日，1973年1月12日，1973年5月2日に京都市と交渉の場をもっている。このうち1973年1月12日の活動を『京都新聞』が報道している。

　車いすに乗って参加した協議会の人達は「企業ベースでない人間優先の考え方で地下鉄をつくってほしい」「改札や出札の無人化は盲人が困るのでやめて欲しい」「地上からホームまで身体障害者がスムーズに行ける施設を設けて」-など切実な要求を訴えた。これに対して岡本助役は「来年度予算は老人福祉と身障者の住みよいまちづくりが重点施策となっており，地下鉄建設についても技術的に可能な分については交通局に，みなさんの要求を検討させる」とこたえた（『京都新聞』1973年1月13日付）。

もう１つの取り組みである署名集めの様子はどうだったのだろうか。長橋が当
時の様子を書き残している。

　　更に本格的な署名活動は事務局総掛りで，昭和48年３月24日から京都の繁華
　街である四条河原町で開始され，20万署名を目標に休日・祝祭日を返上し一回
　２時間の署名活動となった。その折に配ったチラシは毎回3000枚，活動が終了
　した街角に，チラシが一枚も捨てられていないのが大変うれしく自慢であった。
　あのころ，車いす使用者にとって，外出は困難な時代，まして街頭署名活動の
　経験などあるはずもない。初めの間は座っているだけ，ビラ配りもへたで署名
　を願う声は悲しくも震えた（長橋 1981，81）。

　こうした奮闘の結果，1973年10月，京都市身体障害者福祉会館で行われた京都
市と協議会との交渉でエレベーターの設置が回答された。設置駅は，北大路，今
出川，四条，京都の４つにとどまったが，将来的に全駅に設置することも明言さ
れた。最初からすべての駅に設置できなかった背景には，エレベーター用地の買
収に必要な費用が高額だった点がある。こうして1981年５月21日京都市営地下鉄
烏丸線が開業した。
　この京都での運動のすぐ後に，同様の活動が起こったのが大阪市である。ここ
からは，大熊由紀子が行った牧口へのインタビューをもとにしながら大阪の運動
を紹介しよう。もともと車椅子市民集会などでネットワークをもち始めていた大
阪市の牧口一二は京都市で地下鉄にエレベーターが設置されても大阪市になけれ
ば意味がないと痛感していた。運動のきっかけを求めていた牧口は生野区に在住
している仲間から，地下鉄谷町線の延伸工事が市会議員のビラで宣伝されている
ことを知る。そのことをきっかけとして車椅子利用者の生活も便利になるか確か
めるために交通局に通うことになる。ところが交通局は車椅子利用者のことを全
く考慮していなかった。牧口らは大阪ボランティア協会を拠点としながら誰でも
乗れる地下鉄をつくる会を結成し，粘り強く大阪市交通局との交渉を続けた。特
に車椅子地下鉄試乗会（健常者に車椅子に乗ってもらい駅の利用を経験してもらう）
を実施し，マスメディアから注目を集めた。1977年11月９日大阪市交通局から

「つくる会」にエレベーター設置が回答され，1980年11月27日谷町線喜連瓜破駅にエレベーターが設置された。

　両市における運動には共通した理念がある。それは「誰もが」という発想である。彼らは交渉や要求の過程で，エレベーターなどの設備が車椅子を使っている自分たちだけでなく，たとえば，妊産婦や高齢者にとっても便利だと訴えた。このような発想は，現在の私たちの生活にも大きな影響を与えている。たとえば，多目的トイレに「どなたでもお使いください」と書いてあるのを見かけたことがあるだろう。その背景にあるのは同様の考え方である。もちろん，障害者向けの駐車スペースを健常者が利用して占領するといった問題を考えれば，この「誰もが」といった論理だけで，障害者の生活環境を向上できると単純に考えることはできない。しかし，それを踏まえたうえでも，「障害者のためだけではなくみんなのため」といった考え方が障害者の生活を大きく改善してきたことに変わりはない。

　ここで紹介した地下鉄の駅のエレベーターは，筆者が大学生の時期にはまだ現役だった。油圧式でゆっくりと動くエレベーターに，「遅いな。古いのかな？」としか思わなかったが，それの歴史を知ると感慨深い。本章の執筆にあたり，京都市交通局に問い合わせたところ（2019年4月11日），現在，当時のエレベーターは耐用年数を超えており残っていないようだ。しかし，駅のレイアウトは大きく変わってはいない。京都市や大阪市の地下鉄を利用する機会がぜひその背景にある障害者の奮闘を思い出してほしい。

（2）相模原障障害者施設殺傷事件と障害者運動

　2016年7月，1人の男が神奈川県相模原市の障害者入所施設に侵入し，次々に入所者やそれを守ろうとした職員に切りかかった。その結果，入所者19人が死亡し，入所者・職員合わせて26人が負傷した。

　この項ではこの衝撃的な事件を受けて，障害者政策がどのような見直しを迫られているのかを議論する。議論の柱は3つある。この3つの柱は，それぞれ，事件に関する3つの報告書に対応している。第1に，厚生労働省に設置された「相模原市の障害者支援施設における事件の検証及び再発防止策検討チーム」の報告

書である。2016年12月18日に提出されたもので，本章で扱う報告書のうち一番新しい。第2に，神奈川県が設置した「津久井やまゆり園事件検証委員会」の報告書である。この報告書は2016年11月25日に発表された。第3に，神奈川県障害者施策審議会が2017年8月に発表した「津久井やまゆり園再生基本構想策定に関する部会検討結果報告書」である。これらを素材としながらこの事件が障害者政策にどのような議論を投げかけているかを検討する。

　第1の報告書は，次のような内容で展開されている。すなわち，(1)共生社会の推進に向けた取り組み，(2)退院後の医療等の継続支援の実施のために必要な対応，(3)措置入院中の診療内容の充実，(4)関係機関等の協力の推進，(5)社会福祉施設等における対応である。このうち，量的にも質的にも報告書が力を割いているのが，(2)から(4)で中心的に論じられている措置入院の強化である。これは被告に措置入院経歴があったために，治療がなされないまま退院し，それが犯行の原因だと考えられたからである。

　しかし，このような見解には次のような議論の余地がある。大きな事件の犯人の入院歴が明らかになるたびに措置入院の強化の必要性が主張されるが，この事件の原因は精神的な疾患によるものなのか大いに疑問である。たとえば，犯行が極めて計画的に行われたことを踏まえれば犯行が精神疾患による妄想等に原因を発しているとは考えにくい。また，犯行に及んだ被告は現在も「障害者は死んだ方がよい」という考えを間違っていないと主張している。この点からも被告の考え方が病的なものというよりも，むしろ歪んだ信念のようなものだと思われる。さらに，そもそも犯行の可能性を予期し，これを予防するのは精神医療の役割なのだろうか。そのような役割がないにもかかわらず，被告に精神科の入院歴があったからといって，措置入院の強化という結論を出すのは，ただでさえ偏見や先入観をもたれやすい精神科医療の利用者をなおさら追い込むことになってしまう。

　第2の報告書は，神奈川県が設置した検証委員会による議論のまとめである。この報告書が強調しているのは次の2点である。すなわち，(1)施設の防犯体制について，(2)施設，県，警察等の情報共有についてである。たとえば，施設における防犯体制のチェックや防犯カメラの設置，関係機関との密なネットワークとの構築である。このような議論の背景には，やまゆり園が容易に被告に侵入された

こと，事件発生後の県への報告が遅かったことなどがある。

　しかし，このような報告書の議論には検討の余地もある。第1に，一方で地域に開かれた施設が求められている現在において，それと防犯体制の充実をどのように両立させるのかという点である。防犯体制が厳戒になればなるほど，近隣の住民がもつ施設への近寄り難さが増してしまい，そこに居住していることがスティグマとなってしまうのではないだろうか。第2に，この報告書が意図しているかどうかはわからないが，やまゆり園が防犯体制を充実させ，関係機関との連絡を密にしていなかったことを問題視することで，この事件の責任をやまゆり園に帰属させているような印象を与えている。しかし，被告はやまゆり園に勤務した経験があり，防犯体制が充実していたからといって防げていたかは定かではないだろう。

　第3の報告書は，これまで検討してきた2つの報告書とは異なり，被害に遭った施設で居住していた利用者の今後の生活の場に焦点を当てて議論したものである。この報告書は，もともとやまゆり園があった神奈川県相模原市の千木良地区と横浜市の芹が谷区に新施設を設置することで事件を生き抜いた利用者の居住の場を確保することを前提としながら，居住の選択肢を増やし，意思決定を支援することで本人がどこに住みたいかを可能な限り尊重していこうというのが報告書の主張の概要である。なお，新設の施設はセンターと呼ばれる中心となるスペースと小規模の居住スペースから構成される。

　このような議論の背景には，相反する2つの考え方がある。1つは，国際的な動向を踏まえつつ障害者運動等で主張されるようになった地域移行の流れである。これらの意見に依拠すれば巨大な施設を再建することは時代への逆行であり，障害者権利条約にも反する。そもそもこの事件の一因は地域移行が遅れていることをきっかけにしており，これを機に地域生活を保障すべきである。筆者は，入所施設で生活しているからといって殺されてよい人はいないという意味で，施設が事件を引き起こしたと直線的に結びつけることには慎重であるべきだと考えているが，彼らがなぜ入所施設で過ごさなければならなかったのかを考えることは重要であると考えている。

　もう1つの流れは，できるだけ事件前の生活環境に戻してほしいというもので

ある。これらの意見は，本章の中でも記述してきたように，親の立場から，子どもの生活保障を願ったものである。「やまゆり園」は知的障害者福祉法成立後に開設されており，まさに親亡き後の不安を解消すべく設置されている。本人も親も高齢化する中で，生活環境の変更に親が抵抗することはある意味では自然なことである。

こうした2つの流れを受けて，報告書はやや歯切れの悪い印象をわれわれに与える。一方では，施設の小規模化を推進しながら，他方ではこれまでの生活を維持せよという意見にも一定の配慮をしているからだ。悪くいえば，中途半端かもしれないが，別のいい方をすれば日本の置かれている状況を示しているようにも思える。すなわち，一方ではこれまでの「親がケアをするかそれができないならば施設へ」という歴史的な流れ，そして施設の中で高齢化，重度化する利用者がいる。他方で地域における生活の場，本人の意思決定の支援を推進していこうとする国際的な潮流である。これらの2つの潮流はやまゆり園の再生をめぐる議論にぴったりと重なる。かかる状況を踏まえつつ，いかに地域生活を保障していけるのか。この事件はこれからも私たちに問いを投げかけ続けるだろう。

注
(1)　全家連の活動については，全家連30年史編集委員会（1997）を参照。
(2)　センター闘争の詳細は（日本社会臨床学会 1996，深田 2013）を参照。
(3)　「青い芝の会」については，（荒川・鈴木 1996，鈴木 2003，横塚 2007）などを参照。
(4)　障害者解放の立場から養護学校の義務化を能力による教育や地域からの排除と考えて反対する青い芝の会や全国障害者解放運動連絡会議（青い芝の会などを中心として1974年に結成，ただし後に青い芝の会は離脱）と発達保障の理念に依拠しつつ養護学校義務化をもって教育を受ける権利の進歩ととらえる全障研は鋭く対立した。この対立については，高木が論及している（高木 2003）。なお，全障連は，養護学校反対の他に障害者に対する冤罪事件への抗議にも力を注いだ。
(5)　ただし，生活保護法の他人介護料こそが障害者の所得保障の中心であると考える立場もあった。このような立場をとる障害者は，公的な介護保障を重要と考え，生活保護制度における他人介護料などを要求していった。代表的な団体として，1988年に結成した公的介護要求者組合がある。また家族に所得保障給付をすることで，よりいっそう障害者が家族に縛りつけられると考える立場もあった。

⑹　基本合意文書およびそれに関連する文書は厚生労働省のホームページで参照することができる（https://www.mhlw.go.jp/stf/seisakunitsuite/bunya/hukushi_kaigo/shougaishahukushi/goui/index.html）。

⑺　この点に関しては，2019年2月23日に奈良県暮らしを支えるネットワークが主催したフォーラムにおける尾上浩二氏の発言に示唆を得た。また，「我が事丸ごと」地域共生社会づくりに関しては厚生労働省の関連ページにおいてその動向を知ることができる。

引用・参考文献

新井久美子（2000）「日本におけるセルフヘルプグループ発展の沿革」『慶應義塾看護短期大学紀要』，10，65〜71頁。

荒川章二・鈴木雅子（1996）「1970年代告発型障害者運動の展開――日本脳性マヒ者協会『青い芝の会』をめぐって」『静岡大学教育学部研究報告　人文・社会科学篇』47，13〜32頁。

板山賢治（2011）「国際障害者年日本推進協議会30年に思う――発足当時の思い出」日本障害者協議会『「弱くてもろい社会」から「すべての人の社会」へ―― JD30年の運動の道のりと展望』日本障害者協議会，2〜4頁。

井上英夫（1980）「第12章　上野訴訟――障害者の社会的活動の権利をめぐって」小川政亮編『社会保障裁判――戦後社会保障権運動の発展』ミネルヴァ書房，303〜331頁。

岩井英典（2012）「Legal Support News 成年被後見人に選挙権を！――選挙権回復を求める署名活動を実施中です」『月報司法書士』（483），90〜93頁。

岡智史（2000）「セルフヘルプグループの歴史・概念・理論――国際的な視野から」『作業療法ジャーナル』34(7)，718〜722頁。

尾上浩二（1993）「大阪府『福祉のまちづくり条例』制定運動と今後の課題」『季刊福祉労働』59，24〜38頁。

小埜寺直樹（2000）「重症心身障害児施設療育の制度化過程――対象としての『重症心身障害児』規定をめぐって」『社会福祉学』41(1)，151〜161頁。

長宏（1978）『患者運動』勁草書房。

窪田好恵（2014）「重症心身障害児施設の黎明期――島田療育園の創設と法制化」『Core ethics』10，73〜83頁。

窪田好恵（2015）「『全国重症心身障害児（者）を守る会』の発足と活動の背景」『Core Ethics』11，59〜69頁。

小泉浩子（2016）「既成概念の変革と，人として生きること――介助の現場にかかわる中から」尾上浩二・熊谷晋一郎・大野更紗ほか著『障害者運動のバトンをつなぐ――いま，あらためて地域で生きて行くために』生活書院，17〜51頁。

小西律子（2012）「身体障害者福祉法成立に盲人集団が果たした役割」『社会福祉学』52

（4），3〜16頁。

佐藤久夫（2015）『共生社会を切り開く——障碍者福祉改革の羅針盤』有斐閣。

障害者自立支援法違憲訴訟弁護団編（2011）『障害者自立支援法違憲訴訟——立ち上がった当事者たち』生活書院。

障がい者制度改革推進会議総合福祉部会（2011）「障害者総合福祉法の骨格に関する総合福祉部会の提言（案）」（https://www.mhlw.go.jp./bunya/shougaihoken/sougoufukusi/2011/08/0830-1.html　閲覧日　2019/7/30）。

杉本章（2001）『障害者はどう生きてきたか——戦前戦後障害者運動史』Nプランニング。

杉本章（2008）『障害者はどう生きてきたか——戦前戦後障害者運動史【増補改訂版】』現代書館。

鈴木雅子（2003）「高度経済成長期における脳性マヒ者運動の展開——日本脳性マヒ者協会『青い芝の会』をめぐって」『歴史研究』778，1〜17頁。

全家連30年史編集委員会（1997）『みんなで歩けば道になる——全家連30年のあゆみ』全家連。

全国障害者問題研究会（2018）『全障研50年史——発達保障の半世紀』全国障害者問題研究会出版部。

全日本ろうあ連盟（1996）『新しい聴覚障害者像を求めて』全日本ろうあ連盟。

全日本ろうあ連盟（1998）『五〇年のあゆみ』全日本ろうあ連盟。

高田英一（2013）「戦後のろう・視覚障害者運動の歴史と思想」『リハビリテーション』（555），15〜19頁。

高木博史（2003）「戦後日本の障害者運動——発達保障概念と政党イデオロギーを巡る対立を越えて」『立正社会福祉研究』5(1)，31〜37頁。

田中耕一郎（2005）『障害者運動と価値形成——日英の比較から』現代書館。

全国手をつなぐ育成会連合会（2019）「育成会連合会について」（http://zen-iku.jp/aboutus　閲覧日2019年4月1日）。

長瀬修・東俊裕・川島聡編（2012）『障害者の権利条約と日本——概要と展望』生活書院。

長橋栄一（1981）「誰でも乗れる地下鉄建設運動」『社会福祉研究』(29)，79〜81頁。

長橋栄一（1986）「第一章　第一節　私と『福祉の風土づくり』」京都府社会福祉協議会・京都市民生委員連盟編『京のまちづくりと障害者』法律文化社，15〜28頁。

日本社会臨床学会（1996）『施設と街のはざまで』影書房。

日本盲人会連合五十年史編集委員会（1998）『日本盲人会連合五十年史』日本盲人会連合。

廣野俊輔（2013）「ミスタードーナツ障害者リーダー育成海外研修派遣事業と障害者の自立生活」『リハビリテーション』555，40〜43頁。

廣野俊輔（2016）「相模原障害者施設殺傷事件と優生思想」『現代思想』44(19)，162～173頁。

深田耕一郎（2013）『福祉と贈与——全身性障害者・新田勲と介護者たち』ミネルヴァ書房。

福田雅文（2017）『重い障がい児に導かれて』中央法規出版。

堀田義太郎（2010）「障害者政策および研究動向について」『保健医療社会学論集』21(1)，9～16頁。

保積功一（2007）「知的障害者の本人活動の歴史的発展と機能について」『吉備国際大学社会福祉学部研究紀要』(12)，11～22頁。

牧田克輔（1998）「"知る自由""歩く自由"を求めて50年——社会福祉法人日本盲人会連合の歩み」『視覚障害』(156)，22～27頁。

松井亮輔（2008）「障害者権利条約——採択までの経緯，内容，意義および批准への課題」『精神神經學雜誌』110(12)，1180～1185頁。

松井亮輔・川島聡編（2010）『概説 障害者権利条約』法律文化社。

森すぐる（2014）「視覚障害者の鉄道事故について——二つの事故例から」『交通権』(31)，68～75頁。

森田久男（1981）「障害者運動と福祉政策——京都市地下鉄をめぐって」『佛教大学学報』(31)，4～10頁。

横塚晃一（2007）『母よ 殺すな！（増補改訂版）』生活書院。

コラム⑥

家　族

　ひきこもりの状態が長期化している50代の子どもを，年金生活の80代の親が物心両面で支えている実態が，昨今，「80・50」問題と表現されている。

　障害者と家族の高齢化を研究テーマとしている筆者は，障害者家族において，「70・40」「90・60」問題も深刻化していると痛感する。

　特別支援学校に勤務していた時，40〜50代の母親が，高校生の子どもを献身的にケアしている姿を前に，「お母さんの身体は大丈夫？」という思いを禁じ得なかった。学校では教員二人体勢で行っていた移乗や排せつ介助を母親は一人で担う。「子どもの身体は少しずつ大きくなり，こちらもそれに合わせて対応できるようになっているから」と言いつつ，腰痛や関節痛に悩まされている母親を多く見てきた。あれから25年が経過し，後期高齢者になった現在も在宅ケアを続けている方が少なくない。「1日でも長く子どもと共に」という目標をもち，80代でジムに通い，筋力トレーニングをしている母親もいる。

　この間，障害者福祉施策は，権利擁護，生活保障，就労機会等の面で，当事者の自己選択・自己決定を重んじ，種々の課題を内包しながらも，制度・サービスの拡充を図ってきたといえる。では，障害者の家族はどう位置づけられてきたのだろうか。知的障害者，重症心身障害者が脱施設化と脱家族化を同時に追求する限界がそこにはあったと考える。地域でのふつうの生活を営むうえで，障害者の家族は，制度・サービスの情報を収集し，障害特性に合わせた調整を行い，本人の意志を汲んでのアドボケート機能を果たしてきた。グループホーム等に子どもが入居した後も，体調不良時のケア，余暇活動の見守り，帰省や面会の機会保障など，親役割は継続していく。

　一方で，このように成人後も親の支援が途切れない状況に対して，それが母親による自立阻害や過干渉であると問題視される傾向もある。しかし，社会資源の不足や地域社会からの疎外を，母親が幼児期から成人期まで補ってきたことは明らかである。「母子」単位での療育や訓練，学校生活のフォロ

一，就労や日中活動への支援等々を社会的に要請した結果として，限界まで頑張る家族が存在することになった。子どものために奮闘することを期待されてきた母親が，高齢でケア役割が困難になると，自立時機の遅れや在宅生活の弊害が指摘されるが，家族の生活歴や価値観がもう少し尊重されてもよいのではないだろうか。

　在宅で子どもをみる90代の母親は，「親元を離れても衣食住の心配はないが，QOL が低下した場合の対応や，痛みや辛さを言葉で伝えることが困難な子どもの声を誰が聞き取るのか」と懸念する。親自身が要介護になることへの寄り添い，家族としての時間の経過，あるいは親を見送る場面に，障害をもつ子どもがどうかかわるのかも課題である。親の高齢化と子どもの加齢化，それが重なる過程での家族のニーズは個別的であり，多様であることを支援につなげて考えていきたい。

おわりに

　今でも覚えていることがある。修士課程に入ってすぐの頃，障害者政策の研究
を始めようというときのことだ。私は学部まで福祉や政策とは異なる畑で学んで
いて，精神保健福祉士の資格を取るために1年間，専門学校に通うことになって
はじめて，そういった分野から障害者のケアを考えだしたという状況だった。い
ってみれば，まだ障害者政策というものについて学び始めてまだ1年そこそこで，
まずは基本的な知識を蓄積しなければと思っていたときだった。

　精神障害者のケアが研究の中心にあった私は，それまで個別の制度や法律につ
いての情報を集めることが中心となっていた。それが，あるとき，障害者の生活
を取り巻く政策の全体像をもっと包括的に押さえる必要があると思いつき，政策
全体を体系的に説明してくれるような文献はないかと，当時所属していた大学院
の図書館で「障害者政策」と入れて検索してみた。すると，結果はほんの数件の
書籍がリストアップされたのみで，「障害者政策」という語句がそのまま用いら
れている本は1冊だけだった。

　このことは私にとってとても衝撃的な出来事だった。その後，検索の語句を工
夫（たとえば「障害者」と「政策」に分けるとか「障害」「障がい」「障碍」それぞれ
入れてみるとか）してみても，結果はそれほど変わらなかった。さらに，その1
冊だけあった「障害者政策」の語句を冠した書籍は，知的障害者政策を対象とし
たもので，私の研究の中心にあった精神障害者はまだ障害者として認められてす
らいなかった数十年前のものだった。

　このときからその後の大学院での計6年の学生生活，そしてその後の大学教員
としての研究を通じて，障害者政策全体を体系的にとらえ，分析するような研究
が必要なのではないかという思いが募っていった。そしてそれが形になったのが，
2017年度から3年計画で始まった科研プロジェクト（課題番号：16K04192）だっ
た。

209

障害者政策の体系的な理解と分析の必要性を感じた理由の1つは，それぞれ別個に存在し運用されているようにみえる政策が，障害者個人の生活を媒介としてときに関連性をもつことがあることを知ったためである。

　また，私個人の興味は障害者政策全般にあったが，大学院での博士論文執筆を通じて，主に就労支援に関するものへとその研究は集約されていた。ここが難しいところで，障害者政策全般を対象として研究を行っていても，研究が具体化し精緻化していくにつれ限定された領域にフォーカスしていくことが求められ，障害者政策の中でも「専門領域」ができていた。しかしながら，かといって，就労支援に関することだけ理解していれば研究が順調にいくかといえばそうではなかった。特に障害者の生活を軸にして理解を進めていくと，就労支援について研究しながらもそれ以外の領域の情報や知識が不可欠であったし，障害者個人の生活という土台（ステージ）の上で，さまざまな制度や支援はそれぞれのパートを果たしながらも複雑に関連しあってくる。

　しかし，私が研究の中で精神障害者の就労支援の話をするとき，そういった就労支援とその制度の背景にある全体との関連性や力動は十分に説明することができない。あるいは完全に蚊帳の外にあるような状態で，常に消化不良を抱えたような状態があったといえるだろう。

　本書は，そのような私個人の長い間の思いを，ひとまずは科研の研究計画として形が整う機会を得て，何とか取り組んでみた最初のプロジェクトから生まれたものである。初めての試みが多く重なった本研究は，正直，当初想定していたような水準には達していないかもしれない。障害者政策を包括的にとらえるといっても，実際，各領域の相互作用をそこまで深く，そして厳密な手法を用いて分析・実証したとは言い難いだろう。しかしながら，現段階で示すことのできる本書の水準こそが，こういった研究の難しさと奥深さを物語っているともいえる。

　今回の私の個人的な経験から端を発した研究の趣旨に賛同し，共同研究に参加してくれた研究メンバーは，それぞれの研究領域で素晴らしい実績と優れた見識を備えた研究者たちであり，それぞれが担当した各章はそれをいかんなく発揮したものとなった。研究代表者として，そしてこの研究に皆を巻き込んだ者として

感謝の念に堪えない。おかげで，深い分析とまではいかないまでも，それらの領域の交錯する部分を浮き彫りにすることができたのではないかと思う。

　障害者政策の各領域の相互作用を分析するという点でいえば，これらに横のつながりをもたせ，さらに深い見識と新たな知見をもたらすことは，研究代表者であった私の責任であったし，これは今後の自らに課せられた課題として取り組んでいく所存である。

　また，障害者政策のさまざまな領域を示し，その間の交錯の様子を示すにとどまった本書が，障害者に係るいずれかの領域で研究を進めていこうとする若い研究者や，障害者の生活にわずかでも興味をもち本書に手を伸ばした人にとって，むしろ「手に取りやすい導入書」として身近な文献になれば幸いである。

　最後に，共同研究者として執筆に参加していただいた方々のみならず，コラムとして参加していただいた方々，そして出版の計画段階から多くのご助言をいただき，編集と出版までのさまざまな雑務にご尽力いただいた編集者の河野菜穂氏に改めてお礼を申し上げたい。

2019年9月
　　　　本書の原稿の大半を執筆した Café Soul Tree のカウンターにて
　　　　　　　　　　　　　　　　　　　山村　　りつ

索　引

あ　行

青い芝の会　180，182，187，202
アクセシビリティ　18，21，24，92，133
朝日訴訟　180
アジア太平洋障害者の十年　186
当たり前の生活　9，101
アファーマティブアクション（積極的差別是正政
　策）　12
新たなニーズ　84，96
医学的基準　6
医学モデル　6，8，25
育成医療　180
移行率　113
意思決定支援　148，160
遺族基礎年金　45
遺族年金　39，53-55，58
1日の当たり前のリズム　14
職場定着率　123
1級加算　60，61
一般就労　62，85，111-113，116，117，122，124，
　128-130，138
一般就労の必須条件　117
委任契約　154，155，165
医療観察法　176，177
医療サービス　89
医療的ケア児　32
医療費の助成制度　32
インクルーシブ教育　17
インフォーマル　68，76，78，106，113
インフォーマルなケア　70
上野裁判　182
永久認定　48
営利法人　75
エレベーター設置運動　196

エンパワメント　20，21

応益負担　190，191
応能負担　189，191
オープン・クローズ（ド）の課題　122
親と本人のニーズの違い　182
親役割　206
恩給制度　38
恩給法　38

か　行

介護・介助ニーズ　90
介護サービス　73
介護ニーズ　19，28
介護福祉士　97
介護保険サービス　29
介護保険制度　11，80，83，147，150，151
介護保険法　19，90，144
外出支援　15，16，73
介助サービス　72
改正社会福祉法　150
改正住宅セーフティネット法　65
改正障害者基本法　153
改正障害者雇用促進法　152
加給年金　49
学生納付特例　47
学生納付特例制度　44
学生無年金障害者　43
学生無年金障害者訴訟　44
過重な負担　115，132
家族信託　156
家族内ケア　78
家族役割の機能不全　70
家族役割の代替　70，71
学校教育法　142
環境との相互関係　6

213

患者運動　180
間接差別　123
間接的差別　13
完全参加と平等　192
基幹的能力　137,138
企業年金　54
基礎年金　19,42,54,59,60
機能不全　6,7,25,30
規範的ニーズ　85
逆差別　127
逆選択　37
虐待防止法　153,166
キャンパスソーシャルワーカー　142
旧厚生年金保険　60
救護法　38
旧生活保護法　39
救貧制度　38,39
救貧対策　76
給付　37,39,45,50,179
給付基礎日額　51
給付乗率　48
給付水準　54,57,62
給付水準の向上　41
給付水準の低下　54
教育基本法　141
教育と福祉の境界　141
供給システムの多層性　91
共済年金　40,61
ぎょうされん　183
共同作業所　183,188
業務の切り出し　138
禁止規定　12
金銭管理　16
禁治産　147
禁治産者　146,162
禁治産制度　144,146,147,150,162,163,172,
　173
禁治産宣言　146
配食サービス　15
グループホーム　79

ケアマネジメント　82
経過的福祉手当　43
経済的虐待　158
経済的困窮　5
経済的自立　11,99,100,106,107,111,122,129
経済的ニーズ　19
契約自由の原則　163
欠格事由　149
欠格条項　149
現金給付　1,16,67-69,100,107,122
現物給付　16,67-69
憲法第25条　2
権利侵害　107
権利に基づくニーズ　75
権利擁護　19,73,95
行為機能の障害　70
行為能力制度　153
公営住宅　64,65
恒久的なサービス提供　92
公共職業安定所　110
後見監督人　154,155
後見人　146
後見の社会化　160,161
更正医療　180
公正な競争実現　127
厚生年金　19,54,59,61
厚生年金保険　40,42,47-49,58,61
厚生年金保険・国民年金事業年報　50
厚生年金保険法　16,39,48,58,59
工賃　117
公的医療保険制度　89
公的年金　1,40,44,50,52,54,58,61
公的年金制度　16,36,41,49,51
公的扶助　40,51
公的扶助制度　36
公立養護学校整備特別措置法　141
合理的配慮　13,96,114,115,142,151,152,166,
　192,193
合理的配慮提供義務　151,152
合理的配慮の規定　114,115,128,130-136,138

索　引

合理的配慮の欠如　123
合理的配慮の提供義務　193
高齢者虐待防止法　145,152
国際障害者年　37,42,184-186,192,196
国際障害者年日本推進協議会（推進協）　185
国民年金　40-42,48,50,58,61
国民年金法　16,40,48,58,60
国連・障害者の十年　192
個人化　71,72
国庫負担割合　48
個別化　71,72
個別的なニーズ　91
コミュニケーション支援　95
雇用義務制度　121
雇用促進法　18,19,112,118-121,124,129,131,
　132
雇用の義務化　19
雇用率制度　12,19,89,119-121,127
雇用率達成企業　128
雇用率の達成率　120
雇用率の妥当性　126
今後の障害者保健福祉施策について（改革のグラ
　ンドデザイン案）　190

さ　行

サービス給付　1,16
サービス事業への民間企業の参入　82
サービス担当者会議　82,87
サービス提供者　75
サービス等利用計画　94
サービス等利用計画案　82,86
サービスの多様化　82,83,118
サービスの多様性　91
最後のセーフティネット　36,40
在宅重度障害者介護料　53
在宅生活　73
在宅生活支援　79
最低限度の生活　2,35,52
最低生活費　52
最低生活保障　16

最低保障額　60
相模原障害者施設殺傷事件　194,199
作業所　111,112,116
作業療法士　97
差別解消法　12,20,114,131-134,166
差別解消法の形骸化　133
差別禁止　151
差別禁止規定　131
差別禁止方式　126-128
差別防止月間　12
三障害の統合　26,85
参入　93
支援の多様化　72
支援費制度　126,189
滋賀サングループ事件　152
支給要件の緩和　41
自己決定　20,21
自己決定権の尊重　149,165
自己決定の尊重　11,20,94,147,173
自己実現　106,111
自己責任　20,143
自己選択・自己決定　206
自己負担　32,68,87
事実上の後見　161
四肢の欠損　25
市場化されたサービス　69,75
市場原理　69,81,93
実雇用率　120,121
指定特定相談支援事業者　82
私的自治の前提　145
私的年金　54
児童虐待防止法　145,152
児童福祉法改正　32
社会化　71,72
社会構造的な差別　19
社会サービス　11,22,67-71,76-78,97,105
社会サービス化　77
社会参加　10,85,96,106,107,111,124,130,183
社会手当　16,51,52
社会手当制度　36,49

215

社会的インフラ　103
社会的企業　124
社会的ケア　70
社会的自立　99
社会的な排除　20
社会的ニーズ　68
社会的入院　79
社会的排除　80,100,107
社会的不利　6,7
社会的包摂　10,75,80
社会的マイノリティ　19
社会的役割　97-101,106
社会的役割の獲得と遂行　97
社会的要因　3
社会福祉基礎構造改革　11
社会福祉協議会　92,150,155,169
社会福祉サービス　77
社会福祉士　97
社会福祉実践　76
社会福祉制度　166
社会福祉法人　83
社会復帰センター　188
社会保険　50
社会保障審議会障害者部会　44
社会モデル　6,8,25,27,29,30,151
住環境保障（housing policy）　64
重症心身障害児を守る会　181
従前所得　48,61
住宅金融公庫　64
住宅政策　64,65
住宅費負担緩和策　64
住宅扶助　64
重度障害者加算　53
重度障害者家族介護料　53
重度精神薄弱児童扶養手当　41
重度訪問介護　191
収入認定額　52
就労移行支援事業　113
就労継続支援事業　113
就労支援　3,22,73,84,88,95,101,105,108

就労支援サービス　80,97,108,117,135
就労支援事業　93,113,119
就労支援制度　5
就労支援の強化　80,122
就労支援の強化抜本的強化　113
就労所得　35,52
就労ニーズ　124
就労の場の統合　117
授産施設　79,111,112,116
恤救規則　38
出費の増加　37
手話通訳者　96
準禁治産者　146,183
障害基礎年金　35,36,42-45,47-51,56-60,186
障害基礎年金2級　55,57
障害厚生年金　36,42,47-50,52,57,59-62
障害厚生年金3級　55
障害支援区分　86,87,191
障害児教育　77,141,142,183
障害児教育の義務化　141
障害児福祉手当　43,51
障害者運動　14,26,42,150,189,190
障害者運動の国際化　185
障害者解放運動　184,187
障害者加算　39,40,53,60,61
障害者基本法　10,27,28,38,85,95,129,151,
　186
障害者虐待　158
障害者虐待防止法　144,145,153,158,166
障害者権利条約　19,24,114,130,142,144,148,
　150,151,156,160,165,186,189-192,201
障害者雇用　56,109,128
障害者雇用政策　36
障害者雇用促進法　144,151,166
障害者雇用調整金　119
障害者雇用調停会議　134,135
障害者雇用納付金　119,120
障害者雇用の義務化　109
障害者雇用率　112,120
障害者サービス　29,77,82,95,101,177

索　引

障害者差別　128

障害者差別解消支援地域協議会　134

障害者差別解消法　131,142,144,151,193

障害者差別禁止指針　132

障害者差別禁止法制　190

障害者差別の解消　187

障害者職業生活相談員　119

障害者職業センター　110

障害者自立支援法　26,27,189,190

障害者自立支援法違憲訴訟　190

障害者自立法　189

障がい者スポーツ　103

障がい者スポーツ担当部局　103

障害者生活保障問題専門家会議　61

障がい者制度改革推進会議　44,190,191

障がい者制度改革推進本部　190

障害者総合支援法　27,87,158,191

障害者多数雇用企業　121

障害者団体　38,180,185,186

障害者手当　57,62

障害者手帳　15

障害者手帳制度　26

障害者の一般就労　114

障害者の権利　71,84

障害者の権利意識　182

障害者の権利の侵害　71

障害者の雇用　119

障害者の雇用義務　89,120

障害者の差別　100

障害者の社会参加　13

障害者の住宅保障　64

障害者の住宅問題　65

障害者の十年　10

障害者の就労　108

障害者の自立や社会参加　37

障害者の生活課題　8

障害者の生活と権利を守る全国連絡協議会　183

障害者の選別　125

障害者の尊厳ある生活　107

障害者の定義　24,27

障害者の入居拒否　65

障害者福祉　32,41,74,111,114,126,180,185,189,206

障害者福祉政策　79,81,189

障害者福祉制度　80

障害者福祉年金　39

障害者不在　4

障害者向け住宅政策　64

障害者向けの優先入居　64

障害者リーダー米国留学派遣事業　184

障害者枠　89

障害種別　60,86

障害手当金　49

障害程度区分　190,191

障害等級　51,61

障害認定　55,57,81,91

障害認定区分　86

障害認定日　45,48

障害年金　5,16,19,36,39,41,42,45,48,50-58,60,62,121,122

障害年金生活者支援給付金　50

障害年金センター　57

障害の開示・非開示　123

障害の社会モデル　122,192

障害のない者の生活　4

障害のモデル　5

障害福祉年金　41-43,58

障害保険　37

障害補償一時金　51,52

障害補償年金　36,51,52,62

「障害を理由とする差別の禁止」　12

償還払い　68

消費者基本法　144

商品化されたサービス　68

ショートステイ　78

職業斡旋　89

職業訓練　74,89,110

職業紹介　110

職業リハビリテーション　110-113

217

職場定着の問題　118
職場適応援助者（ジョブコーチ）事業制度　118
職場内支援　118
触法行為　176
初診日　45,48,50
所得代替率　54
所得の喪失・減少　37
所得保障　3,11,16,17,35
処罰規定　12
ジョブコーチ　118-120,135
書類等預かりサービス　150,155
白河育成園事件　152
自律　11,20,21,74,95,105-107,184
自立　10,11,18,71,74,85,95,98,105-107,184
ジリツ　11,74
自立支援法　20,44,80-84,87,93,97,112,113,
　120,122,125
自立生活運動　184,185,187,188,194
自立生活センター　187,196
自律と尊厳のある生活　13
資力調査　52
身体障害者スポーツ　196
身体障害者手帳　15,53
身体障害者福祉法　26,180
身体的虐待　158
心理的虐待　158
スティグマ　30,201
成果主義　125
成果主義の導入　125
生活困窮　37
生活困窮者　38,77,90,91
生活困窮者自立支援法　64
生活困窮者の救済　38
生活の質の向上　106
生活のしづらさ　29
生活の多様化　72
生活の場　80,88
生活保護　16,35,36,39,52,53,55,56,58,61,62,
　64,122

生活保護費　16
生活保護法　16,39,60
制限行為能力　153
制限行為能力者　153
政策的なニーズ　75,97
精神障害者保健福祉手帳　53
精神的自立　99
精神薄弱者　188
精神薄弱者育成会　180,181
精神薄弱者福祉法　180
精神保健福祉　181,188
精神保健福祉士　97
精神保健福祉手帳　15
精神保健福祉法　26,154
生存権の保障　36,37
性的虐待　158
成年後見　156,167,170-172
成年後見事務円滑化法　149,173
成年後見制度　84,94,146-151,153,154,156,
　157,159,160,162-166,169,171,193
成年後見制度障害者権利条約　144
成年後見制度選挙権を考える会　150
成年後見制度の補充性　167,169
成年後見制度利用促進関連2法　148
成年後見制度利用促進基本計画　161
成年後見制度利用促進計画　149,157
成年後見制度利用促進法　149,173
成年後見登記制度　147
成年後見人　146,160,162,163,165
成年後見法　147
成年後見法（民法典428条）　168
成年被後見人　153,193
成年被後見人等権利制限適正化法　149
成年被後見人の選挙権　193
世界人権宣言　13
世帯単位の原則　55
積極的差別是正政策　127
積極的差別是正制度　127
積極的差別是正制度（アファーマティブアクショ
　ン）　127

索　引

セルフヘルプグループ　188
船員保険法　38
1990年障害のあるアメリカ人法　114
1985年改正　58, 61
1985年年金改正　42
選挙権確認請求訴訟　149
全国障害者問題研究会　183
全国精神障害者家族会連合会　181
全国精神障害者団体連合会　188
全国脊椎損傷者協会　180, 181
全国断酒連盟　188
全国鉄傷病者団体連合会　180
戦後住宅政策の三本柱　64
潜在的なニーズ　27
全日本ろうあ連盟　180
専門職後見人　159
専門職の養成　97
総合支援法　15, 17-19, 28, 83, 84, 86, 87, 91-95,
　101, 118, 119, 122, 124, 129, 144, 176
相互理解支援　135
相談援助　70
相談援助サービス　72
ソーシャル・インテグレーション　10
ソーシャルワーク　6, 11, 76, 80, 94
「措置から契約へ」　11, 75, 80, 81
措置制度　81, 189
措置入院　177, 200
措置入院の強化　200
尊厳ある生活　23, 134

た　行

第三者後見　161
対人援助　68, 69, 96
対人援助サービス　70, 73, 76
代替意思決定　148
代理権付与　148
多層化したシステム　92
脱家族化　206
脱施設化　9, 10, 73, 79, 206
他人介護料　53

多様化したニーズへの対応　73
誰でも乗れる地下鉄にする運動協議会　197
誰でも乗れる地下鉄をつくる会　198
短期入所（ショートステイ）　15
地域移行　201
地域共生社会の実現　191
地域生活移行　9, 71, 79, 80, 84, 85
地域生活支援　88
地域生活支援事業　80
地域福祉権利擁護事業　150, 173
地域連携ネットワーク　157, 161, 162, 164, 166
知的障害者福祉法　26, 181, 202
仲介や調整の機能　74
中途障害者　18
直接差別　123
直接的差別　13
通勤問題　22
通報義務　158
デイサービス　79
デマンド（需要）　83
手をつなぐ育成会　188, 195
等級判定のガイドライン　56
東京パラリンピック　182
同行援護事業　75
統合教育　77
同行支援　101
当事者　179
当事者運動　24
当事者の参加　24
特殊教育　142
特定非営利活動法人　82
特別支援学校　17, 142, 206
特別支援教育　17, 18, 77, 142
特別児童扶養手当　41, 51
特別障害給付金　44, 50
特別障害者手当　35, 36, 43, 51, 60, 61
特別福祉手当　41
特例子会社　121
都道府県労働局職業安定部　134
トライアル雇用　119

219

取消権の付与　153

な 行

内部障害　41
難病患者　33,85
難病の患者に対する医療等に関する法律　33
ニーズ　4,15,17,19,22,26,28,29,31,68-70,72
ニーズ集団　28
ニーズの増加と多様化　31
ニーズの多様性　28,91
ニーズの範囲の拡大　29
日常生活支援　113
日常生活自立支援事業　16,84,151,155,169,
　172
日常生活動作　88,95
日常生活能力の程度　56
日常生活能力の判定　56
日常的金銭管理サービス　150,155
日中活動　80
日中活動の場　88,111
日本国憲法　144
日本肢体不自由児協会　180
日本住宅公団　64
日本障害者協議会（JD）　186
日本障害フォーラム（JDF）　186,192
日本自立生活センター協議会（JIL）　197
日本年金機構　50,57
日本盲人会連合会　180
入居拒否　65
入居割当制度　64
入所型ケア　15
入所型サービス　88
任意後見　165,166,169,172,173
任意後見監督人　154,155,165
任意後見契約　155,164,165,169,172
任意後見契約法　166,169
任意後見制度　148,154,156,165,169,172
任意後見人の解任権　165
認知症高齢者　150
ネグレクト　158

年金受給前の資産形成　59
年金生活者支援給付金　45
能力障害　6,7
ノーマライゼーション　9,10,14,20,23,71,78,
　79,91,147,149,173
ノーマルな生活　71,72

は 行

廃疾手当金　39
廃疾年金　39
「80・50」問題　202
罰則規定　133
発達障害者支援法　27
発達保障論　181,183
パラスポーツ　104
パラリンピック競技大会　103
パラレルレポート　194
バリアフリー　7,19,64,103,182,187
バリアフリー新法　2,18
バリアフリー法　15
バルネラブルな人々　145,162,163,164,166
ハローワーク　89,110,118
ピープルファースト　188
ひきこもり　91
被後見人　172
必要かつ適切な支援の提供　30
被保護者　55
被保護者調査　55
被保佐人　153
被補助人　153
貧困対策　90
フォーマルな社会的役割　106
福祉工場　113
福祉サービス　155,176,179,180,195
福祉サービス運営適正化委員会　169
福祉サービス利用援助事業　150
福祉市場　75
福祉政策　77,92
福祉手当　41,43,61
福祉的就労　88,116,117,124

福祉のまちづくり条例　187

福祉法　112

複数後見人　147

2つのジリツ　74

府中療育センター闘争　182

普遍的なニーズ　91,92

扶養義務者　41,51,52

併給　52,55

平均標準報酬額　48

ヘルパー　189

報酬基準額　87

報酬比例部分　59

法人後見人　147

法定後見　164-166,172,173

法定後見制度　154,164,172

法定後見人　172

法定雇用率　109

法定代理人　148

法的能力の平等　148,160,162

防貧機能　54,55

防貧機能の低下　55

訪問看護サービス　15

ホームヘルパー　189

ホームヘルプサービス　14-16,78,79,88

他の者との平等を基本　137

保険市場の失敗　37

保険料水準　54

保険料水準固定方式　54

保険料滞納期間　47

保険料納付済期間　41,47

保険料納付要件　48,55

保険料免除期間　47

保護者制度　71

保護措置（成年後見）　167,168

保護的な福祉サービス　181

保佐監督人　147

保佐人　147

補充性原則　169,174

補助監督人　147

補助人　147

補足性の原理　55

本人意思尊重義務　148,159,164

ま　行

マクロ経済スライド　44,54,55,62

まちづくり条例　187

3つの福祉法　26

水戸アカス事件　152

民間企業　83

民間企業の参入　83

民事司法　143

民事信託　156,170,171

無年金者　41,43

無年金障害者　43,44,50

無年金障害者問題　189

無能力成年者の法的保護に関する基本原則　167

申立権　154

申立主義　154

モニタリング　82

モラルハザード　37

や　行

役割意識　99

役割獲得　130

役割期待　97-100

役割遂行　97,99,100

役割遂行支援　100

友愛訪問　76,80

有期認定　48

ユーザー　4,20,91

優生保護法　182

養老年金　39

ら　行

ライフイベント　17-19

ライフコース　78,101

ライフステージ　17,19,72,98

ラベリング　30

リハビリテーション　25,32,73,184

療育手帳　15
利用料の1割負担　125
レスパイトケア　2
レスパイトサービス　189
劣等処遇の原則　2
ろうあ連盟　183
労災保険　5,51,52,122
労働関係法規　117
労働基準法　162
労働災害保険　16
労働市場参加　5,89,99
労働者災害補償保険　35,36,51
労働者災害補償保険法　39,40
労働者年金保険　39
労働者年金保険法　38
労働能力喪失率　122
労働能力の恒久的喪失　39
労働保険制度　36,52
老齢基礎年金　44,45,47,49,57,58
老齢厚生年金　44
老齢年金　19,41,43,53-55,58,62
老齢福祉年金　58

わ　行

ワーキングプア　91

ワークシェアリング　124
割当雇用制度　127
割当雇用方式　126

欧　文

ADA法　114,130,137
DARC（ダルク）　188
Disabled Person International（DPI）　184
DPI日本会議　184,185
DV防止法　152
EEOC（Equal Employment Opportunity Commission：雇用機会均等委員会）　133
ICF（国際生活機能分類：International Classification of Functioning）　6,7,8
ICIDH（国際障害分類：International Classification of Impairments, Disabilities and Handicaps）　6,7
JD　186
JDF　186
「Nothing about us without us（私たち抜きに私たちのことを決めないで）」　24,192
NPO　75,92,93
NPO法人　82,83
UR　64

〈執筆者紹介〉（執筆順，執筆分担，＊印は編著者）

＊山村りつ（やまむら・りつ）はじめに・第1・3・4章・コラム⑤・おわりに
　　　編著者紹介参照

　百瀬　優（ももせ・ゆう）第2章
　　　1977年生まれ
　　　早稲田大学大学院商学研究科博士後期課程満期退学
　　　現　在　流通経済大学経済学部准教授
　　　主　著　百瀬優（2018）「障害者と貧困」駒村康平編『貧困（福祉＋α）』ミネルヴァ書房

　清水恵介（しみず・けいすけ）第5章
　　　1972年生まれ
　　　日本大学法学部法律学科（法職課程）卒業
　　　現　在　日本大学法学部教授／篠崎・進士法律事務所客員弁護士（東京弁護士会所属）
　　　主　著　山本修・冨永忠祐・清水恵介編著（2014）『任意後見契約書の解説と実務』三協法規

　廣野俊輔（ひろの・しゅんすけ）はじめに・第6章・コラム①・コラム④
　　　1983年生まれ
　　　同志社大学社会学研究科社会福祉学専攻博士課程修了
　　　現　在　大分大学福祉健康科学部講師
　　　主　著　「相模原障害者施設殺傷事件と優生思想」『現代思想』44(19)，青土社，2016年，162〜168頁

〈コラムのみの執筆者〉
　佐藤和宏（さとう・かずひろ　東京大学社会科学研究所特任研究員）コラム②
　近藤克之（こんどう・かつゆき　日本大学スポーツ科学部専任講師）コラム③
　藤原里佐（ふじわら・りさ　北星学園大学短期大学部教授）コラム⑥

《編著者紹介》

山村りつ（やまむら・りつ）
　　1979年生まれ
　　同志社大学大学院社会福祉学専攻博士後期博士課程修了。博士（社会福祉学）
　現　在　日本大学法学部公共政策学科准教授
　主　著　山村りつ（2011）『精神障害者のための効果的就労支援モデルと制度──
　　　　　モデルに基づく制度のあり方』ミネルヴァ書房
　　　　　山村りつ（2012）「「合理的配慮」の運用における精神障害者のための配慮
　　　　　──アメリカの裁判記録のレビューから」社会政策学会『社会政策』3
　　　　　(3)，116〜126頁
　　　　　山村りつ（2015）「基幹的能力の概念を軸とした障害者の賃金についての
　　　　　考察──合理的配慮規定に関連して」社会政策学会『社会政策』7(1)，
　　　　　99〜111頁

入門　障害者政策

2019年11月15日　初版第1刷発行　　　　　　　　　〈検印省略〉

定価はカバーに
表示しています

編著者　　山　村　り　つ
発行者　　杉　田　啓　三
印刷者　　田　中　雅　博

発行所　　株式会社　ミネルヴァ書房

607-8494　京都市山科区日ノ岡堤谷町1
電話代表　(075) 581-5191
振替口座　01020-0-8076

©山村りつほか，2019　　　　創栄図書印刷・清水製本

ISBN978-4-623-08799-0
Printed in Japan

よくわかる障害学　小川喜道／杉野昭博　編著　B5判　本体二四〇〇円　二四八頁

よくわかる社会保障［第5版］　坂口正之／岡田忠克　編　B5判　本体二六〇〇円　二一六頁

障害者福祉［第2版］　竹端寛／山下幸子／尾崎剛志／圓山里子　著　B5判　本体二六〇〇円　二三四頁

よくわかる権利擁護と成年後見制度［改訂版］　永田祐／堀田善昭／生田一朗／松宮良典　編著　B5判　本体二六〇〇円　二四〇頁

社会政策　第3巻第3号　社会政策学会　編　B5判　本体二一八〇円　二五〇頁

社会政策　第7巻第1号　社会政策学会　編　B5判　本体二五〇〇円　二三四頁

―――――　ミネルヴァ書房　―――――
http://www.minervashobo.co.jp/